中国智能城市建设与推进战略研究丛书
Strategic Research on Construction and
Promotion of China's iCity

国家出版基金项目
NATIONAL PUBLICATION FOUNDATION

中国智能城市
时空信息基础设施
发展战略研究

中国智能城市建设与推进战略研究项目组 编

ZHEJIANG UNIVERSITY PRESS
浙江大学出版社

图书在版编目（CIP）数据

中国智能城市时空信息基础设施发展战略研究 / 中国智能城市建设与推进战略研究项目组编. — 杭州：浙江大学出版社，2016.5

（中国智能城市建设与推进战略研究丛书）

ISBN 978-7-308-15967-8

Ⅰ．①中… Ⅱ．①中… Ⅲ．①现代化城市—信息技术—基础设施—发展战略—研究—中国 Ⅳ．①F299.24-39

中国版本图书馆CIP数据核字（2016）第137068号

中国智能城市时空信息基础设施发展战略研究

中国智能城市建设与推进战略研究项目组　编

出 品 人　鲁东明

策　　划　徐有智　许佳颖

责任编辑　伍秀芳（wxfwt@zju.edu.cn）

责任校对　仲亚萍

装帧设计　俞亚彤

出版发行　浙江大学出版社

　　　　　（杭州市天目山路148号　　邮政编码　310007）

　　　　　（网址：http://www.zjupress.com）

排　　版　杭州林智广告有限公司

印　　刷　浙江印刷集团有限公司

开　　本　710mm×1000mm　1/16

印　　张　19.75

字　　数　340千

版 印 次　2016年5月第1版　2016年5月第1次印刷

书　　号　ISBN 978-7-308-15967-8

定　　价　99.00元

"中国智能城市时空信息基础设施发展战略研究" 项目组

课题组组长

宁津生	武汉大学	院士

课题组副组长

王家耀	解放军信息工程大学	院士
张祖勋	武汉大学遥感信息工程学院	院士
李建成	武汉大学	副校长、院士
李维森	国家测绘地理信息局	副局长
闫利	武汉大学测绘学院	副院长、教授

课题组成员（以姓名汉语拼音为序）

陈为民	宁波市规划局	副局长、教授级高级工程师
高迎春	武汉大学测绘学院	工程师
胡珂	天津市测绘院	总工程师
姜卫平	国家卫星定位系统工程技术研究中心	副主任、教授
蓝荣钦	解放军信息工程大学	教授
李成名	中国测绘科学研究院	副院长、研究员
李宗华	武汉市国土资源和规划局	副局长、教授级高级工程师
刘全海	常州市测绘院	院长
刘异	武汉大学测绘学院	副教授

马华山	天津市建筑设计院	院长、教授级高级工程师
孟令奎	武汉大学遥感信息工程学院	教授
聂倩	宁波市测绘设计研究院	副总工程师
彭明军	武汉市国土资源和规划局地质矿产处	处长、教授级高级工程师
冉慧敏	常州市测绘院	高级工程师
谭仁春	武汉市测绘研究院	高级工程师
汪如民	武汉市国土资源和规划信息中心	高级工程师
王海银	青岛市勘察测绘研究院	高级工程师
吴博义	山西省基础地理信息院	副院长、高级工程师
肖建华	武汉市测绘研究院	院长、教授级高级工程师
严小平	武汉市测绘研究院	副总工程师、教授级高级工程师
姚宜斌	武汉大学测绘学院	院长、教授
杨凯	重庆市国土资源和房屋勘测规划院	工程师
张荣华	宁波市测绘设计研究院	院长、高级工程师
张小红	武汉大学测绘学院	教授
张孝成	重庆市国土资源和房屋勘测规划院	院长
张志华	青岛市勘察测绘研究院	院长
张志军	天津市测绘院	高级工程师
赵双明	武汉大学遥感信息工程学院	教授
郑莉	武汉大学测绘学院	副教授

序

　　"中国智能城市建设与推进战略研究丛书"，是由 47 位院士和 180 多名专家经过两年多的深入调研、研究与分析，在中国工程院重大咨询研究项目"中国智能城市建设与推进战略研究"的基础上，将研究成果汇总整理后出版的。这套系列丛书共分 14 册，其中综合卷 1 册，分卷 13 册，由浙江大学出版社陆续出版。综合卷主要围绕我国未来城市智能化发展中，如何开展具有中国特色的智能城市建设与推进，进行了比较系统的论述；分卷主要从城市经济、科技、文化、教育与管理，城市空间组织模式、智能交通与物流，智能电网与能源网，智能制造与设计，知识中心与信息处理，智能信息网络，智能建筑与家居，智能医疗卫生，城市安全，城市环境，智能商务与金融，智能城市时空信息基础设施，智能城市评价指标体系等方面，对智能城市建设与推进工作进行了论述。

　　作为"中国智能城市建设与推进战略研究"项目组的顾问，我参加过多次项目组的研究会议，也提出一些"管见"。总体来看，我认为在项目组组长潘云鹤院士的领导下，"中国智能城市建设与推进战略研究"取得了重大的进展，其具体成果主要有以下几个方面。

　　20 世纪 90 年代，世界信息化时代开启，城市也逐渐从传统的二元空间向三元空间发展。这里所说的第一元空间是指物理空间（P），由城市所处物理环境和城市物质组成；第二元空间指人类社会空间（H），即人类决策与社会交往空间；第三元空间指赛博空间（C），即计算机和互联网组成的"网络信息"空间。城市智能化是世界各国城市发展的大势所趋，只是各国城市发展阶段不同、内容不同而已。目前国内外提出的"智慧城市"建设，主要集中于第三元空间的营造，而我国城市智能化应该是"三元空间"彼此协调，使规划与产业、生活与社交、社会公共服务三者彼此交融、相互促进，应该是超越现有电子政务、数字城市、网络城市和智慧城市建设的理念。

新技术革命将促进城市智能化时代的到来。关于新技术革命，当今世界有"第二经济""第三次工业革命""工业 4.0""第五次产业革命"等论述。而落实到城市，新技术革命的特征是：使新一代传感器技术、互联网技术、大数据技术和工程技术知识融入城市的各系统，形成城市建设、城市经济、城市管理和公共服务的升级发展，由此迎来城市智能化发展的新时代。如果将中国的城镇化（城市化）与新技术革命有机联系在一起，不仅可以促进中国城市智能化进程的良性健康发展，还能促使更多新技术的诞生。中国无疑应积极参与这一进程，并对世界经济和科技的发展作出更巨大的贡献。

用"智能城市"（Intelligent City，iCity）来替代"智慧城市"（Smart City）的表述，是经过项目组反复推敲和考虑的。其原因是：首先，西方发达国家已完成城镇化、工业化和农业现代化，他们所指的智慧城市的主要任务局限于政府管理与服务的智能化，而且其城市管理者的行政职能与我国市长的相比要狭窄得多；其次，我国正处于工业化、信息化、城镇化和农业现代化"四化"同步发展阶段，遇到的困惑与问题在质和量上都有其独特性，所以中国城市智能化发展路径必然与欧美有所不同，仅从发达国家的角度解读智慧城市，将这一概念搬到中国，难以解决中国城市面临的诸多发展问题。因而，项目组提出了"智能城市"（iCity）的表述，希冀能更符合中国的国情。

智能城市建设与推进对我国当今经济社会发展具有深远意义。智能城市建设与推进恰好处于"四化"交汇体上，其意义主要有以下几个方面。一是可作为"四化"同步发展的基本平台，成为我国经济社会发展的重要抓手，避免"中等收入陷阱"，走出一条具有中国特色的新型城镇化（城市化）发展之路。二是把智能城市作为重要基础（点），可促进"一带一路"（线）和新型区域（面）的发展，构成"点、线、面"的合理发展布局。三是有利于推动制造业及其服务业的结构升级与变革，实现城市产业向集约型转变，使物质增速减慢，价值增速加快，附加值提高；有利于各种电子商务、大数据、云计算、物联网技术的运用与集成，实现信息与网络技术"宽带、泛在、移动、融合、安全、绿色"发展，促进城市产业效率的提高，形成新的生产要素与新的业态，为创业、就业创造新条件。四是从有限信息的简单、线性决策发展到城市综合系统信息的网络化、优化决策，从而帮助政府提高城市管理服务水平，促进深化城市行政体制改革与发展。五是运用新技术使城市建筑、道路、交通、能源、资源、环境等规划得到优化及改善，提高要素使用效率；使城市历史、地貌、本土文化等得到进一步保护、传承、发展与升华；实现市民健康管理从理念走向现实等。六是可以发现和培养一批适应新技术革命趋势的城市规划师、管理专家、高层次科学家、数据科学与安全专家、工程技术专家等；吸取过去的经验与教训，重视智能城市运营、维护中的再创新（Renovation），可以集中力量培养一批基数庞大、既懂理论又懂实践的城市各种功能运营维护工程师和技术人员，从依靠人口红利，逐渐转向依靠知识与人才红利，支撑我国城市智能化健康、可持续发展。

综上所述，"中国智能城市建设与推进战略研究丛书"的内容丰富、观点鲜明，所提出的发展目标、途径、策略与建议合理且具可操作性。我认为，这套丛书是具有较高参考价值的城市管理创新与发展研究的文献，对我国新型城镇化的发展具有重要的理论意义和应用实践价值。相信社会各界读者在阅读后，会有很多新的启发与收获。希望本丛书能激发大家参与智能城市建设的热情，从而提出更多的思考与独到的见解。

我国是一个历史悠久、农业人口众多的发展中国家，正致力于经济社会又好又快又省的发展和新型城镇化建设。我深信，"中国智能城市建设与推进战略研究丛书"的出版，将对此起到积极的、具有正能量的推动作用。让我们为实现伟大的"中国梦"而共同努力奋斗！

是以为序！

徐匡迪

2015 年 1 月 12 日

前　言

　　2008 年,IBM 提出了"智慧地球"的概念,其中"Smart City"即"智慧城市"是其组成部分之一,主要指 3I,即度量(Instrumented)、联通(Interconnected)、智能(Intelligent),目标是落实到公司的"解决方案",如智慧的交通、医疗、政府服务、监控、电网、水务等项目。

　　2009 年年初,美国总统奥巴马公开肯定 IBM 的"智慧地球"理念。2012 年 12 月,美国国家情报委员会(National Intelligence Council)发布的《全球趋势 2030》指出,对全球经济发展最具影响力的四类技术是信息技术、自动化和制造技术、资源技术以及健康技术,其中"智慧城市"是信息技术内容之一。《2030 年展望:美国应对未来技术革命战略》报告指出,世界正处在下一场重大技术变革的风口浪尖上,以制造技术、新能源、智慧城市为代表的"第三次工业革命"将在塑造未来政治、经济和社会发展趋势方面产生重要影响。

　　在实施《"i2010"战略》后,2011 年 5 月,欧盟 Net!Works 论坛出台了 Smart Cities Applications and Requirements 白皮书,强调低碳、环保、绿色发展。之后,欧盟表示将"Smart City"作为第八期科研架构计划(Eighth Framework Programme,FP8)重点发展内容。

　　2009 年 8 月,IBM 发布了《智慧地球赢在中国》计划书,为中国打造六大智慧解决方案:智慧电力、智慧医疗、智慧城市、智慧交通、智慧供应链和智慧银行。2009 年,"智慧城市"陆续在我国各层面展开,截至 2013 年 9 月,我国总计有 311 个城市在建或欲建智慧城市。

　　中国工程院曾在 2010 年对"智慧城市"建设开展过研究,认为当前我国城市发展已经到了一个关键的转型期,但由于国情不同,"智慧城市"建设在我国还存在一定问题。为此,中国工程院于 2012 年 2 月启动了重大咨询研究项目"中国智能城市建设与推进战略研究"。自项目开展以来，很多城市领导和学者都表现出浓厚的兴趣，希望投身到智能城市建设的研究与实践中来。在各界人士的大力支持以及中国工程院"中国智能城市建设与推进战略研究"项目组院士和专家们的努力下，我们融合了三方面的研究力量：国家有关部委（如国家发改委、工信部、住房和城乡建设部等）专家，典型城市（如北京、武汉、西安、上海、宁波等）专家，中国工程院信息与电子工程学部、能源与矿业工程学部、环境与轻纺工程学部、工程管理学部以及土木、水利与建筑工程学部等学部的 47 位院士及 180 多位专家。研究项目分设了 13 个课题组，涉及城市基础建设、信息、产业、管理等方面。另外，项目还设 1 个综合组，主要任务是在 13 个课题组的研究成果基础上，综合凝练形成"中国智能城市建设与推进战略研究丛书"综合卷。

两年多来，研究团队经过深入现场考察与调研、与国内外专家学者开展论坛和交流、与国家主管部门和地方主管部门相关负责同志座谈以及团队自身研究与分析等，已形成了一些研究成果和研究综合报告。研究中，我们提出了在我国开展智能城市（Intelligent City，iCity）建设与推进会更加适合中国国情。智能城市建设将成为我国深化体制改革与发展的促进剂，成为我国经济社会发展和实现"中国梦"的有力抓手。

目　录
CONTENTS

第5章　时空信息的智能感知与接入技术　/ 69

第6章　时空数据管理与动态融合技术　/ 83

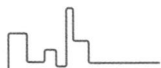

第1章

i City

国内外
智慧城市建设发展

智慧城市是城市可持续发展需求与新一代信息技术应用相结合的产物，通过综合应用物联网、新一代互联网、云计算、智能传感、通信、遥感、卫星定位、地理信息系统等技术，将人类知识物化到信息化条件下的城市规划、建设、管理、运营和发展等各项活动中，形成不依赖人或少依赖人的智能化解决方案。美国、日本、新加坡和欧盟等发达国家及地区以及中国都将其视为新一轮产业革命的战略制高点，纷纷制订了相应的建设计划。

智慧城市是由新一代信息技术出现引发的新概念，因此，新一代信息技术是智慧城市实现的根本前提。在智慧城市建设的初期，往往偏重于先进信息基础设施建设。

一、我国城市发展面临的挑战

诺贝尔奖获得者斯蒂格利茨说过："在 21 世纪初期，影响世界最大的两件事，一是新技术革命，二是中国的城市化。"

进入 21 世纪后，经济社会的高速发展，致使生态恶化、资源匮乏、金融海啸，自然灾害和公共安全等领域的问题层出不穷，而且这类问题不断蔓延，主要是由于我们的城市并未发展成为可自我调节并可持续发展的系统。

（一）我国快速城镇化和城市化对城市发展模式提出的挑战

我国城镇化的特点可概括为规模大、速度快、问题多、要求高。

改革开放以来，我国城镇化率从 1990 年的 26.41% 快速上升到 2011 年 51.26%，年均提高 1.2 个百分点，年均增加约 1800 万城镇人口。未来 10 年，我国仍将处于城镇化快速发展阶段，预计到 2020 年，城镇化率约为 60%，总体上将达到中等发达国家水平。根据发达国家的城镇化经验，城镇化率在 30% ～ 70% 时是加速城镇化的时期，而发达国家的城镇化率在 80% 左右。

联合国人口司 2010 年 3 月 25 日发布了《世界城市化展望》2009 年修正版。该报告称，中国在过去 30 年中的城市化速度

极快，超过了世界其他国家。20 世纪 80 年代，中国有 51 个城市的人口超过50 万；到 2010 年，中国增加了 186 个 50 万人以上的城市。预计在未来 50年，中国还将增加约 100 个 50 万人以上的城市。城市化已经成为中国经济增长中面临的重要课题之一。

城市中的人口构成变化、城市发展对自然系统的消耗、城市社会在快速变化中所集结的社会矛盾等构成了未来的城市挑战。我国正经历着空前绝后的城镇化，而且作为全球人口最多的国家，我国城镇化的进程与全球化、市场化、信息化、机动化等相伴交织，从而使得城镇化在发展模式的判断选择方面更加快速，并带来了城镇化与中国经济发展的关系问题以及城镇化与中国人民生活水平的关系问题。

尽管存在问题，但从城市人口规模、经济总量来分析，中国已开始从一个农民型国家转向市民型国家。中国的发展，已进入以城市为主导，并由城市引导与带动农村发展的模式。

因此，与西方国家城市发展不同，我国城市正在承担大规模建设的历史性任务，制订具有远见卓识的城建规划十分重要。因此，在我国城镇化中后期，面临的新挑战越来越多，但智能城市也为城市建设带来了前所未有的机遇，能够缓解城镇化快速发展带来的诸多问题，为人们应对交通、住房、城市管理等各方面的挑战提供技术手段。研究如何创新性地使用新一代信息技术、知识和智能技术手段来重新审视城市的本质、城市发展目标的定位、城市功能的培育、城市结构的调整、城市形象与特色等一系列现代城市发展中的关键问题，将具有重要的现实意义。

（二）城市经济转型对城市产业结构调整提出的挑战

我国城市经济结构总体上不合理的问题比较严重，虽经多年调整仍无根本性改变。我国国情决定了我国只能在发展中解决各种存在的或者可能出现的矛盾。经济慢发展是落后，脏发展是短视，乱发展是出错，因此，必须走出一条又好又快的城市经济发展道路。中国未来 20 年发展能否又好又快，取决于中国城市的发展。在过去的 30 年中，制造业是中国城市发展的心脏；未来 20 年，制造业对中国依然重要，但技术水平应更高，链条应更长。这是中国城市化不同于西方城市化之处。

城市的产业结构在人均 3000 美元、5000 美元、10000 美元……各不相同，必须与时俱进。产业结构调整的关键点是产品结构的调整。

城市必须拥有一批在未来具有核心竞争力的产业，才能具有经济的可持

续性和发展潜力。我国目前大部分城市的支柱产业都是资源密集型和劳动密集型产业，缺乏核心技术和优势品牌；随着劳动力成本的不断增加，我国必将逐步丧失竞争优势，资本将会向劳动力更廉价的国家转移，这种动向已经在沿海地区表现出来。随着城市演变，城市主导功能是从贸易功能、政治控制功能，向工业制造功能、区域物流功能，再向区域信息中心功能、科技中心功能转变。

我国城市拥有非常丰富的人力资本和物质资源，这正是跨国公司在我国兴办研究院的原因。只是由于国内各企业和高校各自为政，城市和城市之间没有形成协同创新机制与平台，因此整体创新能力较弱。智能城市则可以通过技术手段的引入，建立虚拟和实体的创新协同机制，整合不同行业之间的协同机制，从而提升城市内部和城市之间的创新能力，推动产业升级和结构调整。

（三）快速的城市经济发展与人口集聚对区域资源环境的挑战

我国城市化和城市发展过程中面临的最主要的挑战，仍是城市的快速发展与城市水资源不足、土地资源短缺、环境污染和生态恶化之间的矛盾。党的十八大明确提出"积极稳妥推进城镇化，坚持走中国特色城镇化道路"。

20 世纪 80 年代中期以来，快速的城镇经济发展与人口集聚给区域资源环境带来了巨大压力，资源环境保障能力建设与城镇化发展不协调的矛盾日益突出。面对我国独有的快速城市化进程，"集约、智能、绿色、低碳"可持续发展的破解方案在哪里？

总结英、法、美、日等西方发达国家的城镇化进程可以看到，每次城镇化都带来了生态严重破坏、资源过度利用、城镇文化遗产被破坏，以及空气、水、土壤严重污染等问题。我国目前资源和生态环境不能满足快速城镇化的要求，我国的城镇化不能也不允许走西方初级工业化阶段的城镇化的老路，必须与科技含量高、经济效益好、资源消耗低、环境污染少、人力资源优势得到充分发挥的新型发展道路相适应。

预计在未来的二三十年内，我国城市化的快速发展趋势仍将持续。与此同时，在经历了 300 年的工业文明高速发展阶段后，全球正面临着气候变化和资源环境的巨大压力，外延增长式的城市发展模式已难以适应新形势下的发展需求，城市发展模式面临着转型的抉择。在此背景下，我国的城市发展模式应该如何转型？城市发展模式转型的趋势是什么？这些已成为决策者和城市规划建设者迫切需要思考与解决的问题。

（四）市民生活方式的求变期望对现有公共管理和公共服务提出的挑战

信息化改变了人们的生活方式，而且随着信息化发展的程度加深，市民生活方式求变的期望将变得更强烈，人民群众期望过上更好的生活。

据国外统计机构 Backgroundcheck.org 统计，2012 年全球网民总数为 23 亿，较 2011 年增长 8%，其中中国网民数量居世界第一，其次为美国、印度、俄罗斯、印度尼西亚。截至 2012 年 9 月，中国互联网网民规模达到 5.5 亿人，普及率达到 41.1%。截至 2012 年 6 月，我国手机网民规模达到 3.88 亿人，较 2011 年年底增加了约 3270 万人。

2012 年前三季度，中国电子商务整体市场规模达到 5 万亿元，同比增长 13.7%，其中网络零售市场交易规模达到 7609 亿元，增幅达 34.5%。截至 2012 年 6 月，中国网络购物用户规模达到 2.1 亿人，较 2011 年年底增长 8.2%，网络使用率提升至 39.0%。

据研究机构家庭实验室一号预言，80 后、90 后将在 10 年内投身 SOHO 浪潮，成为我国在家办公第一代。报告发现，18 岁以上的无收入者（在校大学生）和 30 岁以下参加工作不久、收入在 3000 元以下的低收入者，他们对在家办公的信心，明显高于其他人群。

人际交往方式也在发生改变。以微信为例，它的组织功能不在中心，而是在每个节点上；每个节点上存储关系人，并且动态调整关系人；节点与节点之间交换和分享彼此的关系人，形成强关系或弱关系。因此，只需要六层关系，就可以把全世界想联系的人找到。

上述这些数字表明，信息化时代下的市民生活方式正在发生颠覆性的变化。工业化、信息化在给我国人民带来更多物质财富的同时，也彻底改变了人们的生活方式，最突出的表现就是生活的社会化、国际化，通过社会分工和网络化来为居民提供各种服务。但这就带来了食品药品安全、家政服务质量和人身安全、社区安全等诸多问题，尤其是食品安全问题已经越来越突出。只有解决了这些关系民生的基本生活保障问题，城市的发展才可能和谐，但传统的公共管理和服务方式已经难以胜任。城市必须利用新一代信息技术建立实时更新的控制和协调系统，通过广泛充分的信息获取、安全快捷的信息传递、科学有效的信息处理，及时均等地向广大市民提供基本公共服务，实现智能化管理，才能与日益复杂的城市实体系统协调一致，达到现代人宜居的目标。国外先进经验表明，城市的高宜居性，是吸引和稳住高智能人才的重要条件之一。

更值得一提的是，美国现在正在兴起创客（Makers）浪潮，就是通过DIY（自己动手）加 3D 打印的新制造方法，个人在家中利用电脑就可以从事创意性的制造活动。美国人希望利用这种被称为"第三次工业革命"的方式，从中国人手中夺回制造业。但中国人如果抓住这个机会，可以借助智慧城市建设机会，利用信息化共享创造（创意加制造）平台，支持鼓励在家办公的新一代劳动者，创业兼就业，使"中国制造"变为"智能制造"。

目前，我国信息资源开发不够，共享水平低（信息孤岛），从而制约了公共管理和公共服务信息化水平的提升。

（五）新的城市规划理念将推动城市发展模式的转型

当今，城市发展出现空前高峰，特别是在经济全球化、信息化出现后，从不同的角度出发，人们提出了城市发展的新路径，许多城市发展理念也应运而生，这些理念也在一定程度上影响了城市的发展轨迹。生态城市强调技术和自然的充分融合，宜居城市强调经济、社会、文化和环境的协调发展，而紧凑型城市强调居住和环境问题的解决途径。

"智能城市"是一种新的理念，是以更加人性化和智能的角度思考城市未来该如何实现可持续发展，特别是我国城市化进程中正在遭受"大城市病"的困扰，如交通拥堵、能源短缺、城市中各产业发展后劲不足、城市的管理日趋复杂等，尤其需要引入"智能城市"的管理理念。智能城市从城市的整体效益和长远发展出发，依托科技手段和先进理念，降低城市各类消耗，提高城市的运行效率，为企业和居民创造更加舒适、人性化的城市生活环境。智能城市是一种复杂的和谐系统，因此，智能城市可以从政治、经济、社会三个层面规划复杂城市功能和运行模式。

（六）全球信息化趋势对城市发展模式提出的新挑战

西方城市发展大致经历了前工业城市、工业城市和后工业城市三个阶段，真正进入城市文明是工业城市时期。18 世纪产业革命后，西方发达国家先后进入了工业城市时期，由于缺少科学的控制，出现了诸如盲目扩张、人口剧增、设施不足、交通拥堵、环境恶化等一系列问题，城市发展以耗废资源和破坏环境为代价，漠视了人的发展。19 世纪中期，西方各国开始探索解决城市环境问题，其中以"城市公园运动"为重要标志；但这些只是被动的、末端的环境修复，并未从位于源头的发展方式去寻找原因。20 世纪中后期，信息革命带来了第三产业的兴起，西方各国进入后工业城市时期；随着工业城市时期的"遗产"——环境污染、资源短缺以及生态恶化等问题变得日益突出，人类开始反思城市化，认识到地球资源的有限性和可持续发展的必要性，生态、可持续发展思想开始影响工业文明后的城市发展。

改革开放30多年来，我国的经济发展取得了举世瞩目的成就，同时也部分重蹈了西方发达国家的覆辙，城市发展理念陈旧，自然资源浪费严重，城市扩张速度过快，生态环境遭受破坏，城市风貌千城一面，地域特色逐步消失。当前，城市化发展中还存在着城市化发展不均衡、土地城市化快于人口城市化，城市化发展中能源高消耗和环境污染问题突出，城市建设趋同化严重、城市规划缺乏独特的定位等突出问题。要实现新时期城市化健康发展，需要通过进一步更新城市发展理念，顺应城市发展规律，科学、合理地制定城市发展战略。

我国城市发展的各种客观条件要求我国不能再重复过去的发展路径，必须要有新的突破；城市经济发展急需转变增长方式，突破增长极限；城市经济发展的可持续性要求产业升级和结构调整；城市发展必须适应工业化特别是后工业化后人们生活方式的改变；城市发展必须快速和妥善解决应急事件与突发性事件问题。

全球化与市场化、城市化、工业化、信息化紧密地交织在一起，形成了相互影响、相互推进的复合进程，并且形成复杂多样的互动关系。随着信息技术的高度发展，"零距离"使国家城市成为全球化城市。

在全球化发展的背景下，城市间的竞争日趋激烈，对资金、人才、技术等各种要素的争夺日趋白热化。同时，受城市自身发展条件的约束，当城市发展条件变化的时候，为实现新的发展优势，需要打破城市发展的路径依赖。

全球化的发展产生了越来越多的全球性问题和全球风险，全球金融危机、全球气候变暖、环境污染、信息安全等形成了非传统安全威胁，这样就要求我们在全球化形势下制定各类城市发展对策。

全球化信息发展趋势下，智能城市以信息为驱动突破资源消费型城市发展，城市发展的驱动力将发生极大的变化。

二、智慧城市建设的价值

综合分析前述的六种挑战，第（一）、（二）种纯属中国特色，其余四种对各国城市具有普遍性，但因我国城市化发展速度快，现在面临西方城市曾经分阶段遇到的多种矛盾，所以表现出集中涌现、应付困难，同时利用新技术解决

这些问题的空间很大。城市智能化的目标，就是要聪明地综合处理这些挑战。

　　智慧城市恰好处于中国面临的工业化、城市化、市场化、全球化、信息化"五化"交集上，将推动城市化和信息化之间的融合，也是城市化和工业化的融合，并对市场化和全球化进程产生重大影响。建设智慧城市是贯彻党中央、国务院关于创新驱动发展、推动新型城镇化、全面建成小康社会的重要举措。我们要通过积极开展智慧城市建设，提升城市管理能力和服务水平，促进产业转型发展。

　　智慧城市建设是解决中国城市化问题的重要切入点。半个多世纪以来，中国工业化基本上走的是一条靠要素投入驱动的传统工业化道路。建立在对自然资源环境长期高强度开发和利用基础上的传统工业化，已经使中国的资源与环境不堪重负，无法继续维持下去。例如，联合国公布的全球环境污染最严重的 10 个城市中，中国就占了 7 个。由于全国 70% 以上的江河湖泊遭受了不同程度的污染，有 3.2 亿人的饮用水不安全。中国每年因污染造成的成本大约占国内生产总值的 10%。显然，后发大国走传统的工业化道路将难以为继，必须通过智慧城市的建设，广泛采用各种智能制造与设计技术，走出一条科技含量高、经济效益好、资源消耗低、环境污染少、人力资源优势得到充分发挥的新型工业化道路。

　　智慧城市是在新一代信息技术和知识经济加速发展的背景下，以互联网、物联网、电信网、广电网、无线宽带网等网络组合为基础，以信息技术高度集成、信息资源综合应用为主要特征，以智能技术、智能产业、智能服务、智能管理、智能生活等为重要内容，致力于解决城市社会的经济、文化、人、政府、移动性、环境等关键问题的城市发展新模式。智慧城市更加强调城市信息的全面感知，以及城市生活的智能决策与处理，实现城市可持续发展、优化产业布局和改善民生三者的有机统筹建设。

　　绿色化是城市演进可持续发展的源动力。城市未来的建设与发展要为解决人口、资源与环境之间的尖锐矛盾提供解决方案，其核心是城市的系统优化共生和可持续发展。我们通过人类群体的协作和现代科学技术的发展，处理好城市与区域、人与自然、人工环境与自然环境的关系，节省资源、能源、能量，在整个社会范围内建立起与自然生态系统类似的共生关系。

　　服务化是推动城市创新发展的动力之一，是下一代经济中国际产业转移和发展的必然趋势。当全球经济呈现服务化以后，企业的核心竞争力将转变为整合资源的能力。顶级企业不再是占有大量物质资源的组织，而是整合资源的平台。服务经济发展的基础是更深入广泛的信息获取与交互的服务化，信息能更及时地配置，而信息交互的更深入也将更便捷地促进服务的高效运转。

泛在信息化是实现更智慧城市的基础动力。不断发展的信息和通信技术意味着城市在更广泛领域可以得到这些新科学技术带来的好处。在未来，每个人、每个物都将成为信息发布单元，是信息交互的单元，特别是传感器的广泛应用极大地增大了信息的获取范围，真正实现发布、交互、传送的泛在化。信息化的普及将提升城市运转的效率，促进城市低碳运行，缩短人与人之间的距离，形成高效、绿色、安全、便捷的城市形态的基础。

智慧城市将促使生产力进一步解放，生产关系变化，人们生活方式显著变革。实时的、泛在的大数据将构成新的生产资料，虚拟的、可视的物联网形成新的生产工具，将改变人与物、人与人等生产关系和生产资料分配方式；协同的、智能的高度网络化形成了"零距离"工作和生活方式，催生多种创意经济领域。这将形成创造社会财富的协同创新综合生产能力，推动城市管理理念和管理方式的变革，是从根本上优化城市治理模式、优化城市运行机制的优先选择，因此，有理由认为这是城市文明进程中的一个里程碑。

三、国外智慧城市建设计划

"智慧地球"由 IBM 公司在 2008 年年底提出。2009 年 1 月，美国总统奥巴马公开肯定了 IBM "智慧地球"思路。"智慧城市"是其策略的重要组成部分。纵观世界各国的科技发展布局，IBM "智慧地球"战略已经得到了各国的普遍认可。数字化、网络化和智能化，被公认为是未来社会发展的大趋势，而与"智慧地球"密切相关的物联网、云计算等，更成为科技发达国家制定本国发展战略的重点。

自 2009 年以来，美国、韩国、日本和欧盟等纷纷推出本国、本地区的物联网、云计算相关发展战略。欧盟委员会制定的《欧洲 2020 战略》把"智能型增长"作为欧盟国家发展的三项重点任务之一。欧盟国家的智能城市建设强调低碳、环保、绿色发展。阿姆斯特丹、斯德哥尔摩、哥本哈根、维也纳等城市的智能化水平较高。

2009 年 8 月，IBM 发布了《智慧地球赢在中国》计划书，正式揭开 IBM "智慧地球"中国战略的序幕。IBM 公司推出的这一新的发展战略，很快成为中国乃至全球关注的焦点。在 IBM《智慧地球赢在中国》计划书中，IBM 为中国量身打造了六大智能解决方案："智能电力""智能医疗""智能城市""智能交通""智能供应链"和"智能银行"。随着我国发展物联网、云

计算热潮的不断升温，IBM 在"智能计算""智能数据中心"等方面也投入了更多的研发力量，并积极与国内相关机构寻求合作。2009 年以来，IBM 的这些智能解决方案，已经陆续在我国各个层面展开合作。

2011 年 5 月，欧盟 Net!Works 论坛出台了 *Smart Cities Applications and Requirements* 白皮书。欧盟后来将"Smart City"作为 FP8 的重点发展内容。

2012 年 12 月，美国国家情报委员会发布的《全球趋势 2030》指出，对全球经济发展最具影响力的四类技术是信息、自动化和制造、资源，以及健康技术，其中将智慧城市作为信息技术的重要内容。

（一）新加坡"智慧国 2015"

新加坡"智慧国 2015"或称"iN2015"计划，是新加坡于 2006 年推出的一个为期 10 年的资讯通信产业发展蓝图。它通过对基础设施、产业发展与人才培养及利用资讯通信产业进行经济部门转型等多方面的战略规划，意在达成让新加坡成为一个由资讯通信所驱动的智慧国家与全球都市的未来愿景。该计划同时也描绘了资讯通信将如何改变我们生活、工作、学习与交流的方式。

"智慧国 2015"是一个为期 10 年的计划，政府共投资约 40 亿新元（1 新元约合 4.86 元人民币）。其中，为了推动网络基础设施建设，新加坡政府共拨款 10 亿新元。

为实现"智慧国 2015"的愿景，新加坡资讯通信发展管理局（IDA）从以下四大战略关键着手：①建设新一代资讯通信基础设施；②发展具有全球竞争力的资讯通信产业；③开发精通资讯通信并具有国际竞争力的资讯通信人力资源；④实现关键经济领域、政府和社会的转型。

"智慧国 2015"建设经验可概括为：

（1）全民参与计划制订。IDA 通过组织"畅想 IT！ iN2015"竞赛和公共座谈会等方式向社会各界广泛征集意见，仅"畅想 IT！ iN2015"民众意见征询活动便征得意见和作品 3000 余条（件）。新加坡政府还牵头成立了"iN2015"推进委员会，该委员会由 IDA 担任主席，下辖 10 个专业委员会，涵盖了教育、医疗、娱乐、旅游、基础设施、制造、物流、运输、政府服务以及家庭应用等传统行业，专门负责规划的具体制订工作。这样的一种机制确保了制订出来的长期规划可以很好地反映各行各业的需求，切实地提高传统行业应用最新信息通信科技、加强自身竞争力的能力。

（2）政府示范应用，带动无线网的发展。无线网络的商业化收费问题一直是难题，也是各地政府不愿斥巨资投入的主要原因。新加坡的经验，就是鼓励运营商通过增值服务收费来收回投资。"无线新加坡"为应用开发者提供一个共享的平台，使其可以便捷地为企业与公众提供最新开发的应用，如针对企业用户的广告、定位服务、非现金支付、设备监测等。用户增长与应用增长的良性循环促进"无线新加坡"的全面深化。

（3）缩小数字鸿沟，为各类人群带来益处。"智慧国 2015"计划最重要的精神是利用信息通信技术缩小数字鸿沟，为各类人群带来益处。因此，"智慧国 2015"计划对于打造一个全面数字化社会所涉及的各个方面都极为关注，使每位新加坡人均可以从信息通信技术中获益，帮助人们使用电子服务改进生活方式或提高就业率和就业能力。

（4）国民、企业、政府三方共建"智慧国"。新加坡的信息通信发展采取的是"国民、企业、政府"合作的模式。政府制订了"整合政府 2010"规划，目标是建立一个整合政策、流程、系统和数据的系统，为国民和企业打造一个以公众为中心的服务型政府。政府通过最有效的方式将相关流程组合起来，通过与公民互动满足他们普通的数据需求，使用共享系统支持普通的行政和业务需求。国民和企业有权力随时随地参与到所有政府机构的事务中，与政府进行互动。目前，新加坡的国民和企业可以全天候访问 1600 项政府在线服务，还可以用博客、网上聊天、短消息或线上聚会等形式参与政府规划的各类项目，提出自己的想法。

IDA 作为一个产业政策制定部门，是政府的首席信息官（CIO）。IDA 的工作重点就是研究如何将新技术变为应用，因地制宜地应用到面向公众和企业的服务中，扶持弱势群体，协助中小型企业发展，使整个社会经济得到全面发展。

（二）美国费城"无线费城"计划

"无线费城"计划采用 WiFi+Mesh 的无线网络技术，在约 350 km² 的市区范围内，提供免费或者廉价的宽带上网服务。2005 年年初，费城开始在全市部署无线覆盖，建成后将成为美国最大的城市无线网络，户外覆盖率将达到 95%，室内则覆盖 90% 建筑的一楼和二楼靠近外墙的房间。费城在诺里斯广场、奥尔尼社区、爱心公园和富兰克林公园大道、历史广场、西部和南部地区部署了无线网络并向市民开放。

"无线费城"选择了"合作批发"和"非营利"两种模式的混合模式，仍称其为"合作批发"模式。这一模式中涉及的参与方主要包括：市政府、无线费城推进组织、基金会和银行、技术和服务提供商、互联网服务提供商、用户等。各方之间的关系如图 1.1 所示。具体的运营模式如下：

（1）政府通过财政拨款、发行债券、贷款等方式提供启动资金。

（2）组建非营利机构统筹运作，以公开招标方式选择私营企业外包，设计、建设覆盖全市的无线宽带城域网络。

（3）以低廉价格将无线网络资源批发给互联网服务提供商（ISP）以及大学、医院等公益事业单位。

（4）由 ISP 向企业、公众推广销售，并为低收入和贫困居民提供免费宽带接入服务。

（5）在公共场所（公园、广场），无线网络向市民和旅游者免费开放。

（6）批发无线网络资源所得除偿还贷款、支持日常运维外，剩余部分为政府消除"数字鸿沟"计划提供资金支持。除启动资金外，政府还提供城市街道灯杆和其他资产支持无线网络建设；市民、企业等可以有偿使用无线网络为政府提供的各项服务。

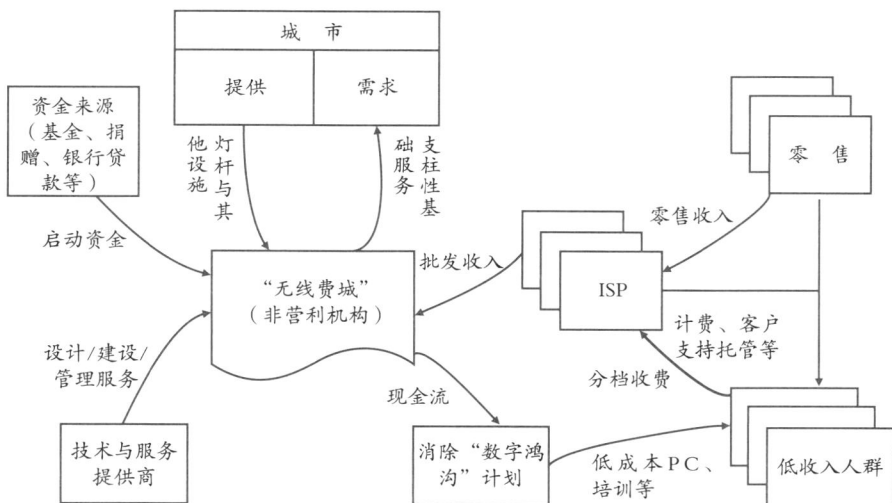

图 1.1　"无线费城"运营模式

"无线费城"建设主要经验概括为：

（1）政府发挥主导作用。市政府作为无线网络建设的支持方，允许无线网络服务方使用公共设施；市政府是无线网络服务的"主力租户"，对无线网络服务有着长期稳定的需求。

（2）建立专门的项目推进机构。无线费城执行委员会提出的"合作批发"模式中最为重要的一环，便是成立"无线费城推进组织"。无线费城推进组织除负责组织网络建设外，还负责在网络建成后作为无线网络批发商，向 ISP 批发网络的使用权，再由 ISP 提供给最终用户。

（三）斯德哥尔摩智能交通计划

在斯德哥尔摩市内，平均每天有 45 万辆汽车驶过城市中央商务区，严重的交通拥堵时有发生，显然传统的城市建设无法满足当今的需求。

2007 年，斯德哥尔摩市政府开始智慧城市电子服务建设，主要包括以下几个方面：①规划出行路线，提倡绿色交通；②在线查看氢气测量值；③学校搜索服务；④智能交通服务。

在电子交通方面，政府建立了很多智能系统，其中 ISA（Intelligent Speed Adaptation）是一个重要的速度测量系统，可以提醒司机当前速度是否超速。政府后续将逐步推出更多的电子服务。

智能交通项目构建并且运行了一套先进的智能收费系统，包含摄像头、传感器和中央服务器，确定交通工具并根据车辆出行的时间和地点收费。斯德哥尔摩在通往市中心的道路上设置了 18 个路边控制站，通过使用无线射频技术（RFID）以及利用激光、照相机和先进的自由车流路边系统，自动识别进入市中心的车辆，实现注册车辆收税。

智能交通建设的主要经验概括为：①对于智能交通系统，通过收取"道路堵塞税"，同时配以相应的智能交通设施，有效地减少了车流。在项目实施过程中，不断地向市民征集意见，同时将征收的"道路堵塞税"应用到提升公共服务质量当中去，改善市民的生活品质。②整个电子服务建设也是围绕市民生活的方方面面展开，无一不体现着以人为本的理念，这为我们"智慧城市"的建设提供了很好的启示。

四、国内智慧城市建设

2010 年以来，中国智慧城市发展兴起高潮，到目前为止，我国已有 200 多个城市提出建设智慧城市，41 个地级以上城市在"十二五"规划或政府工作报告中正式提出建设智慧城市，80% 以上的二级城市明确提出建设智慧城市的发展目标。智慧城市成为国内新一轮城市发展与转型的创新引擎。

从智慧城市建设内容来看，各城市一方面加强城市基础通信网络建设，提高通信网络带宽及覆盖率；另一方面在重点领域提供智慧应用服务，如智慧公共服务、智慧社会管理、智慧交通、智慧医疗、智慧物流、智慧家居等。

我国智慧城市建设的客观背景，大致可以分为以下四个方面：

（1）解决"大城市病"的客观需求。各国在城市化进程中面临的各种"大

城市病"，诸如城市安全、空气污染、交通拥堵、自然灾害、环境退化、能源供应、医疗卫生等方面的问题，需要一种总体协调解决方案。

（2）城市信息化发展需求。城市信息化，第一个阶段可以称为数字化阶段，主要以构建六大基础数据库（人口基础数据库、法人单位数据库、宏观经济数据库、自然资源和地理空间数据库、企业信息数据库和政策法规数据库）和信息资源交换共享为特征；第二个阶段可以叫做网络化阶段，通过互联网技术把数字化的各个环节连接起来，形成一个环环相扣的信息流，目的是提高整体的效率；第三个阶段是智能化阶段，其特征是通过物联网把人与物智能连接，形成城市良好的产业与生活环境。

（3）信息技术推动的背景。物联网、云计算和网格计算使智能城市运行管理成为可能。信息资源是智能城市建设的重要要素，而信息世界与物理世界的融合是城市的支撑。

（4）新的城市经济增长点的渴望。智慧城市与新兴产业的紧密结合，有可能成为城市发展新的经济增长点。

我国对城市本质的认识、定位、功能、结构、形象与特色、政治形态、组织模式、管理方式与国外发达国家的做法是完全不同的，这就决定了我国智能城市的定位、出发点和需求不能照搬国外模式，所以必须从我国具体国情出发提出解决方案。

国内部分城市建设智能城市的主要做法有：一是以创新推进智慧城市建设；二是以发展智慧产业为核心；三是以发展智慧管理和智慧服务为重点；四是以发展智慧技术和智慧基础设施为路径；五是以发展智慧人文和智慧生活为目标。目前，广泛认可的打造智慧城市所需的四大要素如下：

（1）以人为基础：城市里应该有良好的就业和创业环境，适宜居住，居民的购买力要随着经济增长不断提高。

（2）以土地为载体：城市从"平面化到立体化"发展，推动"精明增长"，势在必行。

（3）以信息为先导：物联网、传感网等方兴未艾，在可见的将来，城市信息化将随着技术升级而不断加快。

（4）以资本为后盾：中国的城市发展，单靠政府财政投入远远不够，需要调动民间资本的力量。

（一）以创新推进智慧城市建设

这类城市将建设智慧城市作为提高城市创新能力和综合竞争实力的重要

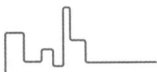

途径。如深圳将建设"智慧深圳"作为推进建设国家创新型城市的突破口，以建设智慧城市为契机，着力完善智慧基础设施，发展电子商务支撑体系，推进智能交通，培育智慧产业基地，已被有关部委批准为国家三网融合试点城市，并提出 2012 年实现宽带无线网覆盖率达到 100%，组建华南地区的物联网感知认证中心等。南京提出，要以智慧基础设施建设、智慧产业建设、智慧政府建设、智慧人文建设为突破口来建设"智慧南京"，将"智慧南京"建设作为转型发展的载体、创新发展的支柱、跨越发展的动力，以智慧城市建设驱动南京的科技创新，促进产业转型升级，加快发展创新型经济，从根本上提高南京整体城市的综合竞争实力。沈阳是全国著名的重工业基地，近年来致力于从老工业城市向可持续发展的生态城市转型。为此，沈阳市政府与 IBM 公司及东北大学联合宣布成立沈阳生态城市研究院，借助"智慧城市"建设，创新运用绿色科技和智慧技术，以互联网和物联网的融合为基础，通过研究生态城市和谐规划、城乡水污染监管及饮水安全等课题，为沈阳市生态化建设提供一套完整的方法论，努力实现打造"生态沈阳"的战略目标，进而为解决中国传统工业城市的转型难题开创一个新的思路和模式。

（二）以发展智慧产业为核心

武汉是我国中部地区的中心城市，具有丰富的科教资源和雄厚的产业基础。武汉城市圈建设智慧城市的重点是，形成基础网络发达、基础设施集约建设、信息资源充分共享、信息安全体系充分保障、信息技术普遍应用的信息化整体格局，智能交通、绿色城市等智慧民生应用得到普遍应用，城市功能、运作效率和城市品质处于国内领先地位，数字化、网络化、智能化、无线化、可视化成为市民生活工作的主要方式，使"大江大湖大武汉"特色更加鲜明，将武汉建设成为全国环保模范城市，打造"绿色江城、宜居武汉"，促进城市圈的综合协调和一体化建设，从而实现加快构建武汉两型社会的战略目标。

昆山高新技术产业发达，生产了全球 1/2 的笔记本电脑和 1/8 的数码相机，以此为基础提出了要大力发展物联网、电子信息、智能装备等智慧产业，支撑智慧城市建设。宁波将以建设六大智慧产业基地为重点，加快推进智慧产业发展。这六大基地分别为：网络数据基地、软件研发推广产业基地、智慧装备和产品研发与制造基地、智慧服务业示范推广基地、智慧农业示范推广基地、智慧企业总部基地。

广东省希望通过打造"数字广东"，发展现代信息服务业，加强对先进制造业和现代服务业的支撑，实现产业结构转型升级，"让经济变得更有效

率"。为此，广东省信息产业厅与 IBM 公司签署战略合作备忘录，将在智慧医疗、人才培养、电子商务、物流、水资源管理等方面进行探索，并在四个领域加强合作：现代信息产业基地建设，国际电子商务中心建设，推进信息化与工业化融合，以及构建便捷、高效的信息网络体系。

（三）以发展智慧管理和智慧服务为重点

昆明和 IBM 公司的合作重点包括智能交通、智慧医疗、服务型电子政务等方面，从而为城市运营和管理提供更好的指导与管控。

南京市提出了"智慧南京"构想，希望从交通、医疗和电力三方面入手，建设服务型政府。拟通过设计智慧交通管理系统和智慧铁路解决方案，疏导和缓解拥堵状况，提高交通安全，提升乘客体验。智慧医疗主要解决医疗行业电子信息发展中信息无障碍流通问题，提高临床决策和医疗队伍的整体水平。智慧电力从安全、稳定、灵活的输、配、送电模式和方法，到搭建能够同时承载信息流和电能流的智能电网，再到铺设灵活计费的智能电表，实现城市绿色新经济增长。

昆山作为全国百强县之首，经济发达，但是城市建设管理水平相对滞后，因此昆山与 IBM 公司合作，通过实施"城市控管指挥中心""政府并联审批""城市节能减碳"等三大"智慧城市"软件解决方案，解决城市管理的现实问题。

佛山市为了打造"智慧佛山"，提出了建设智慧服务基础设施 10 大重点工程，即：信息化与工业化融合工程、战略性新兴产业发展工程、农村信息化工程、U-佛山建设工程、政务信息资源共享工程、信息化便民工程、城市数字管理工程、数字文化产业工程、电子商务工程、国际合作拓展工程。

（四）以发展智慧技术和智慧基础设施为路径

上海新推出的《上海推进云计算产业发展行动方案》，即"云海计划"，将为上海"智慧城市"建设所需要的云计算提供非常优秀的基础条件。IBM一直致力于将顶尖的云计算技术与中国实际充分结合，推出更多适合本土的云计算解决方案，在智慧技术基础上充分支持上海"智慧城市"建设。

杭州因地制宜提出了建设"绿色智慧城市"，把"绿色"和"智慧"作为城市发展的突破路径，着力发展以信息、环保和新材料等为主导的智慧产业，加强城市环境保护，从而实现建设"天堂硅谷"和"生活品质之城"的城市发展战略目标。

南昌提出把打造"数字南昌"作为智慧城市建设的突破重点，通过实施数字南昌综合指挥调度平台、智能交通系统、市政府应急系统、"数字城运"、"数字城管"等重大工程，提升城市运行监测和城市公共信息服务水平，从而达成率先在中部地区建成具有区域竞争力的"数字城市"的战略目标。

（五）以发展智慧人文和智慧生活为目标

成都提出要提高城市居民素质，完善创新人才的培养、引进和使用机制，以智慧的人文为构建智慧城市提供坚实的智慧源泉。重庆提出要以生态环境、卫生服务、医疗保健、社会保障等为重点建设智慧城市，提高市民的健康水平和生活质量，打造"健康重庆"。上海世博会的主题是"城市，让生活更美好"，借助现代信息通信技术（ICT），打造出智慧城市的新样板，向全球展示了未来智慧人文和智慧生活的新方向。

五、国内外智慧城市建设分析

智慧城市是指通过建设新一代智慧型信息通信技术基础设施、综合共享服务平台及示范工程，形成基于超强海量运算能力和智能过滤处理的新生活、新产业、新社会管理模式，打造成熟高效的城市管理和民生服务应用，为市民提供人与社会、人与人更加和谐共处的环境，构建城市发展的智慧环境和面向未来的全新城市形态。智慧城市是集自我创新功能、时空压缩虚拟功能、自动识别定位功能、智慧管理服务功能于一体的高度数字化、网络化、精准化、智能化的信息集合体，是工业化时代向信息化时代全面转型的基本标志。

经验表明，西方发达国家智慧城市的发展大致经历了四个阶段：①起步阶段，这个阶段主要是加强城市信息基础设施建设；②发展阶段，这个阶段以各种电子信息技术在城市中的广泛应用为主；③融合阶段，这个阶段重在将各种城市服务功能整合和协同；④成熟阶段，这个阶段则是政府决策过程和信息服务活动趋向自动化和智能化。与国外智慧城市发展四个阶段相比，我国智慧城市的成长也将经历起步、试点、发展、成熟四个不同阶段，经过一个长期的学习创新、与时俱进、自我完善的过程。我国智慧城市建设总体上从概念导入期进入了快速推进期。虽然各地在智慧城市的建设水平上差异性明显，但目前基本上都处在规划落地和试点阶段，各地方政府对智慧城市建设的重视力度越来越大，大型运营公司也在各地积极运营。

德国智慧城市建设取得不俗的进展，其建设项目一般多集中在节能、环保、交通等领域。总结德国智慧城市建设经验如下：

（1）专门机构。德国城市在建设智慧城市过程中，都由专门的机构负责。这些机构或者是政府部门，如法兰克福的环保局，或者是政府特意成立的下属机构，如柏林的柏林伙伴公司和弗里德里希哈芬的虚拟市场有限公司，其职责都是代表当地政府提出一些长期的、宏观的规划目标，并从市场上挑选最具吸引力并适合当地实际的智慧城市项目。因此，我国在建设智慧城市的过程中也应保证有专门的负责机构而不能是"政出多门"。

（2）政企合作。为了更好地建设智慧城市，德国城市一般会选择 PPP（Public-Private-Partnership）模式，即政府和企业合作的模式。合作有两种情况：一种是政府首先会在某个方面提出长远的宏观目标，并通过财政补贴的方式引导企业进行相关研究，最终从若干参与者中选出合适的合作者；另一种是像德国电信、西门子、宝马等大型企业为了推销本公司的某种产品或服务，会在全国范围内选择一个或几个城市进行试点，符合条件的或对项目感兴趣的城市会积极参加这些企业开展的试点竞赛。因此，我国在建设智慧城市的过程中，也要发挥政府和市场两方面的重要作用，政府不能对智慧城市建设大包大揽，而是要在认真仔细调查研究的基础上提出在某个时期要达成的目标，关于建设内容以及如何建设等具体细节问题应交由市场来完成。

（3）多方出资。在德国智慧城市建设项目中，根据项目目标主体的不同，德国城市会有不同的资金来源，如欧盟、联邦政府、州政府、市政府以及相关企业。如果是前三者提出目标要求城市完成，那么它们就会给这些城市一定比例的建设资金。比如，为实现节能减排，欧盟提出"力争到 2020 年将温室气体排放量在 1990 年的基础上减少 20% 以上"的目标，并投资 1.15 亿欧元帮助 500 多个城市进行节能建设。德国联邦政府提出"电动汽车国家发展计划"，并选取了包括柏林在内的 4 个州开展试点。在这个为期 4 年（截止时间为 2016 年）的项目中，联邦政府投入 8000 万欧元，柏林州政府投入 6000 万欧元，参与企业投入 6000 万欧元。因此，我国各城市在建设智慧城市的过程中，也可以积极争取各方面的资金，比如中央资金、省政府资金以及有意愿参与本市智慧城市建设的企业的投资。

（4）因地制宜。智慧城市建设是一个复杂的系统工程，它必将是一个长期的发展过程，不可能毕其功于一役。每个城市在建设智慧城市的时候应充分认识到其建设的长期性和复杂性，充分考虑当地的资源禀赋、经济水平、产业基础、信息化水平、市民素质等各种因素。德国各个城市的智慧城市建设虽然多集中在节能、环保等领域,但就具体项目来讲,不同的城市绝对不会雷同。因此,今后我国在建设智慧城市的过程中,必须充分考虑当地居民需求和所需解决问题的迫切程度,进行统筹规划,分步实施。

(5)务求实效。相比国内对"智慧城市"的追逐和热捧,德国对"智慧城市"的认识更加理性和务实。德国人并不认为"智慧城市"有统一的模式,而且在建设智慧城市的过程中并未过多使用甚至几乎没有使用国人熟知的物联网、云计算等新兴信息技术,只要能够促进市民生活质量改善和城市竞争力提升的工作即可视为建设智慧城市。因此,今后我国在建设智慧城市的过程中,要充分考虑市民生活质量的改善和城市竞争力的提升,而不能盲目跟风,做表面文章。

(6)以人为本。"以人为本"的理念在柏林、法兰克福等各个城市的智慧城市建设过程中都得到了充分的体现。在策划某个智慧城市项目的时候,这些城市的政府会做仔细认真的前期调研,在此基础上充分地考虑当地居民的需求,还会在项目实施之前选择若干志愿者进行实际体验,之后根据志愿者的意见和建议对项目方案进行修改完善并在更广范围推广。因此,我国的智慧城市建设也应把满足广大人民群众的利益作为核心宗旨,最大限度地满足人们在城市生活中的物质需求、精神需求和感官享受,把提升市民的生活幸福指数作为城市信息化建设的核心目标,真正把百姓需求和幸福感受放在第一位。

当前我们正处于一个新的地理信息时代,以传统手工或数字化手段建立起来的数字城市,也将过渡和发展到以服务为本质的信息化服务,以3S技术为主要特色的数字城市正在向以物联网和云计算技术为特色的智慧城市方向发展。我国已在超过300个城市开展了数字城市地理空间框架建设,成果已广泛地应用于土地利用、资源管理、环境监测、交通运输、城市规划、经济建设以及政府各职能部门。随着Google Earth、Virtual Earth、天地图、下一代互联网、传感器网络和物联网的出现及发展,将数字城市与各类遥感传感器基于物联网结合起来形成"智慧城市",人类可以以更加精细和动态的方式管理生产与生活。

从国际信息化趋势而言,近年来,欧美一些发达国家和地区先后进入信息化的高速发展期,从"数字地球"的提出到"智慧地球"的酝酿,极大地推动了信息化建设的步伐。当前,一些国家、地区和城市已先后提出了建设智慧国家、智慧城市的发展战略和计划,加快向高层次的信息社会转型。"智慧城市"就是在此背景下提出的,它以传感网技术、物联网技术为支撑,通过健全、透明、充分的信息获取，通畅、广泛、安全的信息共享，和科学、规范、有效的信息利用，提高城市运行和管理效率，改善城市公共服务水平，增强处理突发事件的能力，让城市成为和谐社会的中枢。

智慧城市的建设和发展需要现代信息通信、传感器、云计算、物联网等技术的支撑，需要坚持开放合作与自主创新相结合，突破海量数据处理、智能终端系统、智慧行业应用支撑平台等关键技术，并在现有互联网、电话网、广播电视网、移动宽带无线网和各种专网在内的基础网络的基础上，建立互联互通的异构网络基础架构。

同时，还需要依靠政府和行业主管部门制定前瞻性配套的发展规划，以大力推进智慧城市建设，从而构建良好的产业发展环境和配套措施，推动跨行业联合制定统一的标准体系研究，实现通信、数据、信息、应用、服务的协同。此外，还需要通过立法和监管，实现数据共享，提高信息管理水平，建立数据的隐私保护和信息安全管理机制。

六、我国政府的重视与政策推动

目前我国的智慧城市建设已经驶入快车道，正在全国范围内形成热潮。我国相关部委为了抢占智慧城市建设的制高点，从履行法定职能角度纷纷出台了智慧城市建设方案（图 1.2）。

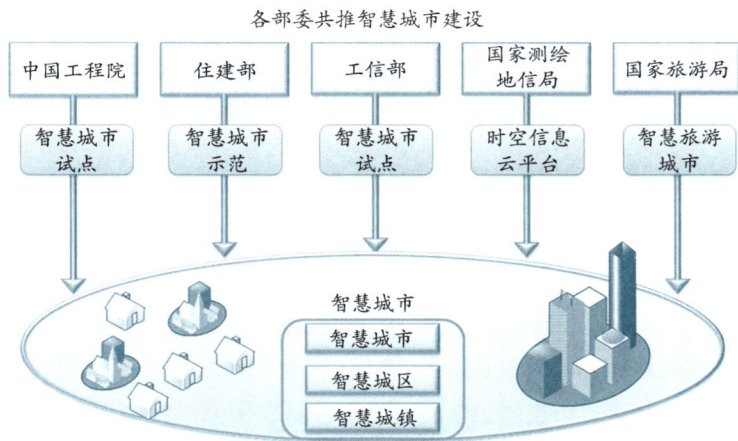

图 1.2　我国推进智慧城市建设的主要部委

2010 年，科技部选择武汉市和深圳市，作为国家"863"计划"智慧城市"项目的两个试点城市。

2011 年 7 月,工信部信息化推进司批复同意江苏扬州为全国中小城市"智慧城市"建设试点示范城市,明确支持扬州紧密结合国民经济和社会发展的迫切需要,立足信息化发展实际,积极开展"智慧城市"试点工作,探索新时期信息化促进中小城市经济发展转型升级的新方法、新路径和新模式。扬州是第一个获得工信部批准的"智慧城市"建设试点示范城市。

2011 年 9 月 2 日,工信部、国家标准委和浙江省人民政府共同签署《共同推进浙江省信息化和工业化深度融合和"智慧城市"建设试点战略合作框架协议》。工信部也正在全面部署智慧城市建设相关工作;正在编制的规划中,与智慧城市相关的规划超过 10 个。

2011 年 12 月,国家测绘地信局、国家发改委等九部门联合印发了《全国基础测绘"十二五"规划》。2012 年,测绘地理信息部门将着力扩大数字城市成果应用,并将选择 2~3 个基础设施条件较好、政府积极性较高的城市开展智慧城市试点攻关,推动数字城市向智慧城市发展。

我国高度重视智慧城市建设,《国家新型城镇化规划(2014—2020)》提出"信息网络宽带化、规划管理信息化、基础设施智能化、公共服务便捷化、产业发展现代化和社会管理精细化"。李克强总理在 2015 年政府工作报告中提出要"发展智慧城市,保护和传承历史、地域文化"。李克强总理在主持召开的国务院常务会议上,明确要求加快实施信息惠民工程,在有条件的城市开展智慧城市试点示范工作。

2014 年,经国务院同意,国家发改委等八部门联合出台了《关于促进智慧城市健康发展的指导意见》(发改高技〔2014〕1770 号),以统筹顶层设计,加强相互协调,促进健康发展。《意见》指出,建设智慧城市对加快工业化、信息化、城镇化、农业现代化融合,提升城市可持续发展能力具有重要意义。意见从几个方面对智慧城市建设做出了要求,其中,测绘地理信息应统筹城市地理空间及建(构)筑物数据库等资源,加快智慧城市公共信息平台和应用体系建设。

国家测绘地信局一贯重视数字城市和智慧城市建设,在近期国务院批复同意的《全国基础测绘中长期规划纲要(2015—2030 年)》中,将智慧城市地理空间框架和时空信息平台建设列为测绘地理信息科技创新的中长期主要任务。同时在《关于促进智慧城市健康发展的指导意见》中,也明确了各政府部门要"统筹城市地理空间信息及建(构)筑物数据库等资源,加快智慧城市公共信息平台和应用体系建设。以城市统一的地理空间框架和人口、法人等信息资源为基础,叠加各部门、各行业相关业务信息,加快促进跨部门

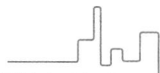

协同应用"。因此，可以认为智慧城市是城市信息化的高级阶段，是经济和社会信息化的重要标志与具体成果，而测绘地理信息在智慧城市建设中将发挥独特的优势和作用。

2015 年国家标准委发布了《智慧城市评价模型及基础评价指标体系第一部分：总体框架》等 23 项国家标准修订计划的通知，从政策标准层面加快智慧城市建设步伐。

2016 年 5 月，国家发改委和中央网信办联合印发了《新型智慧城市建设部际协调工作组 2016 到 2018 年的工作任务分工》，进一步明确了测绘地理部门在推动智慧城市当中的职责、定位和主要任务。分工中明确指出要指导各地开展时空信息基础设施建设与应用，加快智慧城市时空信息云平台的建设试点，指导开展时空大数据及时空信息云平台的构建，鼓励其在城市规划、城市建设与管理、国土资源开发利用、生态文明建设以及公共服务中的智能化的应用，促进城市的科学、高效、可持续发展。

2016 年政府工作报告中指出，我国"十三五"期间要深入实施创新驱动发展战略，促进大数据、云计算、物联网的广泛应用，推进新型城镇化，打造智慧城市，改善人居环境，使人民群众生活更安心、更省心、更舒心。

七、我国智慧城市建设与推进所面临的问题

智慧城市概念从提出至今还不到 10 年时间（2008—2016 年），没有成熟的发展模式，特别是面对智慧城市类企业为了自身利益而进行的各种宣传时，国内各城市必须清晰、冷静地认识到智慧城市建设还存在着诸多问题。

（一）缺乏国家层面的顶层设计与综合协调机制

从当前智慧城市发展实际来看，由于对智慧城市的认识和定位的差异，不同部门、不同地区对智慧城市建设所包含内容的看法往往不同。例如，城市规划建设部门往往从新一代信息技术应用于城市规划建设的角度开展智慧城市建设，信息化主管部门则从工业化、信息化相互融合的角度去规划本地区的智慧城市建设，而地方政府如地级市则又从本市经济和社会发展信息化的角度去规划智慧城市。我们应当抛弃智慧城市仅仅是建云计算中心、建超算中心、购买硬件、布设传感器的错误观点。

从政策层面来看，智慧城市建设尚未与我国的新一代信息技术产业发展实现有效衔接。作为战略性新兴产业的一部分，国家已经为新一代信息技术

制定了比较具体的战略部署，如国务院于 2010 年 10 月发布的《关于加快培育和发展战略性新兴产业的决定》（国发〔2010〕32 号）以及 2012 年 7 月发布的《"十二五"国家战略性新兴产业发展规划》。但是，由于智慧城市建设尚处于地方政府自发开展的阶段，没有被纳入国家层面的发展规划，因而与新一代信息技术的结合还不够紧密。今后，应该从总体上加强智慧城市建设与新一代信息技术创新发展的关联性，从政策优惠、试点示范等方面给予更有力的支持。

由于缺乏国家指导和统筹协调，各城市的建设规划存在一定程度的盲目性和"孤岛"现象，存在资源浪费现象，效率低下，城市安全有风险，新兴产业、基础设施、城市管理流程等尚缺乏整合协同与标准规范，迫切需要在实践探索的基础上进行国家层面的顶层设计，包括战略研究、统筹规划、设计引导和安全控制。

智慧城市建设涉及面非常广泛，包括信息通信、产业管理、城市交通、医疗卫生、教育、社区管理服务等诸多领域，因而必须建立一个综合统筹机制去协调推进。但是，目前我国尚未建立一个综合、统一有效的机制去统筹智慧城市建设。从地方的智慧城市规划来看，最初主要是信息化主管部门主导，但是最近在一些地方，城市规划建设部门也开始规划建设"智慧城市"，住房和城市建设部也在开展国家智慧城市试点工作。实际上，任何一个单一部门所主导的智慧城市建设都会面临诸多缺陷，必须建立一种能够综合协调各方业务内容并实现资源共享的智慧城市建设机制。

为了解决当前智慧城市建设所出现的盲目性，亟须加强智慧城市的顶层设计，科学合理地规划智慧城市建设。从国家经济社会发展来看，应该从党的十八大有关促进新型城镇化、全面建成小康社会的大战略出发，全面系统地规划智慧城市建设。智慧城市建设应该成为中国特色新型工业化、信息化、城镇化相互融合的一条有效路径，不仅要服务于城市政府，更要服务于城市居民。

（二）缺乏健全的信息网络安全技术、机制和体系

IBM"智慧地球"战略在我国的实施，必将引发深层次的国家信息安全风险，这一点需要引起我们的高度重视。"智能（慧）地球"所倡导的"更全面的互联互通"，目标是要实现国家层面乃至全球基础设施甚至自然资源的互联互通，而这种互联互通，则极有可能为某些跨国大公司借助技术手段，掌控全球范围的各种资源提供便利。

目前，互联网基础设施的五大核心技术领域，即高性能计算机、操作系统、数据库技术、网络交换技术和信息资源库，全部被国外 IT 巨头垄断。在互联网时代，由于我国根本没有技术和产业主导权，我国的信息网络几乎完全是在跨国公司特别是美国公司的技术掌控之下，没有安全可言。在以物联网、云计算为代表的新一代信息技术支撑的智慧城市建设中，安全问题更为突出，其潜在的威胁也更大。

美国政府禁售华为、中兴的战略逻辑，必须让我们进一步意识到当前我国智慧城市建设所面临的巨大信息安全风险，这些威胁不仅来自思科等美国网络通信企业在我国硬件设施领域的近乎垄断地位，也来自微软、IBM、Oracle 等公司在智慧城市建设领域特别是业务信息系统、数据库管理和业务解决方案市场的主导地位，其存在的可靠性、安全性等方面的问题，目前还没有有效的解决办法。有专家认为，以我国现有的信息安全防护体系，实在难以保证事关国家安全的敏感信息不外泄，我国所面临的国家信息安全风险必将越来越严峻。

因此，为保障智慧城市的安全稳定运行，有必要从保障国家安全的高度，规划信息网络安全，整合当前分散的信息安全管理机制，建立高效的信息网络安全保障体系。

信息共享是智慧城市建设和运行过程中提出的客观要求。在信息共享的过程中，正确认识隐私信息保护的重要性、有效保护隐私信息安全是智慧城市建设的重要任务之一。

（三）缺乏应对大数据挑战的技术和管理机制

数据正在成为社会财富和创新发展的基础。大数据是现有产业升级与新产业诞生的重要推动力量，也是智慧城市重要的生产资料；以数据为驱动的智能时代，只有利用大数据，才能获得突破性的智能生产和生活能力。大数据还引起了科技界对科学研究方法论的重新审视，正在引发科学研究思维与方法的一场革命。

物联网海量数据是国家的战略资源。当前，互联网已成为全球性的基础设施，物联网作为互联网向物质世界延伸的感知网络，可以产生大量的感知数据，并与互联网相联。海量数据已变得越来越重要，并正在演变成一种战略资源。据 IDC 报告显示，全球数据量每 18 个月就翻一番。有研究表明，全球仅在过去两年内产生的数据量，就占了有史以来数据量的 90%。因此有专家认为，在互联网领域，谁能有效垄断数据资源，谁就有可能成为世界的霸主。

就海量数据管理来看，目前我国数据中心的产业规模已跃居全球第一。随着物联网未来在国家电网、交通、物流、家居、医疗、农业、国防军事等众多领域的广泛应用，必将产生更多的数据，而对这些海量数据的分析和管理，也将变得越来越重要。因此，物联网、云计算乃至"智能（慧）地球"都具有广阔的应用前景和巨大的市场规模。

从技术角度看，大数据面临的科学问题本质上可能就是网络科学问题，复杂网络分析应该是数据科学的重要基石。我们应加强天地时空地理信息获取能力建设，发展高性能的网络基础设施。而现有的数据中心技术很难满足大数据的需求，存储能力的增长远远赶不上数据的增长，因此，我们需要考虑对整个IT架构进行革命性的重构。

从机制保障角度分析，政府机构、行业组织和大型企业要建立专门的数据治理机构来统筹数据治理的工作，开放数据，让大数据时代最重要的生产资料数据自由地流动起来，以催生创新，推动知识经济和网络经济的发展，促进中国的经济增长由粗放型向精细型转型升级。我们应鼓励、扶持基于数据的创新和创业。

（四）缺乏智慧城市建设风险认识和应对策略

对智慧城市建设风险认识不足，期望值过大，导致了部分地方政府急功近利，以致于希望用几年时间就能够改变一个城市，甚至期望连数字城市基础都不完全的基础薄弱的城市也能迅速成为一个期望的智慧城市，巨大的建设压力和投资风险潜藏在规划文件和口号的洪流中，尚未浮出水面。

还存在重复建设和市场风险问题。当前，我国与"智慧城市"直接相关的物联网、云计算等产业规模持续增大，一些重点城市在发展物联网、云计算过程中，通常依据自己对"智能"的理解以及自身城市建设的需求进行布局。目前，我国有上百个地区提出建设"智慧城市"，30多个省市将物联网作为产业发展重点，80%以上的城市将物联网列为主导产业，已经出现了明显过热的发展苗头。有专家对这种"一拥而上"的重复建设现象，纷纷表达出担忧，认为当前过热的物联网、云计算和"智慧城市"等的建设，将有可能导致新的产能过剩。

智慧城市必须关注城市整体效益。国外较少同时规划众多工程，并没有整体的智慧城市规划，只需要关注单项工程的效益，其效果容易控制；而国内智慧城市是进行全市信息化规划，必须考虑城市的整体效益，要求智慧城市见成效的难度很大。

第2章

i City　　　　　智能城市内涵及特征

城市是以人为主体、以空间和自然环境的合理利用为前提、以积聚经济效益和社会效益为目的，集约人口、经济、科技、文化的空间地域大系统。挑战、理念和动力等不同方面的发展背景决定了城市在不同发展时期所拥有的不同内涵。

一、智慧城市的内涵

IBM 给出"智慧城市"的定义为：运用信息和通信技术手段，感测、分析、整合城市运行核心系统的各项关键信息，从而对包括民生、环保、公共安全、城市服务、工商业活动在内的各种需求做出智能响应。IBM 定义的实质是用先进的信息技术，实现城市智能式管理和运行，进而为城市中的人创造更美好的生活，促进城市的和谐、可持续成长。

我国工业和信息化部电信研究院通信标准研究所给出的"智慧城市"的定义为：将现有资源进行整合，包括数据的智能整合、应用整合、感知网络整合，数据的整合打破信息孤岛，实现城市级的信息共享，加强数据的统一管理，实现数据的准确性和及时性，建立从数据转化为价值的体系，实现数据从部门级到城市级的提升；应用整合通过基础能力、服务与流程的全面集成，统一整合城市运营和产业，实现城市一体化运营；基于应用聚合门户，提供统一的智能应用服务，实现整个智慧城市运营产业链的高效协同；感知网络整合视频监控、传感器、RFID 等多种感知网络，实现对城市感知网络的统一监控和管理，并在此基础上进行城市运营感知数据的统一分析与优化，从而实现对城市运营的智能管理，提供更有效的城市服务。

中国城市科学研究会数字城市专业委员会认为，架构在城市实景模型上，以城市建（构）筑物为承载主体，针对城市中的人、企业、城市设施等基本要素，融合城市资源、环境、社会、经济信息，采用物联网等技术获取动态城市运行数据，在智慧城市公共信息平台上集成各种行业应用。

《全球趋势 2030》给出了一个智慧城市的定义：智慧城市就是利用先进的信息技术，以最小的资源耗费和环境退化代价，能够实现最大化的城市经济效率和最美好的生活品质而建立的城市环境。可以认为该定义高度概括了从信息技术、体制机制、产业经济等不同的角度对智慧城市的共性认识。

从本质上分析，智慧城市就是要融合技术和人的智能因素，赋予我们的城市系统以智能认知和处理问题的能力，然后又反过来为人提供更多的认知和处理能力，通过人机协同，使城市更安全、更环保、更和谐、更便捷。本质上，智慧城市是让作为城市主体的人更聪明。

二、从"智慧城市"到"智能城市"概念的转变

尽管我国众多地方加入了智慧城市的行列，但对于智慧城市的理解存在较大差异，特别是决策者与工程技术人员的理解差异。以 IBM 为代表的智慧城市方案重在技术方案，目标是"落实"到公司的"解决方案"，而忽略了建设的主体对象"城市"，忽略了城市这个巨大系统的复杂性，造成市长的期望与 IT 公司建设方案目标存在较大差异。一个城市的市长在仔细参观某信息公司对各种"智慧系统"的介绍后，失望地评价："你们的智慧城市没有市长的视野。"市长的视野重在最优化的城市发展新模式和新形态，而不是单一的几个技术解决方案。决策与技术的碰撞，使得我国在城市智能化建设方面的理念发生变化，正从信息技术驱动论的观点在向人的智慧与物的智能相结合的观点转变。

不少院士认为，城市的智能化发展应该建立在知识的基础上，其本质是深谋远虑地、务实地用奇妙无比的知识进行智能城市建设，特别是在新一代大数据获取知识方面，智能城市的提法显得更为合适。

当然，智慧城市和智能城市两种提法，均是指高度信息化背景下的未来城市模式。

三、智能城市的内涵

目前，从信息技术、体制机制、产业经济等不同的角度给出了智能城市的多种概念，共识和差异并存。

智能城市是信息技术高度集成、信息资源深度整合、信息应用更加普及的数字化、网络化和智能化的城市。这样的城市必然有更强的能力，包括具有更强的集中智能发现问题、解决问题的能力，因而具有更强的创新发展能

力。因此，智能城市是以智能技术、智能产业、智能人文、智能服务、智能管理、智能生活等为重要内容的城市发展的新型态、新模式。

智能城市不仅可以从经济、社会及服务方面给予我们直接的利益，更能让生活在城市中的人实时感受到触手可及的便捷、实时协同的高效、和谐健康的绿色和可感可视的安全。智能城市的社会价值主要体现在可以有效解决城市病，拓展产业发展领域，满足居民的需求。智能城市的经济价值主要体现在它是推动城市经济增长的倍增器。

综合城市信息化、城市功能、城市管理等不同视野下对智能城市内涵的理解，智能城市的实质是：以城市为载体，以数字城市为基础，以城市化、工业化、信息化、生态化、市场化、全球化的综合发展趋势为理念，以核心为新一代信息技术先进技术为驱动力，以高度信息化时代城市系统的全面感知、全面互联、深度整合、协同运作、智能服务为特征，建立城市实时信息流的动态获取、融合、处理、决策与服务的泛在实时服务体系，在数字城市的基础上实现泛在、实时、智能的信息服务，带动经济、生活、社会及城市管理进入智能化发展阶段。

针对智能城市在我国各行业领域的具体应用，结合具体的需求和目标，可以给出智能城市在各行业领域的更具体的解释。

"中国智能城市建设与推进战略研究"项目组经过深入研究认为，智能城市（iCity）更多的是从城市的整体"三元空间"出发，通过对各种数据的集成，在充分运用数字化、网络化和智能化等技术的基础上，通过对知识技术、信息技术的高度集成与深度整合，按城市经济社会发展与市民的需要进行有效服务，在发现问题、解决问题等方面具有更强的创新发展的不竭动力，使城市更具生命力和可持续性，形成新的城市发展形态与模式。

"中国智能城市建设与推进战略研究"项目组给出的智能城市（iCity）的定义是：巧妙地汇聚城市上下的智慧，深化调度城市的综合资源，优化发展城市的经济、建设和管理，更好地为市民的当前与未来服务，即要运筹好城市三元空间（CPH），提高城市发展与市民生活水平。

四、智能城市的特征

智能城市的特征，可以概括为：基础设施高端，管理服务高效，产业绿色增长，社会环境和谐，生活环境友好。

基础设施高端是指需要高速、宽带、融合、无线、无所不在的信息基础设施，具备精细、准确、可视、可靠的传感中枢。

管理服务高效是指有了这样一个科学、绿色、超脱、便捷的数字化世界，我们就可以实施虚拟化存储和个性化的服务，保障高效、安全的信息流通。从政府角度讲，就可以推进管理服务流程的重塑优化，决策运行的智能化、协同化、精准化和高效化，我们的管理与服务就会变得非常高效。

产业绿色增长，从企业角度来讲，在实现智能产业的聚集发展的同时，要保证产业的绿色性。

社会环境和谐，从资源环境角度看，势必要推行资源节约型和节能减排型的生产、管理、生活方式，实现城市发展与环境改善的同步。

生活环境友好，从居民角度来讲，秉承以"人"为核心的城市发展理念，围绕民生、卫生、交通、教育、电能、食品等民生系统，构建健康、节能、安全、便利、实惠的和谐家园，使人们的幸福指数得到显著提升。

智能城市的主要技术特征表现为：

（1）以人为本：以人的需求作为根本出发点，以个体推动社会进步，以人的发展为本，实现面向未来的数字包容，让城市中的人类生活更美好。

（2）全面感知：利用泛在的智能传感，对物理城市实现全面综合的感知和对城市的核心系统实时感测，实时智能地获取物理城市的各种信息。

（3）全面互联：通过物联网使城市的所有信息互联互通。

（4）深度整合：物联网与互联网系统连接和融合，将多源异构数据融合为具有一致性的数据。

（5）协同运作：利用城市智能信息系统设施，实现城市各个要素、各个单位和系统及其参与者的高效协同运行，达到城市综合智能运行状态。

（6）智能服务：泛在、实时、智能的信息服务。在城市智能信息设施基础上，利用云计算这种新服务模式，充分利用和调动现有一切信息资源，通过构架一个新型服务模式和一种新的能提供服务的系统结构，对海量感知数据进行并行处理、数据挖掘和知识发现，为人们提供各种不同层次、低成本、高效率的智能化服务。

五、智能城市的通用架构

综合国内外智能城市的认识和建设实践，尽管在运作方式、建设内容和解决问题等方面存在差异、各具特色，但其体系框架具有共性。通用结构如

图 2.1 所示，包括感知层、网络层、公共设施层、公共数据库、公共信息平台、智能应用和用户层，以及制度安全保障体系和政策标准保障体系。

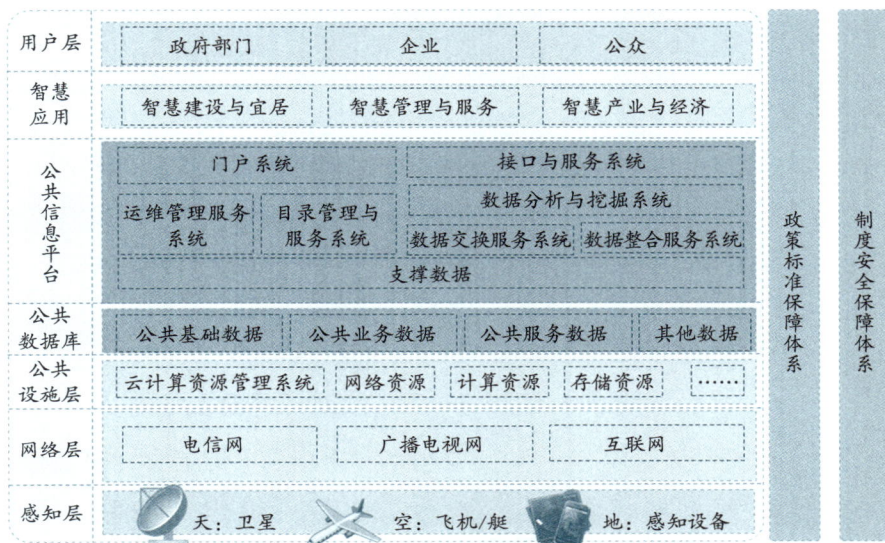

图 2.1　智能城市通用架构

第3章

iCity

时空信息
基础设施的内涵

地理空间信息基础设施是城市信息化不可或缺的、基础性的、根本性的信息资源，以法定的、统一的地理空间框架为基础，整合人口、法人、经济、社会、文化等信息内容，是城市信息化的必然要求。数字城市、智能城市都离不开地理空间信息基础设施的支撑。在我国，地理空间信息基础设施在数字城市建设阶段称为数字城市地理空间框架。由于智能城市在内涵上的提升，我们提出地理空间信息基础设施在智能城市建设阶段称为时空信息基础设施。

一、数字城市地理空间框架建设现状

国家测绘地理信息局自 2006 年启动了数字城市地理空间框架建设工程，旨在构建地理信息公共平台，为城市各类经济和社会信息提供一个开放、共享的有效载体。

地理空间框架主要内容包括基础地理信息数据库和地理信息公共平台。

数字城市地理空间框架建设以建立地理信息数据库为基础，根据政府部门、行业领域和公众服务对基础地理信息应用的迫切需求，充分运用 RS、GPS、GIS 和计算机网络等技术，制定相应的政策法规和标准体系，建设多尺度、多分辨率、多种类的城市空间数据体系，构建统一的城市地理空间基础平台，从而为城市政府、企业、社区和公众提供高质量的基于空间位置的应用服务，实现同一框架（即城市基础地理信息）下的资源共享和信息服务。

地理空间框架是空间信息基础设施的重要组成部分，由数据体系、目录与交换体系、公共服务体系、政策法规与标准体系和组织运行体系等构成。地理空间框架可分为国家级、省区级和城市级三级架构，它们共同构成数字中国地理空间框架。基础地理信息数据库和地理信息公共平台都是地理空间框架的有机组成部分，其中前者是框架的数据体系，后者是框架公共服务体系的核心内容。

数字城市地理空间框架的建设与应用，能够为城市的科学发展以及政府的科学决策和信息化管理提供有力支撑，可在解决城市建设中重复投入、重复建设等问题及为地理信息资源的统筹开发与利用提供现实依据等方面发挥重要作用；对于改善城市基础设施，促进产业结构调整，完善资源合理配置，优化资源、环境、人口和发展的相互关系等都具有非常大的推动作用，为政府科学决策提供详实、可靠的依据。

自 2006 年，特别是 2009 年加快推进数字城市地理空间框架建设以来，至 2016 年上半年，全国所有的地级以上城市和 400 多个县级市都已经开展了数字城市的建设，其中 70% 以上的地级市已经完成了数字建设，预计到 2016 年年底将全面完成地级以上城市的数字城市建设。全国累积开发了涉及国土、规划、交通、房产、公安、消防、环保、卫生、公共服务等几十个领域的 6000 多个应用系统，涵盖了政府决策、信息化建设、经济建设、应急保障和民生服务的各个方面，已经成为领导科学决策的重要工具、城市信息化建设的基础平台和提高人民生活质量的便利帮手，在经济社会发展、工业与信息化进程中发挥了重要作用。数字城市建设有利地促进了城市资源的共享，推动了城市信息化的进程。我国数字城市地理空间框架建设取得的主要成就有：

（1）建成了比例尺较齐全、精度较高、现势性较强的基础地理空间数据 4D（DLG、DEM、DOM、DRG）产品模式，可作为其他社会经济信息空间定位的基础框架；

（2）初步形成了基础空间数据管理与基础测绘生产相分离的机制，做到空间数据生产的政府主导、市场运作，在管理上依法初步实现信息共享；

（3）建立了一些基础地理空间数据标准规范与政策法规体系，确保基础地理空间数据生产、管理、使用的有序进行；

（4）地理信息产业初具规模，并逐渐成为城市信息产业的重要组成部分。

城市地理空间信息基础设施在支撑电子政务、电子商务、企业 ERP 系统、物流信息综合管理平台等综合服务平台和应用系统建设方面，取得了令人瞩目的成绩。电子政务建设成效明显，许多城市建成了覆盖全市各级党政机关和社会团体的电子政务外网和连接全市所有社区居委会和行政村的社区网；建设了人口数据库（含外来人口）、法人数据库、宏观经济数据库、政务信息数据库和自然资源与地理空间信息数据库等"五大基础数据库"；开展市级政务网络管理中心、政务数据中心、数字认证中心和公共信用信息中心等"四大中心"建设。数字城市基础地理信息平台、数字城市三维基础平台及"数字城管""数字交通"等各类数字化信息系统建成运营并发挥了重要作用。

二、数字城市地理空间框架与智能城市建设需求的差距

总体上看，数字城市地理空间信息基础设施智能化程度不高，离智能城市的要求还有很大距离，尚不具备地理信息实时获取能力、动态更新能力、异构资源汇聚能力、泛在实时服务能力，即数据多但用不上，有数据但用不好，有信息但找不着。

（1）信息资源共享程度偏低。主要特征是空间参考基准不一致，数据标准不统一，"信息孤岛"普遍，资源难以整合共享，部门、行业间缺乏协调统一；缺乏动态更新机制，特别是缺乏在线的地理信息共享交换接口，信息数据时效性差。

（2）存在理念上的落差。由于对地理空间信息在城市智能化进程中的作用和意义存在认识上的模糊和偏差，社会的"地理空间意识"不强，在实践中则造成了对地理空间信息作为"智能城市"的基础支撑之一的特征点的认识不足，对城市地理空间信息基础设施建设投入力度不够，因此，需要提高认识，做好定位，加强相关理论研究和成果普及，提高社会的"地理空间意识"。

（3）某些关键技术难关有待进一步研究。信息获取、处理（生产）和应用服务一体化技术、多传感器组网与快速接入及综合利用技术、海量空间信息智能处理（生产）技术、地理空间信息智能服务技术等关键技术上还有待研究和取得突破与创新，形成完善的技术支撑体系，形成一批国家和行业标准、规范，为智能城市建设提供可靠的技术和标准支撑。

（4）现有的数字城市地理空间基础框架成果无法满足智能城市的要求。鉴于智能城市对地理空间信息的精确性、现势性、实时可用性以及地理空间信息服务平台的功能及其智能化提出了更高的要求，因此必须将已建设的数字城市地理空间基础框架成果进行升级改造和功能拓展。

从地理空间基础框架应用于服务角度分析，存在的主要差距如下。

（一）基础地理信息数据开放度低，导致测绘地理信息服务从源头上受限

目前，我国测绘地理信息的服务范围、服务质量在很大程度上受限于基础地理信息的开放程度。测绘地理信息服务的核心是地理信息资源，而地理信息资源的重要组成部分是基础地理信息。现阶段，基础地理信息数据体系是"数字中国"地理空间框架的核心，需在基础地理信息上开发地理信息

技术应用服务工作等。测绘地理信息服务作为一种新形态的服务模式，对应的是具有较高安全关联度特征的地理信息产业，一方面，地理信息尤其是高精度的基础地理信息是信息化战争争夺的重要资源；另一方面，测绘地理信息服务越来越需要大比例尺、高精度、多时相、全要素的地理信息资源。而目前，我国的基础地理信息对市场迫切需要的大比例尺基础地理数据保密要求较高。地理信息产业发展需要多元主体投入，尤其是民间资本参与，否则无法快速满足经济社会发展的巨大需求，无法提供高质量的测绘地理信息服务。但如果保密定位层次过宽，则会造成投资者无法参与，测绘地理信息服务市场无法扩大。

（二）缺乏核心技术和自主创新能力，导致测绘地理信息服务水平较低

我国地理信息技术发展一直处于跟踪和追赶状态，缺乏一些核心和关键技术，核心资源和应用开发能力不足。目前，国产遥感卫星数据源的规模和水平与国际先进尚有差距，比如在产业上，高、中分辨率遥感影像市场90%采用外国卫星，在高分辨率数据方面无法与国外数据源竞争；卫星导航定位和遥感的基础设施、技术装备和数据处理软件等主要依赖国外；大型地理信息系统软件方面也是国外产品占主流，海量多源地理信息数据处理、集成管理与网络化应用服务、地理信息数据分析、表达与可视化、信息共享与安全、知识产权保护等方面技术研发不够，缺乏自主研发的大型地理信息系统基础软件、数据库管理软件、遥感影像处理软件等，自主技术保障能力不足，需要创新突破。

（三）政策支持力度不够、市场环境不规范，导致测绘地理信息服务缺乏动力

测绘地理信息服务的能力和水平，在很大程度上依赖于国家测绘地理信息产业的发展水平。在地理信息市场日益全球化的今天，我国地理信息产业正处在高速成长的新阶段，要想应对愈演愈烈的国际市场竞争，在全球市场争夺赛中占据一席之地，离不开政策支持。但是，目前我国对地理信息产业的优惠政策支持都只是包含性产业政策，尚缺乏直接性产业政策以及操作性政策与措施，如地理信息产业发展的中长期规划尚待出台，以及关于地理信息资源提供、财政税收支持等的优惠政策规定尚不明确。

此外，我国在地理信息公开和保密管理、提供和使用管理、知识产权保护、标准与质量管理等方面缺乏行之有效的政策措施，在地理信息资源获取和使用方面还受到共享和标准的制约。各部门地理信息共享渠道不顺畅，企

业在地理信息资源和政府信息资源的获取方面还面临许多限制条件，存在获取难、获取费用较高等问题。

政策支持力度不够，也是测绘地理信息市场环境不规范的一个重要原因。一些企业在市场竞争中不执行地理信息产业行业取费标准，以低于成本的价格或者过短的工期恶意抢占市场，自然带来了质量问题和隐患；市场监管不够完善，导致地理信息数据产品的盗版严重、核心技术的知识产权流失；行业保护和地方保护现象，使全国范围内的市场无法有效互通、服务无法很好地共享。这些因素都对测绘地理信息服务产生了冲击。

（四）地理信息共享机制不健全，导致测绘地理信息服务不可持续

尽管我国地理信息数据资源储备不断增长，但存在诸多问题，包括地理信息数据共享的观念落后、渠道不畅、标准不统一、机制不健全、共享程度低、集成化程度低、系统结构开发性差，没有实现与全球定位系统和遥感信息的集成应用，难以满足现代资源环境管理向集成化、综合化方向发展的需要；涉密信息较多，地理信息的可获得性和信息质量等与实际应用需求存在着较大差距，"信息孤岛"现象较为严重。

我国地理信息系统的应用正处于迅速发展的阶段，空间数据的获取和生产正在大规模开展，国家、部门、地方和单位每天都在生产大量的空间数据和专题应用数据，全国已经建成100多个大型空间数据库。由于没有空间数据的共享机制和政策，目前大多各自为战，许多数据库只是限于本部门、本单位使用，利用效率极低，一方面是大量数据闲置，另一方面继续使用的单位又找不到数据，这就导致了严重的数据重复建设现象。一些建成的地理信息系统应用工程因为缺乏现势数据而不能充分发挥作用，严重影响了地理空间信息应用的普及和产业发展。

地理信息资源开发利用不足与重复建设并存，成为测绘地理信息服务的一个瓶颈。但空间数据共享的问题比较复杂，这里既有技术问题，例如各类标准规范的制定与统一和共享工具的开发与应用，又有机制、观念和政策问题，需要区别对待，认真解决。

（五）测绘地理信息专业人才紧缺，导致测绘地理信息服务没有生命力

①缺乏高端领军人才。目前我国缺乏一批懂技术、懂管理、懂经营的领军人才，缺乏能带起一支创业团队、带动一个创新产业的科技领军人物，缺乏一批具有战略开拓能力、素质全面、能做大做强企业的优秀企业家。缺乏

能准确判断产业发展方向的高端领军人才，直接影响了我国地理信息产业的技术开发能力、产业规模和水平。②缺乏一大批技术复合型人才。目前，我国测绘地理信息专业技术人员的知识结构相对较为单一，而随着地理信息技术的集成，越来越需要跨学科的综合性技术人才。③缺乏国际型人才。严重缺乏懂海外市场的营销人才、财务人才和法律人才，缺乏对海外人才和留学人才的吸引政策。④人才结构不合理。在地理信息产业人才结构上，处于人才金字塔顶端的高端人才市场资源不足，招聘困难；处于金字塔中端的中坚人才，人员流动性大，人才流失情况严重，技术创新动力不足；处于金字塔低端的基层人员，多为高校应届毕业生，由于学校教育与产业需求脱节，往往培养周期较长，不能解决当务之急。

这种专业人才紧缺的现状严重制约了测绘地理信息产业的发展，自然也不可避免地影响测绘地理信息服务的能力和水平。

（六）测绘地理信息服务在政府管理决策中的应用亟待拓展

测绘地理信息服务具有十分广泛的应用前景，一是面向政府管理决策；二是面向企业信息化建设；三是面向社会大众生活。地理信息技术已经在我国政府管理决策的多个领域得到应用，但进展缓慢，其巨大的社会效益还有待向纵深拓展。由于思想观念没有及时转变、3S技术还不完善、电子商务还不深入等原因，政府测绘地理信息实际应用效果并不理想。概括起来，测绘地理信息在政府管理决策应用中主要存在如下一些问题：①测绘地理信息应用不广泛、不深入，利用率低，许多还停留在地理可视化和空间查询层面，尚未真正应用于提高决策水平和效率上；②各类系统用户界面复杂、术语多、使用门槛高，对于领导干部和普通公务员等非专业人员来说，其操作难度较大。

总体上看，智能城市更强调地理信息的动态化、实时化和对时空数据的多维表达能力，要求地理空间信息技术在智能城市中的应用由静态变为动态、由时间点变为时间段、由测绘地表形态变为监测地表变化、由提供测绘成果变为报告监测信息。这是目前数字城市地理空间信息基础设施所不具备的。

因此，如何利用已有的数字城市地理空间框架建设成果来支持智能城市建设，如何应用现有成果更加智能地服务于城市管理与服务，是当前急需解决的重大技术问题。

建设智能城市地理空间基础设施，可以为智能城市建设提供统一、权威、标准的地理信息公共服务平台和信息服务环境，是实现城市自然、经

济、社会等各种信息资源的整合、共享和应用的关键设施。

从数字城市到智能城市建设，地理空间信息基础设施必须实现六方面的提升：①从"空间基准"提升为"时空基准"；②从"二维地理信息 + 三维可视化表达"提升为"统一时空基准的四维地理信息"；③从"静态数据 + 周期性的更新"提升为"实时获取 + 动态更新"；④从"有限服务"提升为"泛在服务"；⑤从"事后分析 + 辅助决策"提升为"实时分析 + 实时决策"；⑥从"数据服务"提升为"地理信息服务"。

三、时空信息基础设施的内涵

时空信息基础设施是与网络基础设施并列的智能城市的两大信息基础设施之一，为智能城市提供基础地理信息和基础支撑软件，实现城市各种信息的集成、融合与共享，城市空间的虚拟现实与三维可视化，管理的协同与业务协作，城市空间分布规律认知和发展态势感知。它是城市智能化的基础和动力。

在智能城市阶段，地理空间框架具有时空特点，要发展为时空信息框架，核心内容包括时空信息数据库和时空信息云平台；基础地理信息数据库要上升为时空信息数据库，地理信息公共平台要上升为时空信息云平台。

城市空间以地表为依托，是一个可以向空中和地下有一定延伸的立体空间，因此可分为地上、地表、地下 3 个空间层次类型。现代城市空间数据不仅包括城市大气、地面道路、建筑物、地下空间等几何数据与属性数据，还包括基于空间定位的社会、经济、统计等泛空间数据。因此，建设智能城市需要把这些海量的、变化的、属性复杂的、格式繁多的时空数据有效聚合起来，形成面向智能城市的通用的地理空间基础框架，具备地理空间信息自动获取能力、动态处理与更新能力、异构资源汇聚能力、泛在实时服务能力，能够实现多尺度地理空间数据的实时一体化采集、处理、集成应用与服务。

时空信息基础设施是其他各种专题信息的定位基础和有效载体，可成为城市各种部件和事件实时定位与传感器协同感知以及信息共享的基础框架，使地理空间信息成为城市其他各种信息聚合、集成、协同、共享的聚能器，成为城市管理与处理能力倍增器。

智能城市信息基础设施包括网络基础设施和信息资源基础设施两大类。其中，信息资源基础设施又可进一步划分为基础数据资源体系（五大基础数据库、政策法规数据库、数据中心、数据更新体系、数据共享与交换体系等）和时空信息基础设施。

时空信息基础设施包括城市三维空间基准、城市基础地理空间数据集、智能化综合管理平台、应用服务系统。其中，城市三维空间基准包括平面控制基准，高程基准，重力基准，基于网格的跨地区、跨部门、跨行业的大规模连续运行基准站网系统（CORS）等；基础地理空间数据集包括全要素框架数据、核心框架数据和新一代框架数据（三维核心框架数据）；智能化综合管理平台包括基础地理空间信息共享平台、一站式地理空间信息服务门户网站、空间数据仓库等；应用服务系统包括城市地理信息系统、遥感信息系统、三维可视化系统、分布式数据库系统，以及集城市地下、地表、地上于一体的"立体化""逼真化"和"可进入""可量算""可分析"的城市三维模型集成应用系统，等等。

智能城市的各项要求给地理空间信息基础设施建设带来的挑战体现在四个方面：①对集成共享的挑战。由于智能城市对地理空间信息的集约性、整体性和综合性要求不断提高，需要建立一体化地理空间框架，解决系统间集成困难以及各类数据资源分散、独立运行、无法共享的问题。②对内容的挑战。仅仅依靠原有的地理信息数据已经远远不能满足需求，还要生产更多内容丰富的数据，通过对基础地理空间数据的深加工，生产更多的地理信息产品。③对服务形式的挑战。单纯的数据提供已不能满足需求，需要在网络基础设施和信息资源基础设施的基础上，建设更多的网络化、智能化地理空间信息服务平台，提供地理空间信息网络服务和定制服务等。④对数据动态性和现势性的挑战。现有数字城市地理空间框架大多都是基于静态的多级比例尺空间数据模型而建立的，其空间数据结构并不支持实时的、动态的空间数据修改和空间关系维护，而智能城市应用需要把这些多尺度表示的信息动态地联接起来，建立不同尺度之间的转换模型和一体化更新机制，以进行有效的综合分析和辅助决策。

因此，建设智能城市地理空间数据框架的核心任务是解决城市地理空间信息集成共享、多源异构地理空间数据的整合和深加工、地理空间信息智能服务、基础地理空间信息的现势性和动态性等问题。这是由智能城市地理空间信息的特性决定的。

"智能城市时空信息基础设施"课题的研究内容主要有：时空基准，城市时空信息的智能感知与接入技术，智能城市时空数据管理与动态融合技术，智能城市地理信息集成共享平台与云计算体系，时空信息的实时分析与决策技术，智能城市测绘地理信息服务模式，智能城市测绘地理信息基础设

施建设的推进措施，智能城市地理信息服务产业，智能规划，智能国土，智能城市管理。

四、时空信息基础设施的地位和作用

时空信息基础设施的作用是为使用、生产和管理与地理空间信息有关的社会各部门及个人提供基础信息环境和支持，使用户能够按照地理坐标检索和展示环境资源、社会经济信息，分析其空间分布特征、运行状态和变化态势。

时空信息基础设施作为信息载体，实现了各类空间信息和非空间信息资源的整合。随着城市信息化建设与应用的发展，部门之间对空间数据与非空间数据共享整合的要求日益迫切。据专家分析，在政府各部门拥有的大量政务信息中，80%的信息都与地理空间位置密切相关，但是这些信息几乎都没有空间坐标，因此无法与其他信息整合，无法实现空间分析与可视化。为了将这些空间信息与非空间信息集成与融合，实现大量统计和表格信息的空间化，就需要建立空间和非空间信息之间的联系。

智慧城市的建设必须以地理信息公共平台为统一的定位基础，才能集成城市自然、社会、经济、人文、环境等各种专题信息。地理信息公共平台是城市综合信息集成的载体，是智慧城市赖以实现的不可或缺的基础支撑。

（一）时空信息基础设施在智能城市中的地位

测绘地理信息及技术在智能城市建设中并非可有可无，也不是陪衬，而是处于十分关键的地位，起到十分重要的作用。这不仅仅是因为人们的各种活动都与城市空间信息密切相关，城市空间信息服务已成为当前公共服务的迫切要求，也不仅仅是因为地理空间信息产业已经成为经济增长的一个亮点，在城市经济发展和产业升级中占据一定的比重，更是因为地理空间信息及其相关的三维虚拟可视化技术、空间分析技术、态势感知技术等对智能城市的"智"和"能"至关重要，不可或缺。

从地理空间信息技术在智能城市大系统建设中所处的位置看，时空信息基础设施架构在网络基础设施之上，充当分布、多源、异构城市信息资源深度整合的定位框架，是建设智能城市最重要的物质基础之一（如图 3.1 所示）。基于位置的服务（LBS）、导航电子地图、地理信息系统（GIS）等早已深入到国民经济和社会生活的方方面面，谷歌地球（Google Earth）之类的网络地理空间信息服务平台更是使地理空间信息的应用走进了千家万户，极大地拓展了地理空间信息的应用范围。

智慧城管	智能交通	智能电网	智慧旅游	智慧社区	智慧校园
智慧医疗	智慧公安	智慧环保	智慧农业	......	

智能服务应用层

服务发现	服务聚合	网络服务	网格服务	......	智能服务

智能服务层

公共中间件	协同中间件	云计算公共服务平台	数据挖掘与知识发现平台
分布异构数据一致性处理平台		工作流建模与服务链构建工具	......

智能服务公共支撑层

时空基准	基础地理数据库	感知器动态增量数据库	......	专题统计数据库
三网融合网	物联网	互联网	......	

智能城市信息基础设施

图 3.1 时空信息基础设施在智能城市总体架构中的位置

从智能城市的功能链条看，时空信息基础设施是整合目前存在的城市信息资源的分布、多源、异构的关键，可以有效解决信息资源无法共享和系统之间不能互联互通互操作等问题，是从数字城市到智能城市必须优先解决的问题之一，同时也是智能城市更好地服务政府、企业和公众的需要。这是其他行业、技术所无法取代的。

从智能城市产业链分析，时空信息基础设施处在产业链的上、中游，为智能城市的发展提供基础动力。同时，它作为一个独立的产业，整个产业链可划分为基础数据提供商、地理空间信息服务技术提供商、最终应用提供商等产业部门，一方面通过交叉应用促进地理空间数据的增值，另一方面也带动相关行业的发展，在现代经济发展中前景十分广阔，经济、社会效益十分可观。

从城市应用角度看，借助地理空间信息、地理空间信息技术及其相关的服务，社会公众也可以通过该平台得到从太空浏览地球的机会，可以从高分辨率的遥感影像看到全国各个城市的角角落落以及每一个变化，感受经济建

设的巨大成就；广大旅游爱好者可以在出发前设计好自己的旅游线路，同时做到足不出户先了解祖国的大好河山、风景名胜。这对提高居民素质和民生质量具有十分重要的意义。

如果说包括互联网、无线宽带、城市光纤网在内的网络基础设施是智能城市的"血管"，是承载智慧快车的"高速公路"，那么，地理空间信息就是滋养城市发展的"血液"，是奔跑在城市发展高速公路上的"快车"。同时，它还是城市人、事件、部件运行的定位框架，是跨部门跨领域的信息资源整合与共享的统一框架和关键设施，也是聚集城市各领域信息数据的聚能器，提升城市经济社会发展能力的倍增器，转换经济发展方式的转向器。

（二）时空信息基础设施在智能城市中的作用

地理信息系统不仅仅能为所有信息系统提供数据采集和展示背景，更是实现智能城市整体价值的关键。空间分析、空间决策支持、三维空间可视化等地理空间信息技术为智能城市提供必要支撑，是实现城市真正智能的物质基础。

地理空间信息在智能城市中的作用，主要表现在三方面：①时空基准是城市一切事物和人类活动的定位参考框架，是各种空间行动协同、协作、步调一致的最基础的标准，是一切定时、定位的基准；没有时空基准，一切定时、定位就没有依据了。②地理空间信息一般以可视化（三维）地图的表现形式，为智能城市的管理、规划、顶层决策提供支持，是实现精准管理和行为优化目标的必要条件。③地理空间信息是作为城市其他数据融合、叠加的基准，是城市各项业务，比如城市管理、商业分析等融合的基本框架；以地理空间信息为框架，整合城市的各类信息资源，可实现自然资源、人口、法人、宏观经济以及城市管网、规划、建设、房产、教育等行业专题信息资源的一体化集成管理和综合分析；不实现非空间数据的空间化（定位），就无法进行智能的综合分析和决策，而能否进行智能的综合分析和决策是评价一个城市是否真正智能的要素之一。

通过深化智能城市地理空间信息公共服务与应用，推动各部门各领域的互联互通与信息共享，可显著提升社会管理和公共服务的能力和水平。如 120 急救指挥系统调用市级地理空间信息平台提供的离线切片地图服务，可搭建急救呼叫业务的可视化分析，为患者呼叫定位、急救派车、医疗资源空间选址提供决策支持；公众网服务子系统利用市级地理空间信息平台的地理编码普查成果，可提供生活、购物、教育、医疗等分类信息及地址的模糊查询、快准定位、资源分布查询、公交分析等服务，给百姓带来更加便捷的信息化服务。

具体来说，地理空间信息及其技术对智能城市的主要作用表现在经济效益和社会效益两个方面。

1. 经济效益

（1）促进我国城市产业结构调整

地理空间信息公众服务市场前景十分广阔。城市社会经济越发达，信息化建设发展越快，城市就越迫切地需要地理空间信息服务。我们要在大、中城市建立网络地理空间信息服务体系，加强地理空间信息资源的增值开发，不断推出基于地理空间信息的专业化、集成化、大众化产品，满足社会对便捷、实用和多样化地理信息服务的需求。这将有利于推进城市地理空间信息产业的发展和普及，满足大众化需求，从而在国民经济生产链条中占据一席之地。

（2）促进我国地理空间信息技术发展

社会公众对地理空间信息的广泛需求，能带动地理空间信息技术研究、开发、营销与应用等各个领域的飞速发展，有利于打破国外的技术垄断和封锁，发展中国自己的网络地图应用和服务技术。

目前，尽管部分国产 GIS 软件的某些单项功能和性能优于国外软件，但总体来说，这些软件并不能单独与国外同类优秀软件抗衡。随着产业化进程和市场的不断形成，以往由研究部门或政府专门机构开展的空间信息处理、生产与服务，将逐步转移到专业性的空间信息生产与服务企业。其结果是，一方面使空间信息生产与服务的成本逐步降低，应用面不断扩大，为传统产业改造注入新的活力；另一方面，在获得直接经济效益和长远社会效益的同时，也将推动地理空间信息技术应用的产业化及空间信息服务业的蓬勃发展。

（3）改造传统服务产业，促进现代服务业形成

大力发展现代服务业，可以破解经济增长瓶颈，促进服务业行业结构优化，促成产业链形成。地理空间信息产业是以地理空间信息技术为支撑、以地理空间信息资源为核心发展起来的新兴产业，是典型的现代服务业。在我国传统产业的改造升级和各类信息系统建设中普遍应用地理空间信息，有利于相关企业成长并形成一批具有自主创新能力的骨干企业，支撑和促进智能交通、智能电网、智慧旅游、个人移动定位、现代物流等服务业发展；有利

于开发网上电子地图、导航电子地图、手机/PDA 电子地图、影像地图、商务休闲地图等多样化地图产品，不断繁荣地图市场。地理空间信息公众服务将改变老百姓的生活方式，同时也带来巨大的商机。

（4）提升产业的竞争力

地理空间信息产业属于技术密集型、资本密集型以及环境友好型产业，它所引领的电信增值、基于 LBS 的全新业务，完全属于低能耗甚至无能耗的绿色产业，可以破解劳动密集型和环境破坏型产业带来的种种弊端，提高我国城市在国际上的产业竞争力。地理空间信息服务平台将为地理空间信息公众服务提供一个高效率、低成本的技术平台。在此平台上，可以充分利用各种资源、降低成本，促进地理空间信息服务行业的分工。

（5）提高地理空间信息安全性

①使用 Google Earth 这类国外系统提供的服务必然受制于人；②我国 Google Earth 公众用户自主制作的大量的地标文件，可能严重泄密有关我国国防、经济安全的关键地理空间信息；③使用国外系统提供的服务将使我国丧失 IT 经济发展的机会，造成巨大的经济损失。实现和推广国产网络 GIS 软件服务平台的产业化，有利于实现空间信息产业的跨越式发展，在与国外产品的竞争中形成优势，提高地理空间信息的安全性，保证我国地理空间信息资源的安全和国家安全，在信息战场上掌握主动权。

（6）带动相关行业发展

地理空间信息产业是我国信息产业的重要组成部分。根据统计，我国信息领域的投资有 30% 左右为地理空间信息获取、加工处理及应用方面的投资。地理空间信息产业化将极大推动地理空间信息及相关产业的发展，必将带动我国一大批相关技术的开拓和发展，形成新的高技术产业带；必将不断拓展新的服务领域，带动计算机和软件服务业、电子商务与现代物流、创意产业、教育产业、动漫服务业等 IT 行业的快速发展，从而带来巨大的社会效益和经济效益。

（7）带动和促进基于位置服务的发展

目前已成为产业热点的基于位置服务对地理空间信息有着庞大的需求。所谓基于位置服务，实际上是基于位置的地理信息服务。位置是指某个场所的地理位置或某个移动物体（人、车）的实时位置。根据位置信息及其一定范围内的相关地理信息，人们可以合理安排路线行程，查找周边的商业网点设施，甚至可以查找是否有朋友在附近可以一起来喝茶。国际上，基于位置的信息服务方兴未艾；在国内，随着移动通信事业的发展，这项服务也已起步。各种市场调查表明这项服务有着广泛的需求，它可以用于任何流动目标和固定目标的定位管理。根据不同的用户需求，可以扩展各种功能，使其适用于交通运输、物流、公安、消防、旅游、出租车、金融、电信、电力、邮政、市政、测绘、农林、水利、环保、医疗救护、特殊人群管理等，可见其有着广泛的用户群体。

（8）促进智能城市建设

基于各类地理空间信息构建的城市地理空间信息服务平台，可以针对不同地区、不同部门和公众的具体需求，提供从地理空间数据产品到信息系统产品和技术产品的一系列服务，可广泛应用于国内智能城市建设和国外同类项目建设。城市空间信息服务产品能够占领国内市场 10% ～ 15% 的份额，并有一定的国际市场。

2. 社会效益

城市是信息的集散地，而且每天都有新的信息产生。城市空间信息网络服务系统能及时反映这些变化，更新有关信息，保证各种基础地理信息的有效性和权威性，是智能城市建设和发展的重要保证。

（1）对于政府部门来说，城市空间信息网络服务系统提供的具有空间分布特征的信息，有助于丰富城市政府日常自动化办公的内容和功能，提高办事效率和管理水平，使得政府的宏观管理和控制变得可行容易。从社会的角度来说，它将更有利于我们进行资源调查、管理和规划，有利于进行社区服务管理、土地管理、社会治安、紧急事务处理等。

（2）对于城市规划部门来说，城市空间信息网络服务系统包含了城市规划所需要的地形图、正射影像、地面数字高程模型等图文信息，并具备三维可视化虚拟城市模型，使得规划师可以方便地进行规划，将设计好的规划发布到互联网上，请广大市民参与讨论，并提出意见或建议，供规划师修改规划。虚拟技术使城市规划变得灵活，在规划的不同阶段都可以方便地进行调整。利用城市空间信息网络服务系统可以很方便地对各类空间信息进行分析，在很短的时间内就可以知道城市建筑物的密度、城市园林的空间分布，研究其与建筑物的关系，分析建筑物之间的间隔及日照等。

（3）城市有关部门可以在城市空间信息的基础上叠加相关专业信息，通过 WebGIS 让旅游者访问自己感兴趣的城市，了解城市的名胜古迹、旅游路线、交通、旅馆等信息；让投资者了解城市空间布局、投资环境等，为其选址、确定区域市场战略等提供决策依据。

　　（4）普通公众和商业经营者最关心的是位置服务，就是要查找感兴趣的位置和相关的信息，这与政府部门和科研单位的服务是不一样的；老百姓最希望了解的位置，包括找地点、找路线、找医院、找学校、找商店等，这些都属于位置服务。此外，民众还希望在城市空间信息的基础上叠加其个人特征信息，通过网络系统所提供的自主加载技术，把其信息加载到系统上，实现个人信息的社会化。

第4章

iCity

智能城市地理空间
信息基础设施建设
目标与内容

一、建设目标

（一）总体目标

建立跨部门、跨行业、跨网络、跨平台、高服务聚合、高重用性、高可用性、低应用开发技术门槛（"四跨三高一低"）的共享、交换与更新的管理体制和运行机制，以及相关标准规范和安全支撑体系；按照统一标准整合城市范围内政府部门、企事业单位和社会公众需要的地理信息资源，建成以基础地理信息数据库为框架的分布式数据库，实现市、区（县）两级一体的地理空间信息资源服务平台的互联互通和信息资源的共享；开发数据发布、共享、交换、服务的网络体系和综合服务平台，通过在线服务方式为政府部门、企事业单位和社会公众提供权威、准确、现势性强的地理空间信息服务和功能服务，满足城市管理、建设和发展的各项需求，推动智能城市建设；特别是要通过对已有的数字城市地理空间框架成果进行改造升级来支持智能城市地理空间框架建设。

（二）具体目标

（1）建立智能城市的数据中心。充分利用空间数据集的海量异构多源数据，通过对数据中心的功能和集成管理等几方面的提升，实现包括二维、三维、元数据信息的各类数据存储，为智能城市提供直观的展现平台，为物联化、互联化、智能化提供基础和支持。

（2）实现综合管理服务平台的拓展。拓展的主要内容包括数据的拓展、功能的拓展、服务的拓展和运营模式的拓展。数据的拓展包括数据的内容、数据的格式、多源异构信息资源的整合（集成、融合与同化）；功能的拓展包括基于移动设备系统搭建，基于倾斜式的影像、街景的影像、2.5维影像、三维影像等各类数据的应用功能；服务的拓展重点在空间信息服务的网络化（网格化）；运营模式的拓展，比如各个区（县）的运营模式的探索，同时利用平台的快速搭建配置应用系统，通过零编程、模块化等特点来为智能城市提供支撑。

（3）支撑环境的拓展，把数字城市地理空间框架支撑环境向"云"建设模式拓展。在软硬件基础设施、公共服务功能、系统数据提供等方面都要向"云"模式进行转化。通过这种模式减少资金的投入，缩短建设的周期，提供更好的服务支持。

（4）支撑智能城市业务应用系统的快速构建。基于信息服务网络中的各种信息服务平台提供的搭建配置开发技术，系统开发人员可根据需求调用、组合、装配、加工部署于网络中的各种信息服务并快速构建满足业务需要的应用系统。

二、建设思路

总体思路是在数字城市地理空间框架的基础上，以时空信息和动态更新为核心进行丰富、扩展和提升，建设动态时空地理信息框架，实现"六个提升"，也就是智能城市时空信息基础设施，避免重复建设。

在智能城市阶段，要提供时空信息服务，须在数字城市基础地理信息数据库的基础上，丰富多时相的基础地理信息数据和全景影像、点云等新型产品数据，针对实体化对象数据添加时间属性，形成时空信息数据集，获取并规范物联网节点的名称和位路，并统一分类与编码，形成 IP 地址、二维码等静态和动态两类物联网节点地址数据集，构建时空信息数据库；然后，在完善权威、唯一、通用的地理信息公共平台的基础上，新增按需提供的个性化平台，扩充物联网节点定位功能与传感设备接口，增强时空分析能力；在改造原有支撑环境的基础上，建设能够寄存、计算和分析，具有云计算服务能力的软硬件网络环境；在上述条件支撑下，选择交通、城管、应急、旅游和公众等领域开展具有智能性的应用示范。

三、建设内容

智能城市地理空间信息基础设施建设内容，主要包括时空基准、统一信息资源管理与服务平台、时空数据资源、应用软件以及关键支撑技术等。其中，时空基准提供目标定位、数据融合、多传感器集成的基准框架；统一信息资源管理与服务平台提供海量、多源、异构城市数据的集成、管理与网络化服务；时空数据资源主要包括基础地理空间数据和动态感知时空数据，后者则包括移动目标数据、监控数据、城市居民 POI 数据、应急管理数据等动态增量数据；应用软件如集城市地下、地表、地上于一体的"立体化""逼真化"和"可进入""可量算""可分析"的数字城市三维模型集成应用系统等；关键支撑技术用于解决时空数据组织管理与分析应用所面临的瓶颈问题，包括分布式集成与共享、动态融合、时空数据同化等；支撑软件包括（网格化）地理信息系统、遥感信息系统、三维可视化软件、分布式数据库系统等软件。

在数字城市地理空间框架的基础上，时空信息基础设施构成如图4.1所示。

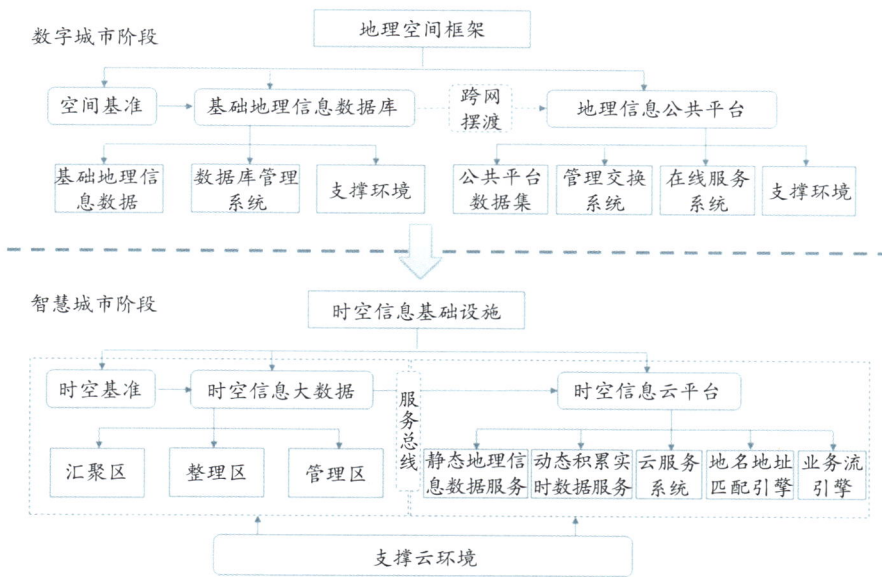

图 4.1　时空信息基础设施构成与建设路线

时空信息数据库构成的总体框架如图 4.2 所示。

（一）城市时空基准

分布在不同地方、不同平台的不同类型传感器，由于其所在位置各不相同，选取的观测坐标系不一样，加上传感器的采样频率也有很大差别，因此即使是对同一个目标进行观测，各传感器所得到的目标观测数据也会有很大的差别。所以，在进行多传感器数据融合时，首先要做的工作就是把来自不同平台的多传感器数据在空间和时间上进行统一，即将从不同平台不同传感器获得的目标观测数据转换到统一坐标系中，并统一测量单位。这就是时间同步和空间配准（或空间对准）。时间同步，是把各个传感器的时间统一到

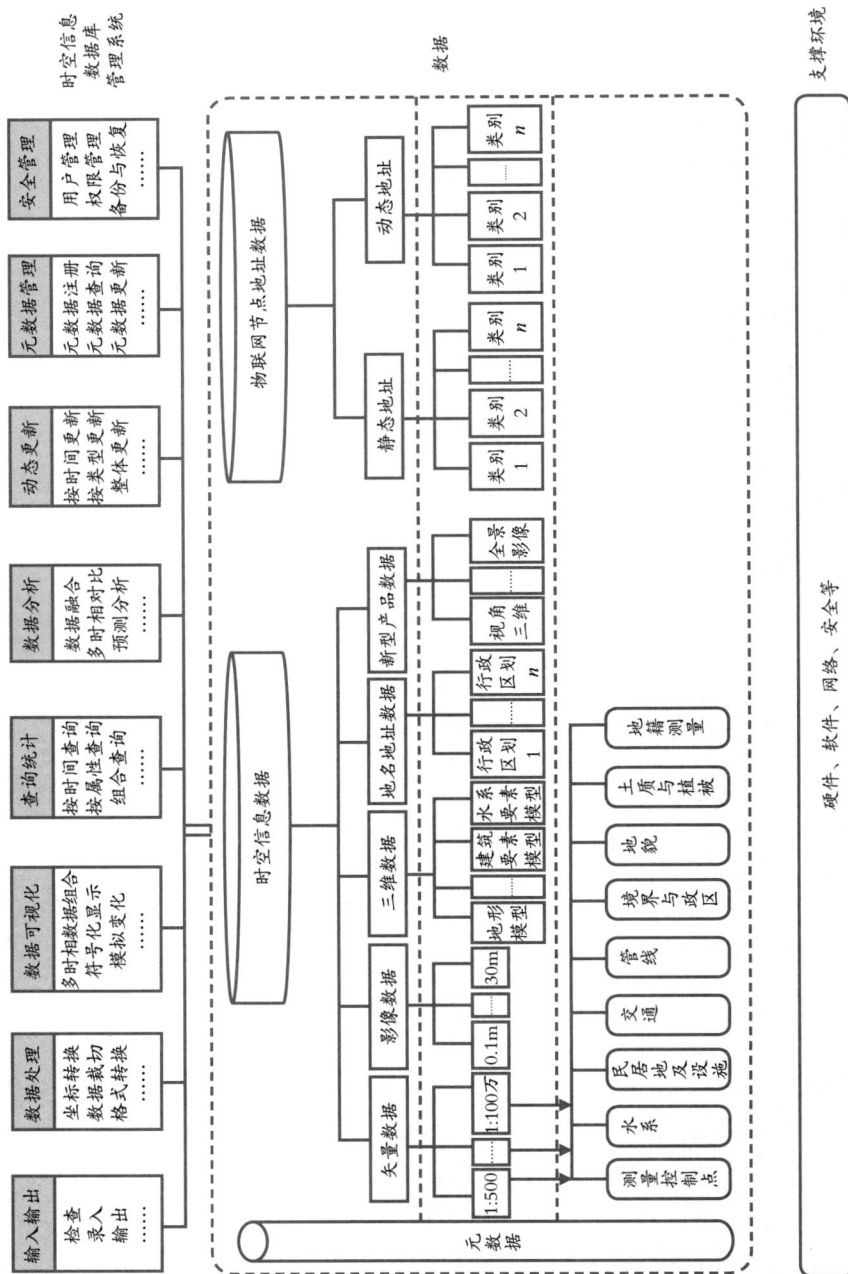

图 4.2　时空信息数据库构成

参考标准时间上；空间对准，则是建立从各个传感器不同坐标系到一个统一的基准坐标系的转换关系。

时空基准的建立、维护、传递与应用是智能城市目标定位、传感器同步、信息融合，并最终实现态势感知的重要手段工具。

1. 时间基准的建立及时间的传递与同步

精确的时间基准为智能城市提供了必需的时间参考。通过接收高精度授时的标准时间，就可以实现时间频率的高度统一，能够准确地观察、分析城市存在和发生的一切事物和事件，保证应急响应、灾害救援、追捕罪犯等行动，提高行动的效能，使各部门行动更加迅速、协调、精准、一致。同时，时间同步是无线传感器网络支撑技术的重要组成部分，要求物联网全网所有节点都与基准参考点保持同步，维持全网唯一的时间标准。

假设高速路上有 5 个监控站，一辆抢劫逃亡的汽车在公路上行驶，如果站与站之间时间不准确、不同步，可以想象到，将各站上报的信息汇总到领导决策机关，5 个信息单元获取的目标在荧屏上可能就是 5 个，决策者就很难判断到底是 1 个目标，还是 5 个目标，其后果不言而喻。

2. 三维空间基准的建立、维护及应用

三维空间基准是包括平面控制基准、高程基准、深度基准在内的三维高精度空间基准。

利用各种现有的大地测量、卫星测高和验潮数据，精化我国城市陆海大地水准面，建设城市陆海统一高程基准，建成城市三维、高精度、动态和实用大地坐标框架，实现时空参考框架下原有不同基准地理空间数据的转换与整合。特别是通过构建以连续运行基准站网络和似大地水准面精化为基础的智能城市高精度三维空间基准，形成基于网络、面向服务、以 GNSS 技术为主的地球空间信息系统，可以提供城市移动定位、快速导航、动态测绘和数据服务。

（1）连续运行卫星定位服务综合系统（CORS）

CORS 系统是建立和维持城市地区高精度静态和动态地心三维坐标参考框架的基础设施，同时还可以提供厘米级、分米级精度的实时获准实时定位，提供毫米级的后处理精密定位，为各行各业提供需要的静态和动态的空间位置服务。

它不仅可以向各级测绘部门提供高精度、连续的空间基准，也可向导航、时间、灾害防治等部门提供各种数据服务，同时为社会各行业如城市建设、工程施工、交通管理、气象、地震、环境、抢险救灾等提供迅速、可靠、有效的信息服务，满足基础测绘、交通运输管理、环保监测、滑坡监测、建筑物沉降变形监测、移动目标监测、地理信息更新和国土资源调查、地质灾害预报、气象预报等的信息需求。

（2）城市似大地水准面精化

城市区域似大地水准面精化的目的是综合利用重力资料、地形资料、重力场模型与 GPS/水准成果，采用物理大地测量理论与方法，应用移去－恢复技术确定区域性精密似大地水准面。通过似大地水准面精化，利用 GPS 技术结合高精度高分辨率似大地水准面模型，已成为高程测量的一种方式。

我国经济发达地区及大、中城市，在地形图测绘方面，对厘米级似大地水准面的需求十分迫切。高精度的似大地水准面结合 GPS 定位技术所获得的三维坐标中的大地高分离求解正常高，可以改变传统高程测量作业模式，满足 1：10000、1：5000 甚至更大比例尺测图的需要，加快智能城市地理空间信息基础设施建设，不但节约大量人力物力，产生巨大的经济效益，而且具有特别重要的科学意义和社会效益。

3. 无线传感器网络定位

基于无线传感器网络的目标跟踪过程大致包括检测、定位和通告等三个阶段，而定位是跟踪的技术基础。时间同步是传统测距的前提条件，也直接影响测距的精度。

无线传感器网络的定位方法较多，可以根据数据采集和数据处理方式的不同来进行分类。在数据采集方式上，不同的算法需要采集的信息有所侧重，如距离、角度、时间或周围锚节点的信息，其目的都是采集与定位相关的数据，并使其成为定位计算的基础；在信息处理方式上，无论是自身处理还是上传至其他处理器处理，其目的都是将数据转换为坐标，完成定位功能。

（二）时空信息大数据

从数字城市发展到智能城市，基础地理信息数据需要从静态数据上升为具有时间标识的地理信息数据。在原来静态地理信息数据的基础上，不仅增加不同版本的历史数据，还要扩展精细的物联网智能感知设备位置数据及其流式数据，甚至远景规划地理信息。为解决好"最先一公里"智能感知数据动态积累和"最后一公里"按需服务的问题，我们要构建由汇聚、处理和管理三大数据区构成的时空信息大数据（如图 4.3 所示），统一各类结构化和非

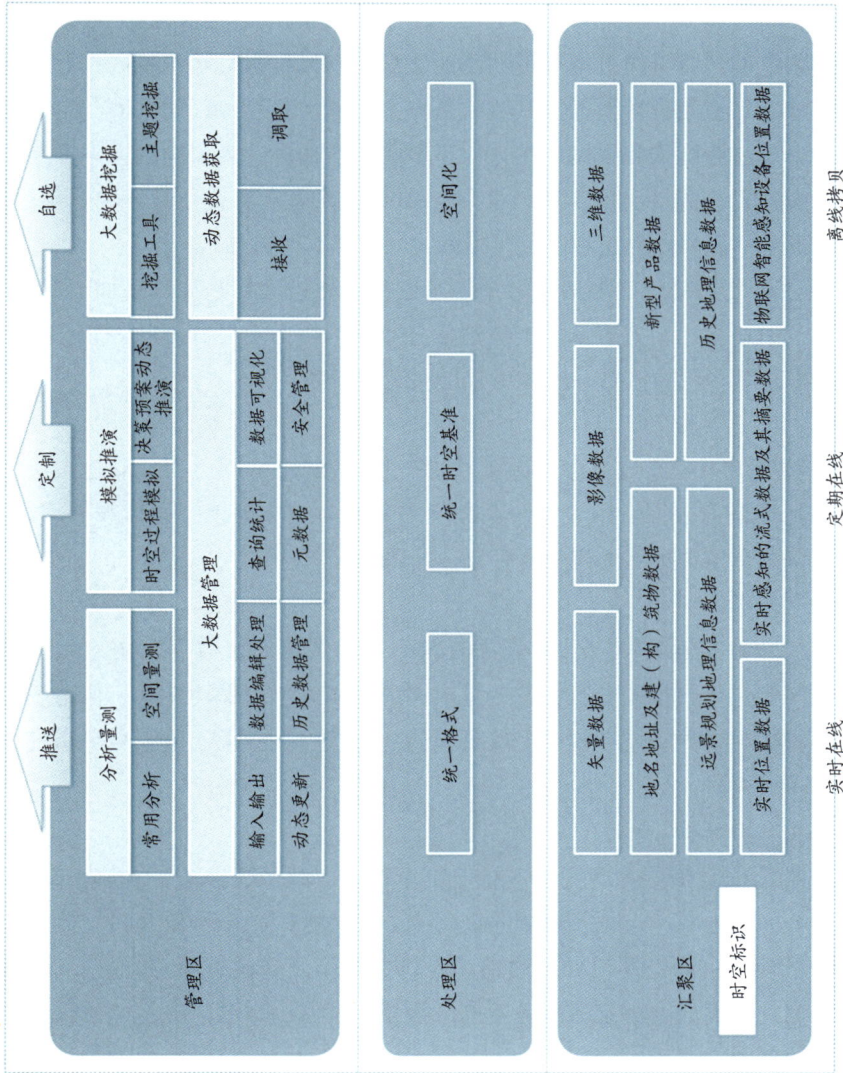

图 4.3　时空信息大数据的构成

61

结构化数据的汇聚、存储、处理、融合和服务化。

目前在一些城市的信息化建设方案中，从服务于多领域、多任务的信息共享角度出发，将基础地理信息设施称为"一张图"，其本质相同。

1. 汇聚区

对于静态地理信息数据（含历史和远景规划地理信息数据），定期从测绘地理信息部门将分级分类后可共享的数据内容离线拷贝至汇聚区；对于物联网智能感知设备位置数据及其流式数据，前者从测绘地理信息部门定期拷贝，后者通过有线或无线网络接入，采取多层次部署、多层次摘要、多层次服务的方式动态追加到大数据。实时感知源数据通常部署在具体专业部门，解译并形成的摘要以推送和调取两种模式分布式实时追加。

在已建成的基础地理信息数据库基础上，通过数据扩充、添加"三域"标识以及数据重组，实现从静态地理信息数据到时空信息数据的升级；对于流式数据及其多层次摘要，应实现分层次实时追加。

（1）矢量数据

在数字城市建设成果的基础上，进一步丰富1：500、1：2000等大比例尺基础地理信息数据。该数据采用面向对象的时空数据模型进行数据重组，按要素将每个地理实体构建为具有唯一标识的时空对象。

（2）影像数据

进一步丰富0.1米、0.2米等高分辨率影像数据。该数据采用连续的时间快照模型进行数据重组，将同一分辨率的不同时相影像构建为影像时间序列，形成客观世界的连续快照；对具体的一个快照，应采用紧缩金字塔模型进行空间组织。

（3）三维数据

三维数据至少分等级实现市辖范围全覆盖。政治、经济、文体、交通、旅游等方面的地标（标志）性中心区、中心商务区（CBD）以及特定区域应建立一级模型；除上述以外的政治、经济、文体、交通、旅游等中心区域，高档住宅、公寓以及特定区域应建立二级模型；其他政治、经济、文体、交通、旅游等中心区域，普通住宅以及特定区域应建立三级模型；城中村、棚户区、工厂厂房区等区域，远郊、农村地区以及特定区域应建立四级模型。该数据采用面向对象的时空数据模型进行数据重组。

（4）地名地址及建（构）筑物数据

地名地址数据应实现市辖范围精细化全覆盖。建（构）筑物数据应实现

市辖范围全覆盖。应建立规划区内所有建筑的门（楼）址数据。该数据采用面向对象的时空数据模型进行数据重组。

（5）历史地理信息数据

以现有矢量数据和影像数据的数学基础为依据，将历史的矢量、影像数据添加"三域"标识，并进行规范化处理，对矢量数据统一空间基准、统一时间基准、统一数据分层、统一地理编码、统一数据结构，对影像数据统一空间基准、统一时间基准、统一匀色，分别采用面向对象的时空数据模型和连续快照模型进行数据重组。

（6）远景规划地理信息数据

将城市发展规划数据，如国民经济和社会发展规划、城乡总体规划、土地利用规划、生态环境规划、产业布局规划等规划内容信息，添加时间、空间和属性三域标识。

（7）实时位置数据

采用北斗、GPS、无线通信基站定位等多种空间位置确定技术，获取城市基础设施如井盖、垃圾桶和移动目标如流转中的农产品、运营车辆、老人孩子等的实时位置信息。

（8）物联网智能感知设备位置数据

根据城市特点和需求，对涉及的感知设备如 IP 地址、地址标签、停车场无线射频、监控摄像头等进行分类，划分为相对稳定和运动两种类型，确定所属专题的类型。通过专业测量手段，采集室外这些设备的空间位置，调查有关属性内容；依托人工确定或室内定位方法，获取室内感知设备的相对空间位置及其属性。按照统一制定的感知设备分类、命名及编码要求，对获取的各种地址信息，进行规范与编码。

（9）实时感知的流式数据及其摘要数据

交通、大气、环境、安全、水质等感知设备获取的流式数据和解译结果及其多层次摘要，构成了非结构化的动态实时信息。

2. 处理区

对实时在线、定期在线和离线拷贝的结构化、非结构化的时空信息大数据，序化前的处理工作包括：统一格式、统一时空基准和空间化。

（三）城市多维动态时空数据资源体系及数据中心

利用数据集成与融合技术以及基于云计算的虚拟存储技术，构建统一的信息资源管理中心。做到"物理分散，逻辑集中；应用分散，服务集中"，虚拟化的数据资源被保存在"云"端，从而实现数据资源的全面共享。利用网络服务（Web Service）技术和网格服务（Grid Service）技术，实现数据资源的按需网络和网格服务。支持用户在任意位置、使用各种终端（包括笔记本电脑和智能手机等）获取数据资源和应用服务。以智能城市"数据中心"为支撑，实现对不同专题、不同尺度、不同时间城市数据（如基础数据、专题数据、业务数据以及 GIS、CAD、文本等不同格式的数据）的集成化、网络化、标准化、可视化、层次化的统一存储、管理与服务，有效解决数据管理难题，为智能城市其他应用系统提供基础地理信息支撑。

1. 时空数据资源数据库体系

了解城市部门数据库的基本情况，制定数据库互联互通的基本模式，建设一个能够实现数据集中存取的数据中心，实现政府部门数据库之间互联互通，达到数据共享的目的；对数据按照国家政策法规进行分类、分级，区分和鉴别数据所属的基本类型，在确保信息安全的情况下实现数据在网内不同部门之间的传递；在实现部门数据库互通和数据集中后，经过数据整理和整合过程，使数据中心能够真正转化为信息资源中心，从而形成统一的数据资源体系，以支持服务管理、搜索、协同等研究，提供地理信息基础数据服务和专题数据服务等。

通过采集、迁移、一体化集成等手段，依托服务器集群建立具有一定数量、多种类型和较大数据量的智能城市在线地理信息数据资源数据库，达到全球范围小比例尺数据覆盖，局部地区多比例尺、多类型覆盖，城市地区大比例尺覆盖。

时空数据资源主要数据类型包括基础地理空间数据、"五大基础数据库"数据、实时动态数据（传感器实时采集的动态增量数据，包括移动目标数据、监控数据等）、遥感影像数据、统计数据、气象数据、城市居民 POI 数据、应急数据、决策数据、城市公众加载数据、企业数据库等。

时空数据资源建设方式依据统一的技术标准和规范，经过内容提取与分层细化、模型对象化重构、符号化表现、安全保密处理等，制作以面向地理实体、分层细化为重要特征的智能城市地理空间信息共享数据库，包括地名地址数据库、政务电子数据库、地理实体数据库、三维地理信息数据库、专题数据库、数字实景影像数据库等，并可根据实际需要进行扩展。

2. 智能城市地理空间数据中心

建设全市统一的智能城市"地理空间数据中心"，推动全市地理信息资源的集约化管理，推进地理空间数据云计算应用和服务，统一资源配置，推广虚拟技术，完善地理信息共享平台，实现数字资源的统一标识和权属认证，促进全市地理信息资源共享。逐步撤销大部分部门机房，原则上由市信息中心统一提供主机托管等服务。

（四）城市时空数据交换与云服务平台

服务平台的目标是提供 GIS 数据与城市各行业专题数据的分布式管理与功能整合的解决方案，建成统一的信息资源交换与共享、服务体系，实现城市地理空间数据的交换、共享与网络化服务。

该平台从逻辑上可以分为两个部分：地理信息共享交换系统和地理信息网络服务系统。

1. 地理信息共享交换系统

地理信息共享交换系统，也就是统一的地理信息资源共享与交换体系，包括统一的服务注册中心、全局服务目录、资源状态的运行与维护机制、授权认证管理，全面实现统一交换管理、统一授权管理、统一运维控制等，采用虚拟存储技术，在不改变原有数据结构的基础上，有机地将各种城市数据实现逻辑整合，并最终实现海量智能城市时空数据的融合及共享，解决由数据格式不一致带来的数据管理难题，各部门可以存放、管理和使用各种类型的城市数据（信息）资源和系统自身的信息，而无需关心这些数据的存放位置、数据格式等。

系统采用面向服务体系架构（SOA）的设计思想、多层体系结构，实现面向空间实体及其关系的数据组织，高效海量空间数据的存储与索引，大尺度多维动态空间信息数据库，三维实体模型库，具有 TB 级空间数据处理能力，可以支持局域和广域网络环境下空间数据的分布式计算，支持分布式空间信息分发与共享。

2. 云服务平台

时空信息云平台（如图 4.4 所示）是基于统一的地理数据资源中心和服务器集群的网络平台，采用云计算和网络服务技术，实现物理存储资源的虚拟化和数据资源的封装化，以网络服务的模式，为包括决策层领导、各部门管理人员和广大社会公众在内的不同层次用户，提供内容丰富、形式多样的综合信息服务，也为智能城市信息的在线分析、数据挖掘与知识发现奠定基础。

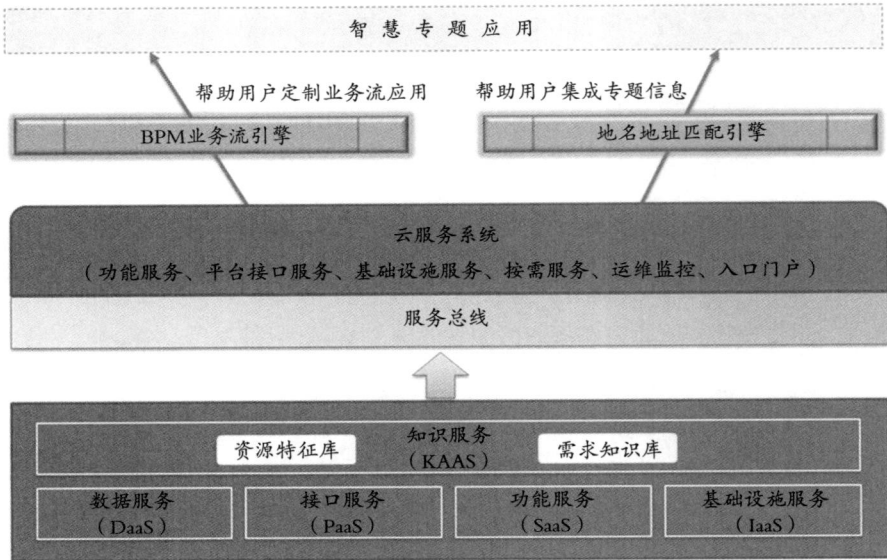

图4.4　时空信息云平台的构成

　　基于云计算和网络服务技术的应用，可实现对海量分布数据的存储与计算。通过基于 Web Service 和 Grid Service 的标准化封装，把 GIS 对于空间数据的管理、分析和处理、服务功能交到云端；客户端用传统的应用终端程序，访问部署在云端的数据，调用云端提供的数据服务和运算、处理及分析等功能服务，打造资源服务体系，实现基于数据资源的信息服务。通过云平台，可实现不同专业地理空间信息的共享、基于网格环境的高效存贮备份以及基于网格环境的信息共享与发布等。

　　需要考虑的是 GIS 在云计算新的模式和环境下，如何更好地发挥作用，如何解决长期面临的"信息孤岛"问题，如何解决重复建设投资的问题，如何解决大众化应用对超大规模并发访问给 GIS 平台架构带来的严峻挑战等。

（五）基于时空信息的专题应用系统

　　基于时空数据综合服务平台提供的数据资源、功能组件（二次开发插件）和网络服务能力，可以快速搭建智能城市各部门、各领域所需的应用服务系统。

1. 智能化综合决策支持平台

　　依托城市地理信息共享平台和综合信息共享平台，加强统计分析、空

间分析、空间数据挖掘与知识发现、基于知识的推理等功能，加强传感网快速实时接入、准实时接入和可视化功能，为领导提供多方面的智能化决策支持；完善宏观经济综合决策支持平台，对经济运行过程进行监控、预警和预测，满足全市经济形势分析和经济调控工作需要，提高全市宏观经济形势分析工作系统化、科学化和规范化的水平。

2. 市政设施管理智能化平台

建立基于物联网络的市政设施管理系统，实时监测城市供水系统的流量、水压和水源的水质，对漏水情况及时进行处置；实现地下供热、供气管网运行状态的动态监测，建立爆管资料分析和控制模型，防止爆管事故发生，一旦发生爆管可借助于爆管灾害处置预案进行快速处理，以减少灾害造成的损失；对道路及附属设施、桥涵及附属设施、照明设施、垃圾处理设施等市政设施自动监控并实施智能化管理。

3. 智能化出行综合信息服务系统

向市民提供公共交通出行的综合信息服务功能，包括静态和动态服务。静态服务包括公交线路信息查询、出行方案比对、综合票务服务、车辆预约服务、出行增值服务等一系列与出行相关的综合信息服务，为广大市民提供便捷、高效、节约、舒适的出行方案；动态服务包括公交车辆实时跟踪功能、实时查询功能、实时办票功能、余票信息实时查询功能、实时租车业务、出行变更功能等一系列动态信息服务，为广大市民提供实时可控、智能变通、融合通达的智能交通一体化信息服务。

四、关键技术攻关

加强前沿技术研究和关键技术攻关，实现体系化城市地理空间数据基础设施建设能力，一体化、网络化的地理信息动态获取、处理、分析与服务（实时化获取、自动化处理、网格化服务）能力以及低门槛、大众化的社会化地理信息应用能力这"三个能力"的快速提升。重点攻关内容有：①统一时空基准与室内外一体化定位技术；②城市时空信息的智慧感知与接入技术；③时空数据管理与动态融合技术；④地理信息集成共享平台与云计算体系；⑤时空信息的实时分析与决策；⑥智能城市管理；⑦地理信息服务与产业模式。

第5章

i City

时空信息的智能
感知与接入技术

通过研究城市时空信息感知与获取的关键技术，构建城市空间的智能感知体系，实现天—空—地一体化的信息自动采集与自主感知，为智能城市基础设施建设提供可靠的数据支持。

一、智能感知与接入方式

（一）遥感对地观测智能感知与数据接入

遥感平台和新型传感器技术的快速发展，正在形成高空间分辨率、高光谱分辨率、高时间分辨率的天—空—地一体化遥感对地观测体系。天—空—地一体化的城市动态时空数据采集、智能感知、数据快速处理是建设智能城市的基础和关键。多平台、多传感器、多尺度、高空间、高光谱、高时间分辨率以及天—空—地一体化是遥感对地观测所具有的明显特征。

1. 航天遥感对地观测智能感知

基于卫星平台的高空间分辨率光学传感器，能快速获取大范围同轨或异轨立体影像，为获取米级、亚米级精度的地理空间信息提供了丰富的数据源。围绕高分辨率遥感卫星影像测图领域，主要技术有：①高分影像对地快速高精度几何定位研究；②星载 SAR 传感器系统及其数据处理；③高光谱信息提取技术；④遥感影像智能处理系统研究。

2. 航空遥感对地观测智能感知

（1）轻小型低空遥感对地观测。低空遥感平台能够方便地实现低空数码影像获取，可以满足大比例尺测图、高精度的城市三维建模以及各种工程应用的需要。由于作业成本较低，机动灵活，不受云层影响，而且受空中管制影响较小，它已成为现代航空遥感手段的有效补充。

（2）航空遥感对地观测。利用航空摄影进行对地观测是航空遥感的主要手段。传统胶片式航测相机由于其自身具有的弱点，将逐步被航空数字相机所取代。航空数字相机正在成为大比例尺地理空间信息获取的主要手段。

（3）机载激光雷达技术快速获取。机载激光雷达（Airborne LiDAR）集激光扫描仪、全球定位系统（GPS）和惯性导航系统（INS）三种技术于一体，通过主动发射激光，接收目标对激光光束的反射及散射回波来测量目标的方位、距离及目标表面特性，能够直接得到高精度的三维坐标信息。与传统的航空摄影测量方法相比，使用机载激光雷达技术可部分地穿透树林遮挡，直接获取地面点的高精度三维坐标数据，且具有外业成本低、内业处理简单等优点，成为摄影测量领域的热点研究方向之一。该技术应用于大比例尺测图、带状目标测量、电网设计、输电线路巡线检修、城市三维建模、海岸带测图、生物量监测等领域，获取到的点云数据主要用于快速生成数字高程模型和数字正射影像，在数据应用的深度上还有很大的潜力可挖。

3. 地面移动平台智能感知

地面移动测量与智能感知系统（Mobile Mapping and Intelligent Sensing System, MMISS）平台集多种传感器，包括全球定位系统（GPS）、惯性导航单元（Inertial Navigation Unit，INU）、立体相机、视频摄像机、热红外摄像机、全景相机、地面激光扫描仪（LiDAR）、里程计（DMI）等于一体，并可靠地安装在车载移动平台上，沿城市道路采集空间地理信息数据和道路沿线 360°的各种地物构件影像/激光数据，自动获取城市道路沿线具有同一时空标准、地物三维景深、富含纹理信息的密集数据，经过各种智能算法的处理和分析后，能自动生成道路沿线的全景影像与深度图以及各种专题成果图。

（二）城市感知传感网数据获取与接入

1. 基于城市监测站的智能传感网构成及数据接入

根据现有城市环境监测站类型，从城市水资源、电力分布、热分布、生物迁徙、土壤、植被、气象、城市噪声、再生性城市资源循环等方面建立智能传感器节点。①研究城市地表环境智能传感器节点及数据属性构成。在城市主要河流、湖泊和水库建立传感节点，用于水文、水色、水污染、水成分等的探测等等。②研究监测站传感器节点的密度分布规律。根据监测传感器类型的不同，传感器节点分布密度可以在 100 m 半径内从几个到几百个的数量变化。区别于传统网络的点对点通信，城市监测站传感网节点为多跳通信，无线传输介质也更为丰富，从无线电波、红外波到光波；传输媒介的选择应当具有通用性以适应全球通信的需要，通信波段应使用工业、科学和医疗通用波段，同时需考虑传感网中节点传感器的硬件约束。例如现有无线传感器

大多采用射频电路设计，工作于无线电波段。除此之外，还需研究红外、可见光波段的传感网节点通信电路，以适用于多样化的监测站传感网络应用。

2. 多源、多精度的分布式城市传感网数据集成技术

面向城市传感器网络的分布式、多传感器、动态变化等特点，为了合理利用各个传感网节点的本地计算和存储能力，充分降低采集信息的冗余度，减小数据传输量，主要研究内容包括动态网络条件下的数据集成模式研究，解决在复杂、动态网络环境下的数据分析与集成，保障数据集成技术能很好地适应不同的网络环境。其次，研究数据集成中冗余信息的智能分析和检错机制，充分降低数据的冗余度和减少错误信息。然后，研究面向数据集成的路由算法，通过对路由算法的优化，充分减少不必要的通信，提高网络带宽的有效利用率。最后，研究数据集成中节点数据的隐私保护机制，利用加密算法保障节点信息不被窃取，保障节点数据的安全性。

3. 城市感知传感网络体系结构时空设计

现代城市的每个角落都有各种各样的传感器的存在。城市的不同地区，在不同的时间段，为了不同的目的，采用不同的方式安装了各式各样的传感器，旨在通过不断改进的智能设备的智能量测与感知能力，使所有涉及城市运行和城市生活的各个重要方面都能够被有效地感知和监测起来。随着GNSS 技术，特别是我国拥有自主知识产权的北斗卫星导航系统的投入使用，城市感知传感网络中各个感知节点将具备智能定位能力，一个全新的智能城市时空感知网络正悄然形成。

随着智能移动终端和移动互联网技术的不断进步，城市中每个运动物体（车辆、行人等）、每个固定的基础设施（道路、消防设施、下水管线、输电线路等）都可时刻感知周围的环境，保障城市的健康、智能化运行。然而，由于城市人口众多，现有基础设施体系庞大，城市活动频繁，城市覆盖地形复杂，因此需要一个健壮、时空全覆盖的城市感知传感网。

城市感知传感网络体系结构的时空设计，须从系统的角度出发，充分考虑城市各活动、各职能部门的管理需要，顾及现有传感节点的布局和接口规范，利用最新的 GPS 定位导航技术，设计出一种全天候、全覆盖的城市感知网络。

4. 城市室内感知传感网数据获取

室内是城市中各项社会及经济活动发生的主要场所，与城市的安全与发

展密切相关，因而室内感知是城市感知一个不可或缺的重要组成部分。室内感知既包括对室内环境，如温度、湿度、光照度、影像及能耗的感知，也包括对室内活动的主体——人的定位及行为感知。由于室内建筑结构复杂，室内环境感知传感器的布设面临复杂的覆盖联通问题，即如何以最少数量的传感器（如摄像头）布设获取无缝的室内覆盖。而庞大复杂的室内结构也使得室内感知传感网的网络构架需因地制宜地组合多种网络通信技术，如 Zigbee 网络、电力线载波、3/4G 移动宽带、Wi-Fi 及局域网等。由于不同网络的数据速率和覆盖能力不同，跨网络的路由优化以及网络之间的网关节点设计是实现感知数据实时无缝连接的关键。

（三）城市移动主体智能感知与众源数据接入

城市移动主体按照其属性可以分为面向公共交通和物流的车辆（如公共汽车、出租车、货车等）、社会公众所使用的私车以及社会公众个人。通常，面向公共交通和物流的车辆可以有组织地安装北斗、GPS 等定位设备并能够统一监控，其移动位置数据可以归为浮动车的范畴；随着智能交通导航、自主驾驶技术的进步，车辆网为私车间的协调通信提供基础设施，其可以归为车辆网位置数据；公众个人则通过智能终端手机贡献其个人的位置数据（如微博位置签到），也可以将其搜集整理的数据以开放、公开、免费的方式贡献（如 Open Street Map、Google Earth 标注）。

不同移动主体表征智能城市的不同对象时空特征。我们以城市里面的移动主体为研究对象，按照移动主体的不同类型进行智能城市动态感知，通过获取人、物及承载人或物移动的各种交通工具的时空位置大数据挖掘，研究利用地理空间信息科学与技术对城市移动主体进行空间智能感知和数据接入的基础理论和方法。研究内容包括以下几方面。

1. 基于浮动车/固定传感器的城市动态交通信息感知与数据接入

浮动车数据主要记录车辆在路段上的行程时间、瞬时速度、车辆位置等信息。而固定传感器数据包括城市主干道交叉路口处的电感线圈采集的交通流量和占有率数据以及视频设备获得的图像数据等，二者是城市交通数据的重要来源，也具有典型的时空特征。研究基于浮动车/固定传感器的城市动态交通信息感知对于智能城市交通管理、优化和服务具有重要的意义，可为提高我国现有城市交通资源利用效率与交通信息服务水平，改善城市交通状况，提供理论与技术支持。

2. 基于车联网的城市实时交通信息感知与数据接入

车联网是由车辆位置、速度和路线等信息构成的巨大交互网络，通过 GPS、RFID（Radio Frequency IDentification）、传感器、摄像头图像处理等装置，车辆可以完成自身环境和状态信息的采集；通过互联网技术，所有的车辆可以将自身的各种信息传输汇聚到中央处理器；通过计算机技术，这些大量的车辆信息可以被分析和处理，从而计算出不同车辆的最佳路线、及时汇报路况和安排信号灯周期。与浮动车、固定传感器感知的城市交通信息相比，车联网感知交通信息更多、更全面、更实时。

3. 基于众源位置数据的移动主体智能感知与数据接入

众源（Crowd Sourcing，也称众包）是 Web 2.0 时代出现的一种新兴的项目共同开发模式。大量互不相识的用户借助网络平台协作完成项目，如维基百科、百度百科、互动百科等。在众源模式下，任何用户可借助网络工具、GPS 终端、带 GPS 的移动设备（如 iPad、iPhone）、PND（Personal/Portable Navigation Device）以及各种定位传感器、Wi-Fi、蓝牙、RFID，通过地图服务网站标注以及 API、微博、签到 LBS 服务、社交网站等上传或编辑带地理参考的信息，从而成为义务的信息提供者。

4. 基于互联网开放免费共享数据的城市基础地理信息感知

Web 2.0 的广泛传播催生了一大批开放、免费的地理信息数据服务，如 Open Street Map（OSM）就是一个由大众用户组织创建的、内容自由且能让所有人编辑的世界地图。据 Beyonav（http://www.beyonav.com）统计，截至 2011 年 1 月 29 日，OSM 道路网数据已达到 23 747 682 km 和 14.9 TB，覆盖全球 150 多个国家 10 000 多个城市，并且正在以每周近 10 万公里的速度增长，其中中国数据也已达到 10 万多公里，包含北京、香港、上海、武汉、杭州和济南等多个城市。同时，大量的卫星遥感影像数据也为智能城市交通路网、兴趣点（Point of Interests，POI）、基础地理信息感知提供了一种新的途径。

（四）城市人文社会经济信息的智能空间感知与数据接入

城市是人口密集、工商业发达的地方，是周围地区政治、经济和文化中心，具有自然属性、人文属性、社会属性和经济属性。传统的地理空间信息科学主要关注对城市的自然属性的空间感知，对于其他方面关注不够，或者说对城市的其他属性的空间智能感知难度更大。

1. 城市人文属性的智能空间感知与数据接入

为了研究城市居民的活动规律和城市的人文属性，我们需要通过富含位置信息的社交网站、微博等媒介，获取城市居民的海量位置数据；通过对城市居民（选择有代表性的志愿者）部署智能终端（腕表、车载 GPS、智能手机等），实时动态地获取城市居民的时空轨迹数据，然后综合运用地理信息科学技术、传感器技术、高性能云计算技术等手段从海量位置数据、轨迹数据中计算、分析和挖掘信息与知识，并将这些信息或者知识输入到智能城市系统中，从而满足智能城市中的公众、企业和政府部门的不同需求。

2. 城市社会属性的智能空间感知与信息接入

城市的社会属性研究是指对以城市为主体的城市内社会结构、社会组织、社会心理、社会问题、社会发展规律等问题进行研究。城市的社会属性大多数都与"空间位置"有关，因此，我们将地理空间信息科学的理论与方法引入城市社会学研究，充分利用遥感、地理信息系统、全球定位系统等技术研究城市社会属性的空间智能感知方法，研究大量的城市社会属性与地理空间信息基础框架的接入方法。

3. 城市经济属性的智能空间感知与数据接入

城市的基本经济要素包括土地要素、劳动力要素、资本要素以及技术与信息要素等。随着城市地域的不断延伸与快速扩展，市区区划的变动对劳动力供需都会产生深远的影响。此外，包括资本要素、信息要素以及技术要素在内的各类城市经济要素，都随着城市土地类型的不断变化、城市区域的扩张以及劳动力的变化而随之不断调整。因此，土地要素是城市经济属性及其相关活动赖以生存的载体。同时，土地要素也作为一种基本的城市地理空间要素存在，为将城市经济属性信息接入智能城市建设提供了必要条件。

智能城市建设要求综合利用地球空间信息科学的相关理论和方法，结合遥感技术、物联网技术、众源地理数据采集技术以及互联网信息，实现对城市经济要素和地理空间要素的即时、快速对接，综合分析城市经济要素与地理空间要素之间的联系与影响，实现城市经济属性的智能空间感知与数据快速接入。

二、关键技术

（一）天—空—地一体化多传感器组网技术

天—空—地一体化传感器网由航天、航空和地面平台上的可见光、红外、微波、激光雷达等多种传感器组成。人们可从天—空—地一体化多传感器网获取多种比例尺的目标数据，其中包括影像和矢量数据等。这些数据具有高空间分辨率、高光谱分辨率和高时间分辨率的特点。

天—空—地一体化传感器网具有在线数据处理功能，实现对数据加工、信息提取的实时处理；能根据用户需求的不同级别，合理调配资源，实现信息传输与智能控制等。主要技术包括：天—空—地一体化传感器网服务整合框架、天—空—地一体化传感器网服务柔性技术、天—空—地一体化传感器网高性能数据处理技术。

（二）遥感大数据的快速处理技术

1. 数字摄影测量网格

新一代摄影测量数据处理网格平台是摄影测量遥感发展的必然要求。网格系统的硬件主要由高性能集群式计算机系统、磁盘阵列和后备电源组成，它们构成高速网络模式下的并行分布式、一体化、自动化和智能化的对地观测数据处理平台，同时采用以最新的影像匹配理论与方法为基础的海量遥感数据自动处理系统，可实现航天、航空遥感数据的自动快速处理。

2. 空间信息网格计算

空间信息网格（Spatial Information Grid, SIG）是网格技术与空间信息技术结合的产物，应用网格技术来解决空间信息领域的主要问题。SIG 是一种汇集和共享空间信息资源，对其进行一体化组织与处理，具有按需服务能力的空间信息基础设施。其实质是将空间信息技术与网格技术集成，屏蔽空间信息的异构性和空间计算过程的复杂性，构建以空间信息资源为基础的空间信息网络化应用基础设施，实现对空间信息服务和空间决策的有力支持。SIG 是一个分布的网络化环境，借助网格技术将分布在不同物理位置的空间数据资源、计算资源、存储资源和处理工具协同地组织起来，实现各种基于网格的空间信息服务。这些服务形式包括了异构 GIS 系统的协作、智能化空间信息处理和分布式空间信息存储管理等。SIG 提供了一体化的空间信息获取、处理与应用的基本技术框架，以及智能化的空间信息处理平台和基本应用环境。

3. 遥感云计算技术

利用天基、空基、地基传感网，可实时感知、感测实现智能城市所需的各类时空信息数据，以及城市人文社会经济数据，为智能城市提供了海量、异构、多源的智能城市大数据。我们迫切需要利用云计算技术处理其中的海量和复杂的计算与控制，为城市管理和公众服务提供智能化的服务。

（三）城市传感网与地理空间数据的时空耦合技术

1. 城市感知传感网数据的时空统一组织与接入技术

传感器本身在智能城市的建设中扮演着一个重要的角色。地面观测站中的传感器本身是一种用于检测信号或激励，并由它产生一种可测量的输出信号的装置。智能城市传感网需要对城市运行状况进行监测，对紧急事件进行响应。现阶段的传感网大多由不同种类的传感器构成，不同传感网之间相互独立。传感器网内或者跨网访问需要花费大量的财力，并且现今的互操作系统很难维护和扩展。智能城市中需要多传感器的协同观测，联合反应。不同传感器的相互访问、观测信息共享以及不同观测信息的统一接入等，都需要在传感器之间建立信息资源共享机制。传感器信息资源是指用来描述传感器硬件、观测对象、观测结果、观测行为的一系列信息的总和。传感器信息资源的共享首先需要对传感器进行建模。目前存在的传感器建模标准建立在传感器物理部件、传感器控制和传感器通信基础之上。这类模型都是建立在独立的传感网系统中，导致传感器之间信息共享困难，协同观测、联合响应也比较困难。信息资源共享的前提就是传感数据的统一时空组织方式。所以目前需要一种能够整合传感器物理模型和数据应用模型的时空组织基础框架来实现传感器信息资源的共享（见图5.1）。

如图5.1所示，城市传感网中的传感器分为固定传感器和移动传感器。对于固定传感器来说，地理基准是固定的，但是不同传感器可能采用不同的时间基准；对于不同的移动传感器，可能时间和地理基准都不固定。为了使传感网中传感器采集到的观测数据统一接入同一个信息服务平台，各种观测数据之间需要具有统一的时间和空间基准。传感器所采集到的信息可分为时间信息、观测数据、空间信息三部分。在信息传输过程中我们要采用统一的时空标准，对时间信息和空间信息进行转换。这其中包括对不同时间参考的转换，要校准为

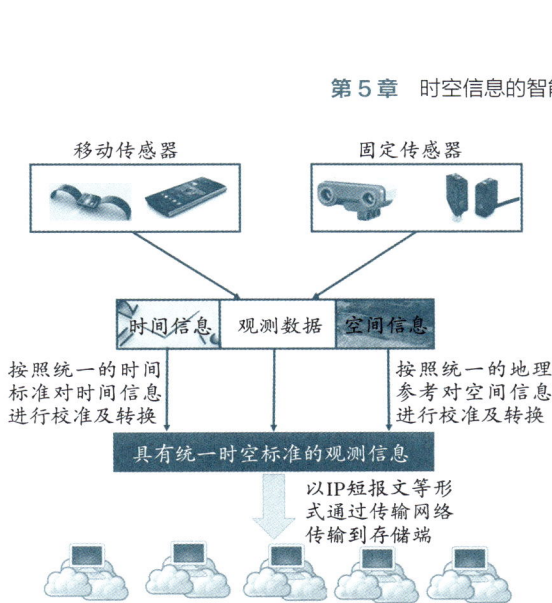

图 5.1　城市感知传感网数据的时空统一组织与接入

统一参考体系下统一精度的时间；对于地理空间的转换，要将不同的地理参考系、不同的定位数据统一到统一坐标参考下；最后以一种统一的数据形式传输到云存储端。通过时空信息的转化，可形成一种针对传感网数据的时空标准，并根据这些规范标准进行服务端和传感终端设备的开发应用。

2. 传感网数据传输调度与信息安全技术

实时性对于智能城市来说也是一个十分重要的需求。智能城市需要对传感器采集到的信息进行有效的分析和及时反应。传感网中数据传输调度策略是影响网络传输延迟的主要因素之一。

无线传感网的许多应用在很大程度上取决于无线传感网能否安全运行，一旦无线传感网受到攻击或破坏，将可能导致灾难性的后果。由于自身的特点，传感网面临的安全威胁有别于传统网络，其安全性能的研究具有更高的难度和更大的紧迫性。传感器异常，攻击者发动的物理攻击、密钥破解、拒绝服务攻击、偷听、流量分析等相对容易，而由于传感网数量大和资源受限等原因，设计密钥存储、分发和加解密机制也成为一个挑战性问题。

3. 面向城市活动对象的视频时空压缩技术

在城市传感网中，视频监控由于摄像探头众多，监视不间断，其数据量规模最大，对后续整个城市感知传感网的数据传输与获取带来了很大的挑战。由于同一地区有多个监控视频存在，且大部分时间无异常城市活动发生，视频数据的传输就耗费了不必要的城市传感网网络带宽。

4. 多源、多精度的分布式城市传感网数据集成技术

城市传感网的各个节点在空间上散布于城市的各区域，这些传感网节点由于设置的功能不同，所采用的传感器类型会有所不同，获取的数据格式、精度等也都存在着一定的差异。面对着如此大规模、多源、多精度的分布式传感网节点，整个城市传感网面临着空前的数据计算、传输和能量消耗压力。数据集成技术能够在城市传感网收集信息的同时，充分利用各个传感网节点的本地计算和存储能力来对采集到的信息进行处理：一方面消除重复冗余的信息，减小数据计算和传输能耗，从而有效节省电能，延长传感器网络的生命周期；另一方面，利用数据集成技术能够对多个传感器节点的信息进行智能分析和比较，排除个别节点所采集的误差较大的信息，从而得到具有更高精度、更高可靠性的监测信息。数据集成技术作为一种特殊的信息处理方法，充分结合了嵌入式技术及计算机技术，在一定规则下将按时序获得的多传感器的信息智能分析处理和优化整理综合，得到我们所需的决策和估计任务。数据集成的基础便是各类传感器，数据集成的加工对象是各种感知信息，数据集成的核心是协调优化及综合处理。

数据集成技术由于具有独特的技术优势，不仅可以节省多媒体传感器节点的计算处理和传输能耗，而且能提高监测的精度和可靠性，因此该技术已经成为无线传感器网络的研究热点之一。

（四）城市移动主体时空建模与移动计算

1. 城市路网数据与交通数据的时空一体化模型

城市交通数据具有多模态（静态、半动态、动态）、多维（时间维、空间维）和多源（浮动车、固定交通传感器、车联网）等特性，而城市路网数据的几何、拓扑、语义关系复杂，将两类数据集成存在着时间基准（GPS 时、标准时）和空间基准（线性参照、地理参照）的统一、编码的一致性以及高效索引机制等问题。这就需要从几何、拓扑、语义、时态等层次上设计时空一体化数据模型，实现路网数据和交通数据的组织与集成，从而为城市交通数据的融合提供统一的时空基准和高效管理。

2. 众源位置数据质量模型与挖掘感知技术

不同来源、不同时间、不同设备、不同地点、经过不同数量的用户编辑的众源地理数据具有不同的质量，如何完整、准确地考虑这些因素，建立

顾及精度、时间、属性、语义、完整性、冗余性、数据源、数据历史等多元素的众源地理数据质量模型和评价体系，为众源地理数据的使用提供基本依据，是地理信息学科一个新的科学问题。同时，大量众源城市交通数据中含有丰富的交通信息、道路信息、出行的时间分布和空间分布，如何从中发现其统计规律以及具有普遍意义的出行行为，并完成其数学建模是一个典型的数据密集型（data-intensive）、计算复杂度很高的科学问题。

3. 基于时序众源地理数据的主动发现机制

近年来，网格技术和云计算技术构架的提出和发展为基于众源地理空间数据的地理数据库更新提供了新的可能。以网格技术和云计算技术为依托，可以建立基于众源地理空间数据的地理数据库更新主动发现机制，从海量众源地理空间数据中主动发现新增地理空间数据，并将其提交给用户进行协同数据编辑，以得到满足用户需求的地理空间数据，从而实现城市地理空间数据的快速智能更新。

（五）城市人文社会经济信息的空间化与可视化技术

城市人文社会经济信息的数据形式大多是文字报告、表格等，没有充分利用地图、地理信息系统等的空间化和可视化功能。因此，需要将城市人文社会经济信息进行空间化处理，将城市人文社会经济信息、地理空间位置信息以及相关时间信息进行时空匹配。城市人文社会经济属性信息的获取可以综合利用遥感技术、物联网技术、互联网技术以及众源技术。对城市人文社会经济属性数据进行采集时，如何实现这类数据的时间与空间上的匹配，是实现城市人文社会经济属性信息的智能感知与数据接入首先需要研究的关键技术之一。

语义内容的倾向性、空间位置的可变性和时空关系的缺乏是形成多源数据认知差异的重要表现。各类数据采集者的采集标准、采集手段、采集方法、采集规范不同，极易导致对相同城市人文社会经济属性信息的不同描述。同时，由于采集人员、数据采集设备的差异，城市人文社会经济属性信息中相同目标的空间位置信息难以达到完全的匹配。此外，由于采集时间、持续时长的不同，城市人文社会经济属性信息在时态信息表达上也存着很大差异。在实现城市人文社会经济信息的智能空间感知与数据接入以及后续的处理分析和可视化表达时，需要研究城市人文社会经济信息的空间化、可视化方法，以解决这些信息在时空认知上的不足。

具体的关键技术包括文字报告的空间化处理、城市人文社会经济属性数据的本体相似性度量、城市人文社会经济属性的空间可视化等。

（六）城市志愿者时空轨迹的时空计算技术

通过智能移动终端获取的人群时空轨迹数据具有海量、异构、丰富、低成本等特点，对海量时空轨迹数据的计算挖掘已成为制约其应用的瓶颈性难题，因此，迫切需要探索对时空轨迹数据的计算挖掘方法。

具体的关键技术包括轨迹数据的时间序列分段技术、轨迹数据的时空聚类技术等。

（七）城市人文社会经济信息的空间调查与统计分析技术

传统的人文社会经济信息调查大多是通过设计调查表格，由社会调查人员在抽样的基础上，对被调查对象以访谈的方式进行调查。将遥感、地理信息系统、全球定位系统等地理空间信息技术以及空间抽样技术，与传统的人文社会经济调查方法相结合，提出地理空间信息技术辅助的抽样与调查方法，并进行量化空间统计分析，是一种非常重要的关键技术。

具体的关键技术包括基于 3S 技术的城市人文社会经济信息抽样与调查技术、适合城市中微尺度人文社会经济信息的空间统计分析技术。

第6章

i City

时空数据管理
与动态融合技术

我们需要研究探索一批智能城市时空数据管理与动态融合新技术，提出一类分布式城市空间基础数据与传感器动态数据集成管理与共享平台建设方案，形成一套面向新的城市信息资源共享与协同工作的智能城市部署模式、建设模式、运行模式和服务模式，以解决目前数字城市重复建设、数据多源异构、信息资源不能共享、系统之间不能互联互通互操作、服务效率低等问题。

通过新一代信息化技术的开发应用，城市管理者对城市多源时空信息的综合分析和处理能力可以得到提升，从而进一步提供有针对性的服务手段和服务模式。基于多样化、动态化、智能化的面向"智能城市"的应用解决方案将为智能城市建设提供核心技术支撑。

一、主要内容

我们需要把多源、多尺度空间数据集成、融合、尺度变换等新技术引入当前智能城市空间框架建设实践中，系统地研究多尺度和多源空间数据融合与模型同化、多尺度空间数据的智能化生成、多尺度动态空间数据快速变化检测与实时更新方法以及多尺度空间数据的多样化表达等关键技术，解决城市空间数据一体化获取、处理与更新的问题，为智能城市实现真正的智能打下坚实的物质基础。

（一）智能城市空间环境认知与时空信息模型

我们需要研究智能城市地理空间环境信息认知的本质和方法、地理空间认知的技术基础、地理空间认知的尺度模型、影响智能城市时空框架构建的关键要素和关键变量、城市地理空间环境认知模型、城市空间对象的统一语义描述与表达模式、不同数据体之间的严格映射关系。

（二）多尺度多源空间数据融合与模型同化

我们需要针对地理空间数据在来源、分辨率、精度、空间维数、分布模式等方面存在的差异，以及这些数据与各种地面观测数据、统计数据融合困难的实际情况，通过系统研究其语义转换与尺度融合的理论和方法，实现不同来源、不同比例尺地理空间数据的一体化；通过研究地理要素时空插值、地理空间数据与统计数据的融合理论和方法，揭示地理空间数据与各种地面观测数据、统计数据的内在联系；通过质量评价方法研究，给出地理空间数据同化方法定性与定量相结合的适宜性模型和指标体系。

（三）多尺度空间数据的智能化生成

我们需要研究基于大比例尺基础空间数据库自动派生多尺度空间数据库及实施多尺度空间数据库一体化更新的方法和技术；研究采用自动综合方法从城市不同部门、不同地方的异构数据库中抽取符合用户主题（解决问题）所需的空间数据，构建城市综合空间数据仓库；探索新的高效率空间数据尺度转换方法，研究改进传统的地统计算法，简化计算复杂度，提高计算效率；研究尺度转换的知识获取、表示与处理，构建专家知识库，构建基于人工智能的尺度转换系统。

（四）多尺度动态空间数据快速变化检测与实时更新方法

我们需要研究基于物联网的环境信息提取及动态变化分析的新理论与新方法，研究多源影像的精确配准、不同传感器影像的融合分析、主要地形地物要素的快速识别与提取、基于多源信息的地形地物要素变化发现与测定等技术，实现基于传感网的自动变化分析和基于传感网的部件、事件分析；能从物联网获取的观测数据中快速、及时、准确地提取地图要素信息，用于城市大比例尺地图修测、更新，完成测绘生产任务。

在基础地理数据的更新方面，我们要着重研究基于自动综合方法实现多尺度地图数据协同更新的方法和技术，特别是利用已更新的较大比例尺地图数据去更新较小比例尺地图数据。具体研究内容包括：基于较小比例尺地图数据，从大比例尺地图数据中探测变化、变化的自动综合。这些技术和方法适用于小比例尺地图、更新的传播以及不一致性处理。

（五）多尺度空间数据的多样化表达

我们需要研究空间数据在不同尺度条件下的表达特征和方式，把握空间数据的几何特征、属性特征和尺度变化特征；研究在网络传输、多源数据集成、系统互操作背景下空间数据多尺度表达面临的挑战；建立空间数据结构与

模型和多尺度表达之间的关系，形成面向对象的一体化数据模型；着重探索新的高效空间索引技术、高效的压缩解压缩技术、渐进传输技术、地形简化算法以及异步多线程技术，特别是网格环境下三维几何建模等相关功能封装技术，从而利用远程网络三维虚拟现实为客户端公众提供网络三维可视化服务。

（六）空间大数据处理技术

大数据技术是对城市的海量的各类数据，如大量城市环境数据、运行数据、交通信息、POI 信息、物联网数据、空间数据、3D 数据等，实施采集、存储、分类、挖掘和分析，以便对复杂事件做出智慧分析和决策支持。

智能城市空间大数据处理技术研究内容包括：多源地理空间大数据的存储、组织和管理方式模式，空间大数据的分类、分析和挖掘及运用，城市空间大数据处理最有效的策略、技术、工具、解决方案。

二、关键技术

智能城市时空数据管理与动态融合需要解决包括城市分布多源异构时空数据组织与管理、感知数据融合与管理、时空数据同化等多个领域的技术瓶颈。

（一）城市分布多源异构时空数据组织与管理

在城市空间信息应用中，要求所有的应用系统都采用同一平台和统一数据格式显然是不现实的，必须首先建立良好的空间数据的采集、更新与共享机制，将已有的分散于各部门的空间数据进行整合与有效集成，实现多源异构的空间信息的动态访问、查询、集成、空间分析与决策。

针对多源异构城市数据资源访问和集成过程中存在的访问接口、资源发现与选择、异构数据集成、空间数据多尺度和数据安全等问题，需要研究城市空间数据的语义转换、集成、融合、共享和快速检索以及统计信息的空间化等技术，构建基于元数据的目录服务，实现对大量语法级、结构级和语义级异构的空间数据的分布式管理、集成与维护。涉及的主要关键技术包括以下几方面。

1. 海量城市空间数据分布式存储和快速检索技术

探索异构城市空间数据资源的元模型，建立基于数据网格的分布式海量城市空间数据的存储模式，实现异构城市空间数据的统一描述、分布式存储和在线访问；着重研究分布式矢量、数字正射影像、DEM 和三维模型的全局检索技术，实现异构城市空间数据的快速检索。

2. 高分辨率地理编码遥感影像与多维地理信息的一体化与集成技术

研究多源异构矢量、影像、数字高程模型、专题数据、三维城市数据的集成模型及分层分级共享模型；研究基于地理编码的分布式多源城市空间数据快速检索技术；研究基于高效压缩/解压缩技术的多源地理信息的保质与高速传输技术；构建智能化空间数据引擎，实现多源异构空间数据的一体化集成与访问。

3. 多源空间数据融合技术

研究多源空间数据模型表达、统一与估计技术；研究基于 OGC 网络处理服务(Web Processing Service, WPS)规范的栅格数据之间的融合(图像配准、图像调整、图像复合等)；研究基于语义特征和基于几何特征的矢量数据融合技术；研究矢量数据和栅格数据的复合融合和表达技术，实现多源空间数据的综合利用和集成服务；研究多源空间数据融合质量不确定性评估模型。

4. 基于网格环境的城市信息资源共享与协同技术

根据城市信息资源共享与协同工作的实际需要，我们用分类节点来管理和部署城市信息资源，在网格环境下将节点分为：数据服务节点、功能服务节点、计算存储资源服务节点、知识服务节点、门户节点和管理节点等。其中数据服务节点主要是将空间信息封装成为各类标准的网格服务如 WCS、WMS 和 WFS 等，并进行服务的管理。

5. 网格环境下分布式城市空间数据访问与互操作技术

城市 GIS 的建设情况可分为两大类：一是按照 SOA 架构设计的系统，其空间数据、GIS 功能都是以网络服务的方式提供的；二是非 SOA 架构设计的系统，包括一些单机的 GIS 系统等，这些系统的空间数据、GIS 功能都不是以服务的方式提供的。针对这两类系统，在网格化集成时需要分别采用不同的封装方法、封装对象(功能和数据)、系统集成的层次等级等关键技术。

6. 空间数据压缩与多维可视化方法

三维虚拟现实是模拟、优化、宣传城市形象的有效手段。这种表达手段

既有利于展现特色鲜明的城市历史内涵，也有利于发挥城市现实功能。但由于网络传输带宽与高性能计算的大数据量之间的矛盾，用户要想通过网络远程查看高质量的三维处理结果并保证良好的交互性比较困难。为解决这个问题，需要着重探索新的高效空间索引技术、高效的压缩解压缩技术、渐进传输技术、地形简化算法以及异步多线程技术，特别是网格环境下三维几何建模等相关功能封装技术，为客户端公众提供网络三维可视化服务。

（二）感知数据融合与管理

城市传感器种类多、分布广、标准各异，其数据是典型的时间敏感动态数据。异构传感器数据动态融合与管理至关重要。为此，必须借助云计算技术，实现智能城市信息动态获取和汇聚，推动信息应用整合与共享，实现动态目标（如人、车、移动电话等）数据的建模和分布式管理，应用于基于位置的服务（LBS）、智能交通系统（ITS）、灾害紧急救援、现代物流跟踪与管理、动态目标的建模与仿真等，为智能城市信息的智能在线分析应用奠定基础，并为海量城市时空数据汇聚、处理、分析提供必要的基础。

1. 感知数据获取与管理技术

传感器网络上的数据的主要特点是其感知数据的逻辑视图和物理世界相分离，因此需要解决感知数据如何反映真实物理世界、节点产生的大量感知数据如何存放、查询请求如何通过路由到达目标节点等问题。研究内容涉及：传感器网络和感知数据模型、元数据管理技术、传感器数据处理策略、面向应用的感知数据管理技术。

2. 感知数据时空统一技术

多传感器时空一致是将各个不同来源的数据转换到同一个时空基准的过程，包括时间同步和空间对准两方面的内容。时间同步是把各个传感器的时间统一到参考标准时间上；空间对准则要建立从各个传感器不同坐标系到一个统一的基准坐标系的转换关系。

3. 实时数据动态汇聚与处理技术

各种感应器嵌入和装备到电网、铁路、桥梁、隧道、公路、建筑等各种被感知体中，形成"物联网"。核心数据主要来自 RFID 和空间信息数据采集的数据。当前主要研究如何有效地获取来自传感器网络的、由不同传感器获取的数据（定位数据、属性数据、视频数据等），并对利用不同的传感器获取的多源数据（例如 RFID 实时数据和 GPS 数据）进行融合，实现多传感器集成。

4. 传感器网络数据过滤与压缩技术

RFID 传感器网络中数据量巨大，数据随机性强、动态、需要整合等。由于原始数据中存在大量的信息冗余，需要采用网络数据过滤技术，以提高数据的质量，减少数据冗余；通过开发新的压缩技术，研究和开发新型通用的时空数据库系统，使之能够支持多类型、海量的时态数据管理与分析以及高效查询。利用高效的时态数据库引擎，我们能够提取和处理动态数据，实现历史数据和现势数据的关联，满足地理时空数据高效管理，为动态数据的变化提供直观生动的表达方式。

5. 动态时空数据快速变化检测与实时更新方法

各地形地图要素在不同来源的传感器数据上表现的形式、数据的结构、采集的粒度、表达的尺度、对应的语义信息均有各自特点，需研究各典型要素在各种数据源上的特征空间及计算机自动解译标志，实现从物联网获取的观测数据中快速、及时、准确地进行地图要素信息提取；针对已进行时空对准的多元传感器数据，需研究多源影像、各种感应器数据之间的配准机制，能够实现顾及粒度、尺度、语义层面的配准，为变化检测提供基础标准。针对不断产生的流式传感器数据，应研究基于模式的各典型部件、事件的自动检测与匹配机制，实现流式数据的变化检测。

（三）时空数据同化

来源广泛的多元、异构、多尺度地理空间数据，对城市空间环境中各类现象及对象的理解存在不同角度、不同层次、不同尺度、不同精度、不同分类体系的表达与描述，数据之间各自独立，难以直接进行沟通。因此，为了获取表达同一对象的各类数据，必须建立数据间的同化关系，使得数据间能够相互映射、转换、融合，达到数据互补、数据协同的目的，为城市地理空间环境提供更丰富、全面、可靠的数据支持。研究内容主要包括以下几方面。

1. 多源空间数据的语义同化与转换技术

研究地理空间事物的本体语义表达框架，探索空间特征信息的概念描述模型与构建方法，研究基于地理要素几何形态和结构特征的语义信息提取方法，研究多源空间数据同化的语义转换规则与语义表达方法，以及基于空间特征相似性分析的空间数据同化方法。

2. 地理空间认知的尺度依赖模型

研究空间认知过程与空间数据多尺度表达之间的相互关系、空间尺度变化过程中表达变化与认知变化的规律、空间数据多尺度变化过程的机制和控制规则、空间结构随空间尺度变化的组合与显现规律等，探求多尺度地理实体在空间语义层和表达层的演变规律，建立地理空间认知尺度依赖模型。

3. 多尺度矢量空间数据级联融合

研究多尺度地理空间实体的特征与分类体系，研究拓扑关系和空间形态约束下的地理空间目标多尺度表达一致化匹配方法，探讨不同类型地理空间实体关联规则及其尺度变化规律，实现面向对象的多尺度地理空间数据联动更新。

4. 典型地理要素空间插值及求解方法

研究多维动态空间数据库中典型地理要素实体变化特征规则及提取方法，探索典型地理要素时空变化影响因子组成及耦合机理，研究河流、湖泊、居民地、道路等典型地理要素时空插值方法与自适应选择模型，以及基于多种地理因子的地面观测数据的时空插值的求解方法和优化模型。

5. 多源统计数据与空间数据的融合算法与同化模型

研究统计指标与地理因子的关联建模方法，研究基于关联模型的统计数据多级格网空间化方法与算法，建立 GDP、人口等主要社会经济统计指标的关联地理因子图谱，以及基于图谱的空间化统计数据的快速更新方法。

6. 空间数据同化误差传播模型与质量控制方法

分析空间数据同化误差的来源，构建空间数据同化结果质量评价指标体系，构建空间数据同化结果质量控制与评价技术，研究空间数据同化误差传播模型，研究空间数据同化结果质量精度评估模型和质量度量模型。

第7章

i·City

时空信息集成共享平台
与云计算体系

时空信息集成共享平台与云计算体系的作用是为使用、生产和管理与地理空间信息有关的社会各部门及个人提供基础信息环境和应用支持，使用户能够按照地理坐标检索和展示环境资源、社会经济资源，分析其空间分布特征、运行状态和变化态势。

时空信息集成共享平台与云计算体系作为信息集成共享应用服务的载体，实现了各类空间信息和非空间信息资源的整合。随着城市信息化建设与应用发展，部门之间对空间数据与非空间数据共享整合的要求日益迫切。据专家分析，政府各部门拥有大量的政务信息，其中 80% 的信息都与地理空间位置密切相关，但是这些信息几乎都没有空间坐标，因此无法与其他信息整合，无法实现空间分析和可视化。为了将这些空间信息与非空间信息集成与融合，实现大量统计和表格信息的时空化，就需要建立空间与非空间信息之间的联系。

智能城市的建设必须以时空信息集成共享平台与云计算体系为统一的应用载体，才能集成城市自然、社会、经济、人文、环境等各种专题信息。时空信息集成共享平台与云计算体系是城市综合信息集成与共享应用的载体，是智能城市赖以实现的不可或缺的基础支撑。

一、总体目标

利用 GIS 技术、分布式存储技术、虚拟化技术、并行计算机技术和宽带网络技术，以构建随时、随地、随需、随意时空信息服务为目的，以拓展地理信息服务领域、激活地理信息产业发展为宗旨，实现时空信息高效集成、快速交换和充分共享。

在地理信息工程项目或者时空信息分析中，可以通过云计算令大量的计算并行分布在分布式计算机上，而非本地计算机或远程服务器中。地理信息中心的运行将与互联网更相似，该中心能够将资源切换到需要的应用上，根据需求访问计算机和存储系统。实施地理信息工程时，云计算提供了可靠、安全的数据存储中心，用户无需担心数据丢失、病毒入侵等麻烦，因为在"云"的另一端，有最专业的团队来管理信息，有最先进的数据中心来保存数据。同时，严格的权限管理策略可以帮助用户放心地与指定的人共享数据。这样，用户就可以享受到最好、最安全的服务。

云计算可以实现不同设备间的数据与应用共享。在地理信息系统和时空信息应用中，存在着大量的异构数据，这是由数据语义、数据格式、存储方式、数据库建立方法引起的。以往解决这类问题的办法是制订大量的协议，应用起来十分复杂。云计算会让这些变得更简单。在云计算的网络应用模式中，各类数据、各种协议保存在"云"的另一端，用户的所有电子设备只需要连接互联网，就可以同时访问和使用同一份数据，提出任务要求，接受云端的服务。

云计算为地理信息工程和时空信息分析提供了更多的可能。云计算为我们存储和管理数据提供了更大的空间，也为完成各类应用提供了更强大的计算能力。当我们外业采集数据时，只要用手机连入网络，就可以直接看到自己所在地区的地理信息、卫星地图和实时的交通状况，可以快速查询自己预设的行车路线，可以把自己刚刚拍摄的照片或视频剪辑传回 GIS 中心。以往靠个人电脑或手机上的客户端应用，是无法享受这些便捷的。个人电脑或其他电子设备不可能提供无限量的存储空间和计算能力，但在"云"的另一端，由许多台服务器组成的庞大的集群可以满足用户需求。个人和单个设备的能力是有限的，但云计算的潜力却几乎是无限的。如果把最常用的数据和最重要的功能都放在"云"上，我们对计算机软硬件乃至网络的认识会有极大的变化，生活和思维方式也会因此而改变。

通过以上分析，可以看到总体目标主要可以分为以下三个部分。

（一）实现云计算平台与时空信息共享互操作

时空信息要实现从单机到局域网、互联网应用的跨越，能够以一套统一的体系架构满足私有云和公共云环境，并实现私有云、公有云的一体化连通和交互，同一技术能够支持服务器、桌面、Web 和移动端的全面应用。它可以支持单点发布、自动同步、频度统计和自动优化，支持云内部的数据互操作、私有公有云的互操作和云中心之间的互操作。为了实现上述操作，必须制定云计算互相操作和集成标准、云计算的服务接口标准和应用程序开发标准、云计算不同层面之间的接口标准、云计算服务目录管理、不同云之间无缝迁移的可移植性标准、云计算商业指标标准、云计算架构治理标准、云计算安全和隐私标准等。云计算的技术架构采用多层结构，从上到下可以划分

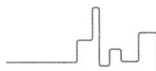

为业务逻辑层、应用层、分布式文件和操作系统层、虚拟化层、硬件层和数据中心基础设施技术。

（二）实现基于云计算体系的时空信息存储、管理、处理和分析

时空信息存储从文件系统发展到分布式文件系统以及完全基于互联网技术的云存储系统；空间数据库从企业级数据库向分布式空间数据库发展，并在将来支持 BigTable、HBase、NoSQL 等数据库技术存储和管理空间数据；支持通过标准的空间数据库接口和 REST 接口进行统一访问。实现的目标将集中在超大规模的数据存储、数据加密和安全性保证、继续提高 I/O 速率等方面。

同时，能够采用虚拟化技术实现时空信息数据库的统一管理，支持在系统之间、部门之间、层级之间快速迁移和自动同步数据，具有离线应用和在线更新技术，实现分布式、多级别、支持多终端的空间数据保障流程。数据管理往往采用数据库领域中列存储的数据管理模式，将表按列划分后存储。

（三）实现基于云计算的时空信息共享平台的终端接入

基于云计算的时空信息共享平台的最终目的，是让用户只要通过一个浏览器就可以获得时空信息相关的所有内容。为满足海量时空信息在不同网络中通畅地传输，要求系统具有统一的内核和接口，能实现多类型桌面、Web 和移动客户端的服务访问，最终达到数据同步存取、处理结果一致和用户体验舒适的效果。

二、具体目标

目前，地理空间基础设施建设向着规模化、服务化、网络化、虚拟化和时空化的方向发展，地理信息数据集成管理规模可达到 PB 级以上，共享用户实时在线操作数达到了百万级，数据处理方式由传统的离线式发展为在线式实时处理，地理空间基础设施建设成为典型的计算密集型应用，这些都需要云计算做支撑，来解决地理信息集成共享中的存储、交换和服务问题。

建设地理信息集成共享云平台，需要将地理信息资源与云计算资源进行有效的融合，以不同的服务方式提供给用户，除了需要制定系列制度、规范和服务策略外，建设的内容主要涉及服务资源、网络设施和软件设施三个方面。

（一）时空信息共享与云计算体系核心服务的建立

云计算核心服务通常可以分为三个子层：基础设施即服务（Infrastructure as a Service，IaaS）层、平台即服务（Platform as a Service，PaaS）层、软件即服务（Software as a Service，SaaS）层。

其中，IaaS 提供硬件基础设施部署服务，为用户按需提供实体或虚拟的计算、存储和网络等资源。在使用 IaaS 层服务的过程中，用户需要向 IaaS 层服务提供商提供基础设施的配置信息、运行于基础设施的程序代码以及相关的用户数据。由于数据中心是 IaaS 层的基础，因此数据中心的管理和优化问题近年来成为研究热点。另外，为了优化硬件资源的分配，IaaS 层引入了虚拟化技术。借助于 Xen、KVM、VMware 等虚拟化工具，可以提供可靠性高、可定制性强、规模可扩展的 IaaS 层服务。

PaaS 是云计算应用程序运行环境，提供应用程序部署与管理服务。通过 PaaS 层的软件工具和开发语言，应用程序开发者只需上传程序代码和数据即可使用服务，而不必关注底层的网络、存储、操作系统的管理问题。由于目前互联网应用平台（如 Facebook、Google、淘宝等）的数据量日趋庞大，PaaS 层应当充分考虑对海量数据的存储与处理能力，并利用有效的资源管理与调度策略提高处理效率。

SaaS 是基于云计算基础平台所开发的应用程序。企业可以通过租用 SaaS 层服务解决企业信息化问题，如企业通过 GMail 建立属于该企业的电子邮件服务，该服务托管于 Google 的数据中心，企业不必考虑服务器的管理、维护问题。对于普通用户来讲，SaaS 层服务将桌面应用程序迁移到互联网，可实现应用程序的泛在访问。

根据云计算的三种模式，时空信息共享平台与云计算体系的核心服务层也应基于 IaaS、PaaS、SaaS 三个模式来构建，即基于 IaaS 模式的地理信息集成共享云、基于 PaaS 模式的地理信息集成共享云、基于 SaaS 模式的地理信息集成共享云。

1. IaaS 模式的地理信息集成共享云

IaaS 模式的地理信息集成共享云是将地理空间基础设施建设所需要的计算、存储、网络、保密安全等基础设施资源虚拟化，和地理信息数据一起封装成服务，实现空间信息资源管理与使用的剥离，实现资源动态获取和释放、按需配置、弹性分配。

IaaS 模式的地理信息集成共享云主要是针对个性化需求很高和应用水平也很高的用户来设计，只提供大规模地理信息集中存储、并行计算服务和标准的数据网络访问服务，不提供地理信息其他操作服务，来满足用户对地理信息数据集成共享的要求，其主要目的就是降低硬件成本。IaaS 模式的地理信息集成共享云只是实现数据层面的集成共享。相比而言，基于这种方式的地理信息集成共享，地理信息使用起来灵活性最好，但使用难度也最大。其框架设计如图 7.1 所示。

图 7.1 IaaS 模式的地理信息集成

IaaS 层是云计算的基础。通过建立大规模数据中心，IaaS 层为上层云计算服务提供海量硬件资源。同时，在虚拟化技术的支持下，IaaS 层可以实现硬件资源的按需配置，并提供个性化的基础设施服务。基于以上两点，IaaS 层主要研究两个问题：①如何建设低成本、高效能的数据中心；②如何拓展虚拟化技术，实现弹性、可靠的基础设施服务。

（1）数据中心相关技术研究

数据中心是云计算的核心，其资源规模与可靠性对上层的云计算服务有着重要影响。与传统的企业数据中心不同，云计算数据中心具有以下三个特点：①自治性。相较传统的数据中心需要人工维护，云计算数据中心的大规模性要求系统在发生异常时能自动重新配置，并从异常中恢复，而不影响服务的正常使用。②规模经济。通过对大规模集群的统一化标准化管理，使单位设备的管理成本大幅降低。③规模可扩展。考虑到建设成本及设备更新换代，云计算数据中心往往采用大规模高性价比的设备组成硬件资源，并提供扩展规模的空间。

基于以上特点，云计算数据中心的相关研究工作主要集中在以下两个方面：①研究新型的数据中心网络拓扑，以低成本、高带宽、高可靠性的方式连接大规模计算节点；②研究有效的绿色节能技术，以提高效能比，减少环境污染。

（2）虚拟化技术研究

数据中心为云计算提供了大规模资源。为了实现基础设施服务的按需分配，需要研究虚拟化技术。虚拟化是 IaaS 层的重要组成部分，也是云计算最重要的特点。虚拟化技术具有以下特点：①资源分享。通过虚拟机封装用户各自的运行环境，有效实现多用户分享数据中心资源。②资源定制。用户利用虚拟化技术，配置私有的服务器，指定所需的 CPU 数目、内存容量、磁盘空间，实现资源的按需分配。③细粒度资源管理。将物理服务器拆分成若干虚拟机，可以提高服务器的资源利用率，减少浪费，而且有助于服务器的负载均衡和节能。

基于以上特点，虚拟化技术成为实现云计算资源池化和按需服务的基础。为了进一步满足云计算弹性服务和数据中心自治性的需求，需要研究实现虚拟机快速部署和在线迁移技术。

2. PaaS 模式的地理信息集成共享云

PaaS 模式是将开发平台作为一种服务与网络用户共享。平台层运行于基础设施层之上，以软件平台为核心，为应用服务提供开发、测试和运行过程中所需的基础服务，包括 Web 和应用服务器、消息服务器以及管理支持服务。平台层解决的是如何基于基础设施层的资源管理能力提供一个高可用性的、可伸缩的且易于管理的云中间件平台。平台层以平台软件和服务为核心，用户可通过相应的编程模式和 API 来建立应用和发布。

PaaS 模式的地理信息集成共享云是在计算设施、存储设施、网络设施和数据设施等资源池化的基础上，除提供数据的访问服务外，还提供开发地理信息应用系统的二次开发和系统定制接口，包括地理空间信息相关的软件开发、测试、部署、运行环境以及应用程序托管等服务，通过网络向用户提供可定制、可开发的平台服务，以及各类通用的 GIS 服务，帮助用户快速地按需构建地理空间信息相关的应用和产品，为专题系统的开发提供支撑。

PaaS 模式的地理信息集成共享云主要针对个性化需求较高和应用水平较

强的用户来设计，为用户提供简化的分布式软件开发、测试和部署环境，屏蔽了分布式软件开发底层复杂的操作，使得用户可以快速开发出基于云平台的高性能、高可扩展性的智慧应用服务，并提供从资源到应用能力的保障，提供丰富的应用能力调用，以及应用托管的模式。用户只要专心于应用的内容和流程，不必考虑测试、发布的资源环境，既能降低硬件成本，也能降低开发成本。PaaS 模式的地理信息集成共享云实现数据层面和应用接口的集成共享。相比而言，基于这种方式的地理信息集成共享，地理信息使用起来灵活性较好，但使用难度也较大，其框架设计如图 7.2 所示。

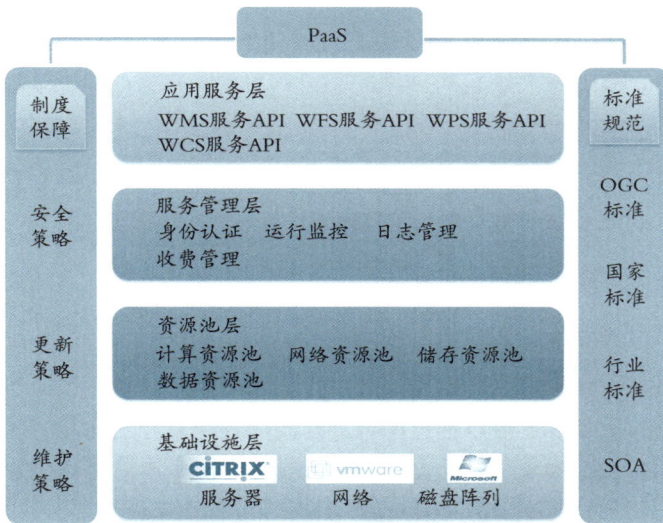

图 7.2　PaaS 模式的地理信息集成

PaaS 层作为三层核心服务的中间层，既为上层应用提供简单、可靠的分布式编程框架，又需要基于底层的资源信息调度作业、管理数据，屏蔽底层系统的复杂性。随着数据密集型应用的普及和数据规模的日益庞大，PaaS 层需要具备存储与处理海量数据的能力，所以需要对 PaaS 层的海量数据存储与处理技术以及基于这些技术的资源管理与调度策略进行相关研究。

（1）海量数据存储与处理技术

云计算环境中的海量数据存储既要考虑存储系统的 I/O 性能，又要保证文件系统的可靠性与可用性；同时，PaaS 平台不仅要实现海量数据的存储，而且要提供面向海量数据的分析处理功能。由于 PaaS 平台部署于大规模硬件资源上，所以海量数据的分析处理需要抽象处理过程，并要求其编程模型支持规模扩展、屏蔽底层细节并且简单有效。

（2）资源管理与调度技术

海量数据处理平台的大规模性给资源管理与调度带来挑战。主要需要研究的是以下几项内容：①副本管理技术。副本机制是 PaaS 层保证数据可靠性的基础，有效的副本策略不但可以降低数据丢失的风险，而且能优化作业完成时间。②任务调度算法。PaaS 层的海量数据处理以数据密集型作业为主，其执行性能受到 I/O 带宽的影响。但是，网络带宽是计算集群（计算集群既包括数据中心中物理计算节点集群，也包括虚拟机构建的集群）中的急缺资源：云计算数据中心考虑成本因素，很少采用高带宽的网络设备；IaaS 层部署的虚拟机集群共享有限的网络带宽；海量数据的读写操作占用了大量带宽资源。因此，PaaS 层海量数据处理平台的任务调度需要考虑网络带宽因素。③任务容错机制。为了使 PaaS 平台可以在任务发生异常时自动从异常状态恢复，需要研究任务容错机制。MapReduce 的容错机制在检测到异常任务时，会启动该任务的备份任务；备份任务和原任务同时进行，当其中一个任务顺利完成时，调度器立即结束另一个任务。

3. SaaS 模式的地理信息集成共享云

SaaS 模式是指用户无需购买应用软件，而是向提供商租用软件，是一种面向客户的业务提供模式。应用层是云中应用的集合，在云中应用层上的应用必须具备以下条件：可以通过浏览器访问或者具有开发功能的 API 允许客户调用，不需要先期投入的按需付费，要求高度的整合。应用层应用类型多样，功能各异，实现方式也各不相同。

SaaS 模式的地理信息集成共享云在 IaaS 层和 PaaS 层的 IT 资源及应用能力的支撑下，承载各种应用系统，其可为各种时空决策应用提供强大的技术支持，以较低的单位资源使用成本部署和快速的地理数据处理能力，提供各种各样更加灵活的地理信息、时空决策和应用等服务。

SaaS 模式的地理信息集成共享云主要是针对个性化需求不高和应用水平较低的用户来设计，通过网络向最终用户提供定制好的各类软件应用服务，针对具体的应用领域提供一站式服务，其内容涵盖目录服务、数据交换服务、内容管理、门户等多个方面，其主要目的不仅要降低硬件成本，也要降低软件成本。SaaS 模式的地理信息集成共享云实现了数据层面和应用软件层面的集成共享。相比而言，基于这种方式的地理信息集成共享，地理信息使用起来灵活性最差，但使用难度也最小，其框架设计如图 7.3 所示。

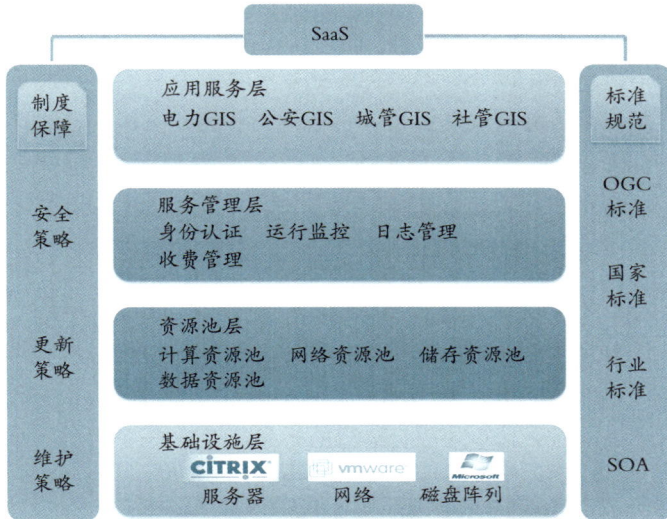

图 7.3　SaaS 模式的地理信息集成

　　SaaS 是指利用互联网提供在线时空信息处理和应用的服务。这种服务和应用以往是以单机版地理信息软件完成的，主要服务内容应该包含地图发布服务、数据格式转换服务、空间分析服务等。地理信息系统应用在线服务，最上层采用 SOA 架构模式，将地理信息各种服务封装成标准的 Web Services，并纳入到 SOA 体系中进行管理和使用，其内容包括服务接口、服务注册、服务查找、服务访问等。管理中间件是云地理信息管理部分，负责对用户使用地理信息进行计费，负责负载均衡、地图切片服务等。最后任务由 GIS Server 提供底层数据服务。GIS 系统开发人员可以利用云计算的技术和模式来构建自己的解决方案，如利用 GIS 平台商的 PaaS 服务来研发自己的 GIS 解决方案，也可利用云计算的模式为自己的客户提供服务。如时空信息云服务之云 GIS 主机服务，可提供云在线虚拟服务器主机和各类应用平台的租用服务。GIS 系统平台以租代买，优化技术实现手段，降低系统初始化建设投入和运维成本。它支持用户开发在线 SaaS 应用，支持用户将 Geo-SaaS 应用服务部署在云上托管运营，支持用户数据与云地图数据的叠加等。

（二）时空信息共享与云计算体系服务管理方式的建立

　　时空信息共享与云计算体系的服务管理层对其核心服务层的可用性、可靠性和安全性提供保障。服务管理包括服务质量（Quality of Service，QoS）保证和安全管理等。云计算需要提供高可靠性、高可用性、低成本的个性化服务，然而云计算平台规模庞大且结构复杂，很难完全满足用户的 QoS 需求。为此，云计算服务提供商需要和用户进行协商，并制定服务水平协议（Service Level Agreement，SLA），使得双方对服务质量的需求达成一致；当服务提供商提供的服务未能达到 SLA 的要求时，用户将得到补偿。

此外，数据的安全性一直是用户较为关心的问题。云计算数据中心采用的资源集中管理方式使得云计算平台存在单点失效问题。保存在数据中心的关键数据会因为突发事件（如地震、断电）、病毒入侵、黑客攻击而丢失或泄露。根据云计算服务特点，研究云计算环境下的安全与隐私保护技术（如数据隔离、隐私保护、访问控制等）是保证云计算得以广泛应用的关键。除了 QoS 保证、安全管理外，服务管理层还包括计费管理、资源监控等管理内容，这些管理措施对云计算的稳定运行同样起到重要作用。

云计算面临的核心安全问题是用户不再对数据和环境拥有完全的控制权。为了解决该问题，云计算的部署模式被分为公有云、私有云和混合云。公有云是以按需付费方式向公众提供的云计算服务（如 Amazon EC2、Salesforce CRM 等）。虽然公有云提供了便利的服务方式，但是由于用户数据保存在服务提供商，存在用户隐私泄露、数据安全得不到保证等问题。私有云是一个企业或组织内部构建的云计算系统。部署私有云需要企业新建私有的数据中心或改造原有数据中心，由于服务提供商和用户同属于一个信任域，所以数据隐私可以得到保护。受其数据中心规模的限制，私有云在服务弹性方面比公有云略差。混合云结合了公有云和私有云的特点：用户的关键数据存放在私有云，以保护数据隐私；当私有云工作负载过重时，可临时购买公有云资源，以保证服务质量。部署混合云需要公有云和私有云具有统一的接口标准，以保证服务无缝迁移。

（三）时空信息共享与云计算体系用户访问接口的建立

用户访问接口实现了云计算服务的时空信息泛在访问，通常包括命令行、Web 服务、Web 门户等形式。命令行和 Web 服务的访问模式既可为终端设备提供应用程序开发接口，又便于多种服务的组合。Web 门户是访问接口的另一种模式。通过 Web 门户，云计算将用户的桌面应用迁移到互联网，从而使用户随时随地通过浏览器就可以访问数据和程序，提高工作效率。虽然用户通过访问接口可以使用便利的云计算服务，但是由于不同云计算服务商提供接口标准不同，用户数据不能在不同服务商之间迁移。为此，在 Intel、Sun 和 Cisco 等公司的倡导下，云计算互操作论坛（Cloud Computing Interoperability

Forum，CCIF）宣告成立，并致力于开发统一的云计算接口（Unified Cloud Interface，UCI），以实现"全球环境下，不同企业之间可利用云计算服务无缝协同工作"的目标。

　　云计算和移动互联网的联系紧密，移动互联网的发展丰富了云计算的外延。由于移动设备在硬件配置和接入方式上具有特殊性，所以有许多问题值得研究。首先，移动设备的资源是有限的。访问基于 Web 门户的云计算服务往往需要在浏览器端解释执行脚本程序（如 JavaScript、Ajax 等），因此会消耗移动设备的计算资源和能源。虽然为移动设备定制客户端可以减少移动设备的资源消耗，但是移动设备运行平台种类多，更新快，导致定制客户端的成本相对较高，因此需要为云计算设计交互性强、计算量小、普适性强的访问接口。其次，是网络接入问题。对于许多 SaaS 层服务来说，用户对响应时间敏感。但是，移动网络的时延比固定网络长，而且容易丢失链接，导致 SaaS 层服务可用性降低。因此，需要针对移动终端的网络特性对 SaaS 层服务进行优化。

三、网络设施建设

　　服务器、存储和网络等是地理信息集成共享云重要的基础设施，基于云计算的时空信息共享平台应具有弹性、无限和服务三个特征。相对于基础设施而言，弹性意味着计算资源能够根据负载进行调整，当负载高的时候分配更多的资源从而保证服务的质量，当负载低的时候释放多余的资源从而节省成本。无限意味着无论用户需要多少资源，云平台都能够提供，并且能满足不同用户不断增长的需求。服务也是一个重要的特征，既然作为服务提供，基础设施层不仅要保证服务的功能，也要保证可用性、可靠性、安全性等和服务质量，还要为应用提供一些监控信息，如 CPU 的平均使用率、内存的占用情况等。

　　虚拟化技术为实现基础设施的弹性、无限和服务三个目标提供了技术支撑。它是计算机资源的抽象方法，通过虚拟化可以用与访问抽象前的资源一致的方法访问抽象后的资源，降低了资源使用者与资源具体实现者之间的耦合程度，让使用者不再依赖于资源的某种特定的实现。基础设施的虚拟化，主要包括服务器的虚拟化、存储的虚拟化以及网络虚拟化，这也是时空信息共享平台云基础设施建设的主要内容。

四、软件设施建设

地理信息共享平台的软件系统按照服务的功能可以划分为数据引擎层、运维支撑层、服务接口层和应用服务层的接口或软件，其中 IaaS 模式的平台包括数据引擎层、运维支撑层的接口或软件；PaaS 模式的平台包括数据引擎层、运维支撑层、服务接口层的接口或软件；SaaS 模式的平台包数据引擎层、运维支撑层、服务接口层和应用服务层的接口或软件。

数据引擎层的软件或接口主要是对各类地理信息数据进行高效管理、入库更新。网络发布的各类数据引擎，包括海量矢量数据引擎、栅格数据引擎、地址匹配引擎等。运维支撑层的接口或软件实现数据管理和平台运维，包括数据的入库、更新、删除、维护以及用户权限、安全认证、日志管理和服务监控等。服务接口层的接口或软件提供专业 GIS 功能接口，包括地图的浏览、空间测距和拓扑分析等地理要素的通用操作。业务应用层的接口或软件为特定用户或行业用户提供定制 GIS 软件功能服务。

云框架的地理信息共享服务平台要面向应用提供集成的、共享的应用开发和运行环境，这样的环境将应用所需的基础功能抽离出来作为基础服务，通过编程模型和接口暴露给应用调用。这些应用主要分为事务处理和数据分析两种类型。开发这些基础功能软件需要依赖大规模的消息通信以及大计算量的数据分析等关键技术来实现。

（一）大规模的消息通信技术实现

云计算的一个核心理念就是资源和软件功能都是以服务的形式进行发布的，不同服务之间经常需要通过消息通信进行协作。可靠、安全、高性能的通信基础设施对于云计算的成功至关重要。同步通信机制几乎不可能满足云计算消息通信的负载，面向服务的理念使得异步消息通信对云计算更加重要。异步消息通信机制可以使得云计算每个层次中的内部组件之间及各个层次之间解耦合，并且保证云计算服务的高可用性。异步消息通信机制对于服务的可伸缩性也非常重要，消息队列管理软件可以通过队列中的消息数量和消息请求的服务类型预测每种服务的工作负载变化趋势，并且通过该趋势自动增加和减少服务实例。

在同步消息通信方式下，客户和服务器的对象是紧密耦合的，可能会对云计算系统的处理速度和可用性造成影响。为减轻或消除同步通信带来的系统瓶颈，在异步消息通信中客户端和服务端并不直接通信，客户端把请求以消息的形式存放在请求消息队列中，然后继续处理其他任务；服务器端从请求队列中获取客户端的请求且将处理结果存入响应消息队列，然后继续处理请求消息队列中的下一个请求。该消息通信机制能够实现组件之间的高度去耦，使得系统具有灵活性和敏捷性。

（二）大计算量的数据分析技术实现

使用单指令单数据流的处理方式，已远远满足不了海量空间数据分析对大计算量的要求。当今世界最流行的海量数据处理的编程模型可以说是由 Google 公司的 Jeffrey Dean 等所设计的 MapReduce 编程模型。MapReduce 编程模型将一个任务分成很多粒度更细的子任务，这些子任务能够在空闲的处理节点之间调度，使得处理速度越快的节点处理的任务越多，从而避免处理速度慢的节点延长整个任务的完成时间。

基于 MapReduce 编程模型，Apache 软件基金会推出了 Hadoop 开源分布式计算平台，已在各行业得到了广泛应用。

五、时空地理信息一体化标准体系建设

这主要是研究时空信息的数据新型组织方式，并根据其制定一套完整的时空地理信息一体化建设的标准体系。

（一）标准体系建设思路

时空地理信息一体化的标准体系建设主要以时间和空间结合、图形和属性结合、生产和应用结合的"三个结合"为设计导向。

（1）时间和空间结合。建立时空地理信息数据库的基础就是实现时间信息和空间信息的集成。

（2）图形和属性结合。建立时空地理信息数据库就需要对时空地理信息数据进行快速获取与更新，而快速获取与更新的前提就是图、库能够同步联动，在修改图形信息的同时，对属性信息能够进行同步修改编辑，或者在对库属性进行修改的同时，图形数据也能获得联动更新，即完全实现图到库以及库到图的双向无损转换。

（3）生产和应用结合。建立时空地理信息数据库的终极目标就是服务应用于社会，那么如何将时空地理信息数据库的生产和服务有机地结合起来，在数据生产的同时，更好地进行后续的数据服务，也是在数据结构组织设计

时需要考虑的一个重要因素，所以在标准制定的过程中，需要增加更多的要素专题信息的采集。

（二）标准体系建设方法研究

根据时空地理信息数据库建库特点，以及结合标准体系建设的指导思想，主要从时空地理信息要素几何类型设计、时空地理信息数据库分层设计、时空地理信息数据库结构设计、时空地理信息要素分类编码及采集规则、时空地理信息要素处理规则等五个方面对标准体系建设方法进行研究。

1.时空地理信息要素几何类型设计

要素的几何类型设计是对要素的几何特征和表示方法进行规定，分为点、线、面三类分别进行设计。

2.时空地理信息数据库分层设计

在时空地理信息数据库分层设计中，规定了时空地理信息数据库的层号、要素分类、层文件名以及其具体表达的内容。

3.时空地理信息数据库结构设计

在时空地理信息数据库结构设计中，规定了时空地理信息数据库中每个要素表的详细数据结构以及示例数据录入规范，其中数据结构的设计包括要素表的名称、属性项、字段类型、字段长度和描述。

4.时空地理信息要素分类编码及采集规则

时空地理信息要素分类编码及采集规则标准的建立，规定了每个要素的要素编码、要素名称、制图图式图例、几何表示示例、几何类型、数据库图层名、RGB值、要素属性、数据采集与指标选取以及国标编号。

5.时空地理信息要素处理规则

时空地理信息要素处理规则主要从基本要求、点状要素处理规则、线状要素处理规则、面状要素处理规则、注记类要素处理规则等方面进行规定。

六、关键技术

（一）时空信息共享云平台核心服务管理

智能城市时空信息共享平台的目标是以低成本的方式提供高可靠性、高可用性、规模可伸缩的个性化服务。为了达到这个目标，需要数据中心管理、虚拟化、海量数据处理、资源管理与调度、QoS 保证等若干关键技术加以支持。本节详细介绍核心服务层与服务管理层涉及的关键技术和典型应用，并从 IaaS、PaaS、SaaS 三个方面依次对核心服务层进行分析。

1. IaaS 层

IaaS 层是云计算的基础。通过建立大规模数据中心，IaaS 层为上层云计算服务提供海量硬件资源。同时，在虚拟化技术的支持下，IaaS 层可以实现硬件资源的按需配置，并提供个性化的基础设施服务。基于以上两点，IaaS 层主要研究两个问题：①如何建设低成本、高效能的数据中心；②如何拓展虚拟化技术，实现弹性、可靠的基础设施服务。

（1）数据中心相关技术

数据中心是云计算的核心，其资源规模与可靠性对上层的云计算服务有着重要影响。Google、Facebook 等公司十分重视数据中心的建设。在 2009 年，Facebook 的数据中心拥有 30000 个计算节点，截至 2010 年，计算节点数量更是达到 60000 个；Google 公司平均每季度投入约 6 亿美元用于数据中心建设，其中仅 2010 年第 4 季度便投入了 25 亿美元。

与传统的企业数据中心不同，云计算数据中心具有以下特点。

● 自治性。相较传统的数据中心需要人工维护，云计算数据中心的大规模性要求系统在发生异常时能自动重新配置，并从异常中恢复，而不影响服务的正常使用。

● 规模经济。通过对大规模集群的统一化标准化管理，使单位设备的管理成本大幅降低。

● 规模可扩展。考虑到建设成本及设备更新换代，云计算数据中心往往采用大规模高性价比的设备组成硬件资源，并提供扩展规模的空间。

基于以上特点，云计算数据中心的相关研究工作主要集中在以下两个方面：研究新型的数据中心网络拓扑，以低成本、高带宽、高可靠性的方式连接大规模计算节点；研究有效的绿色节能技术，以提高效能比，减少环境污染。

● 数据中心网络设计

目前，大型的云计算数据中心由上万个计算节点构成，而且节点数量呈上升趋势。计算节点的大规模给数据中心网络的容错能力和可扩展性带来挑战。

然而，面对以上挑战，传统的树型结构网络拓扑（如图 7.4 所示）存在以下缺陷。首先，可靠性低。若汇聚层或核心层的网络设备发生异常，网络性能会大幅下降。其次，可扩展性差。因为核心层网络设备的端口有限，难以支持大规模网络。再次，网络带宽有限。在汇聚层，汇聚交换机连接边缘层的网络带宽远大于其连接核心层的网络带宽（带宽比例为 80 ∶ 1，甚至达到 240 ∶ 1），所以对于连接在不同汇聚交换机的计算节点来说，它们的网络通信容易受到阻塞。

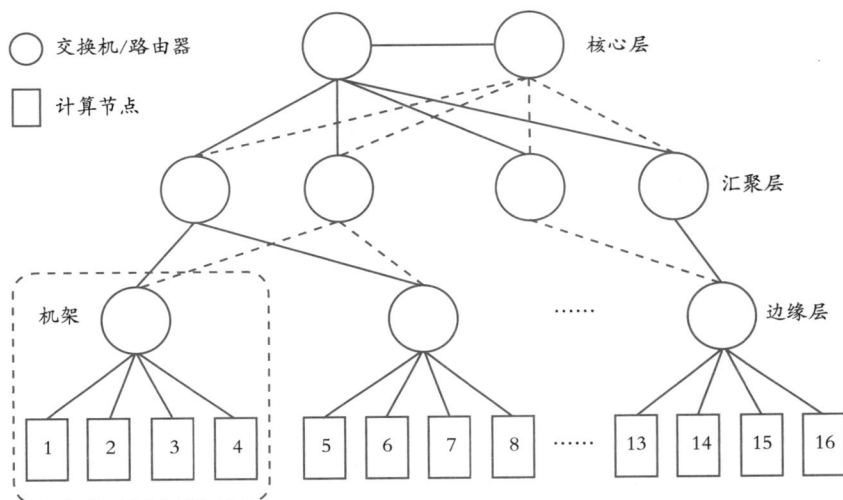

图 7.4　传统的树型网络拓扑

　　为了弥补传统拓扑结构的缺陷，研究者提出了 VL2、PortLand、DCell、BCube 等新型的网络拓扑结构。这些拓扑在传统的树型结构中加入了类似于无线网格的构造，使得节点之间连通性与容错能力更高，易于负载均衡。同时，这些新型的拓扑结构利用小型交换机便可构建，使得网络建设成本降低，节点更容易扩展。

　　以 PortLand 为例来说明网络拓扑结构，如图 7.5 所示。PortLand 借鉴了 Fat‐Tree 拓扑的思想，可以由 $5k^2/4$ 个 k 口交换机连接 $k^3/4$ 个计算节点。PortLand 由边缘层、汇聚层、核心层构成。其中边缘层和汇聚层可分解为若干 Pod，每一个 Pod 含 k 台交换机，分属边缘层和汇聚层（每层 $k/2$ 台交换机）。Pod 内部以完全二分图的结构相连。边缘层交换机连接计算节点，每个 Pod 可连接 $k^2/4$ 个计算节点。汇聚层交换机连接核心层交换机，每个 Pod 连接 $k^2/4$ 台核心层交换机。基于 PortLand，可以保证任意两点之间有多条通路，计算节点在任何时刻两两之间可无阻塞通信，从而满足云计算数据中心高可靠性、高带宽的需求。同时，PortLand 可以利用小型交换机连接大规模计算节点，既带来良好的可扩展性，又降低了数据中心的建设成本。

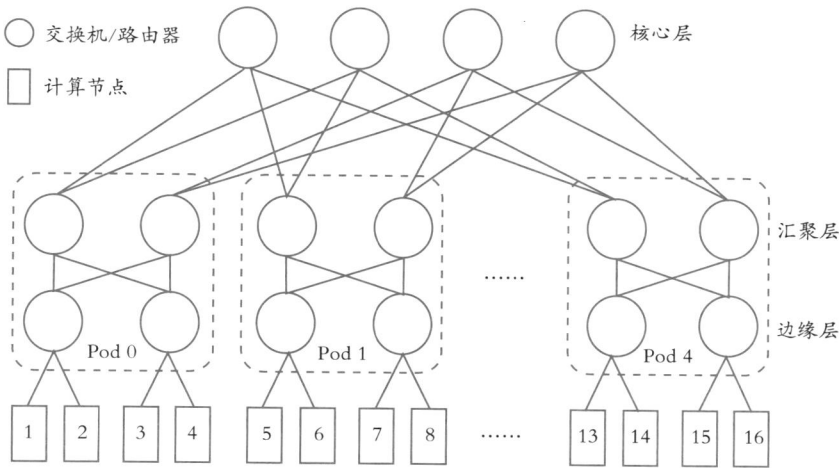

图 7.5　PortLand 网络拓扑

● 数据中心节能技术

云计算数据中心规模庞大，为了保证设备正常工作，需要消耗大量的电能。据估计，一个拥有 50 000 个计算节点的数据中心每年耗电量超过 1 亿千瓦时，电费达到 930 万美元。因此需要研究有效的绿色节能技术，以解决能耗开销问题。实施绿色节能技术不仅可以降低数据中心的运行开销，而且能减少二氧化碳的排放，有助于环境保护。

当前，数据中心能耗问题得到工业界和学术界广泛关注。Google 的分析表明，云计算数据中心的能源开销主要来自 IT 设备、不间断电源、供电单元、冷却装置、新风系统、增湿设备及附属设施（如照明、电动门等）。如图 7.6 所示，IT 设备和冷却装置的能耗比重较大。因此，需要首先针对 IT 设备能耗和制冷系统进行研究，以优化数据中心的能耗总量或在性能与能耗之间寻求最佳的折衷。针对 IT 设备能耗优化问题，Nathuji 等（2009）提出一种面向数据中心虚拟化的自适应能耗管理系统 Virtual Power，该系统通过集成虚拟化平台自身具备的能耗管理策略，以虚拟机为单位为数据中心提供一种在线能耗管理能力。Pallipadi & Starikovskiy（2001）根据 CPU 利用率，控制和调整 CPU 频率以达到优化 IT 设备能耗的目的。Zorzi & Rao（2003）等研究多电力市场环境中，如何在保证服务质量前提下优化数据中心能耗总量的问题。针对制冷系统能耗优化问题，Samadiani & Joshi（2010）综合考虑空间大小、机架和风扇的摆放以及空气的流动方向等因素，提出一种多层次的数据中心冷却设备设计思路，并对空气流和热交换进行建模和仿真，为数据中心布局提供理论支持。此外，数据中心建成以后，可采用动态制冷策略降低

111

能耗。例如对于处于休眠的服务器，可适当关闭一些制冷设施或改变冷气流的走向，以节约成本。

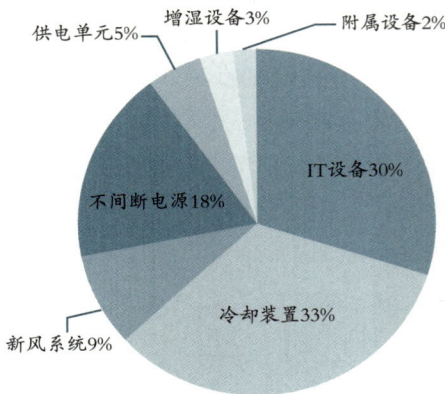

图 7.6　数据中心的能耗分布

（2）虚拟化技术

数据中心为云计算提供了大规模资源。为了实现基础设施服务的按需分配，需要研究虚拟化技术。虚拟化是 IaaS 层的重要组成部分，也是云计算最重要的特点。虚拟化技术具有以下特点。

● 资源分享。通过虚拟机封装用户各自的运行环境，有效实现多用户分享数据中心资源。

● 资源定制。用户利用虚拟化技术，配置私有的服务器，指定所需的 CPU 数目、内存容量、磁盘空间，实现资源的按需分配。

● 细粒度资源管理。将物理服务器拆分成若干虚拟机，可以提高服务器的资源利用率，减少浪费，而且有助于服务器的负载均衡和节能。

基于以上特点，虚拟化技术成为实现云计算资源池化和按需服务的基础。为了进一步满足云计算弹性服务和数据中心自治性的需求，需要研究虚拟机快速部署和在线迁移技术。

（3）典型的 IaaS 层平台

Amazon 弹性计算云（Elastic Computing Cloud，EC2）为公众提供基于 Xen 虚拟机的基础设施服务。Amazon EC2 的虚拟机分为标准型、高内存型、高性能型等多种类型，每一种类型的价格各不相同。用户可以根据自身应用的特点与虚拟机价格，定制虚拟机的硬件配置和操作系统。Amazon EC2 的计费系统根据用户的使用情况（一般为使用时间）对用户收费。在弹性服务方面，Amazon EC2 可以根据用户自定义的弹性规则，扩张或收缩虚拟机集群规

模。目前，Amazon EC2 已拥有 Ericsson、Active.com、Autodesk 等大量用户。

Eucalyptus 是美国加州大学圣巴巴拉分校开发的开源 IaaS 平台。区别于 Amazon EC2 等商业 IaaS 平台，Eucalyptus 的设计目标是成为研究和发展云计算的基础平台。为了实现这个目标，Eucalyptus 的设计强调开源化、模块化，以便研究者对各功能模块升级、改造和更换。目前，Eucalyptus 已实现了和 Amazon EC2 相兼容的 API，并部署于全球各地的研究机构。

东南大学云计算平台面向计算密集型和数据密集型应用，由 3500 颗 CPU 内核和 500 TB 高速存储设备构成，提供 37 万亿次浮点计算能力。其基础设施服务不仅支持 Xen、KVM、VMware 等虚拟化技术，而且支持物理计算节点的快速部署，可根据科研人员的应用需求，为其按需配置物理的或虚拟的私有计算集群，并自动安装操作系统、应用软件。由于部分高性能计算应用对网络延时敏感，其数据中心利用 40 Gb/s QDR InfiniBand 作为数据传输网络，提供高带宽低延时的网络服务。目前，东南大学云计算平台承担了 AMS-02 数据分析处理、电磁仿真、分子动力学模拟等科学计算任务。

2. PaaS 层

PaaS 层作为三层核心服务的中间层，既为上层应用提供简单、可靠的分布式编程框架，又需要基于底层的资源信息调度作业、管理数据，屏蔽底层系统的复杂性。随着数据密集型应用的普及和数据规模的日益庞大，PaaS 层需要具备存储与处理海量数据的能力。本节先介绍 PaaS 层的海量数据存储与处理技术，然后讨论基于这些技术的资源管理与调度策略。

（1）海量数据存储与处理技术

● 海量数据存储技术

云计算环境中的海量数据存储既要考虑存储系统的 I/O 性能，又要保证文件系统的可靠性与可用性。

Ghemawat 等（2003）为 Google 设计了 GFS（Google File System）。根据 Google 应用的特点，GFS 对其应用环境做了 6 点假设：①系统架设在容易失效的硬件平台上；②需要存储大量 GB 级甚至 TB 级的大文件；③文件读操作以大规模的流式读和小规模的随机读构成；④文件具有一次写多次读的特点；⑤系统需要有效处理并发的追加写操作；⑥高持续 I/O 带宽比低传输延迟重要。

图 7.7 展示了 GFS 的执行流程。在 GFS 中，一个大文件被划分成若干固定大小（如 64 MB）的数据块，并分布在计算节点的本地硬盘；为了保证数据可靠性，每一个数据块都保存有多个副本；所有文件和数据块副本的元

数据由元数据管理节点管理。GFS 的优势在于：①由于文件的分块粒度大，GFS 可以存取 PB 级的超大文件；②通过文件的分布式存储，GFS 可并行读取文件，提供高 I/O 吞吐率；③鉴于上述假设④，GFS 可以简化数据块副本间的数据同步问题；④文件块副本策略保证了文件可靠性。

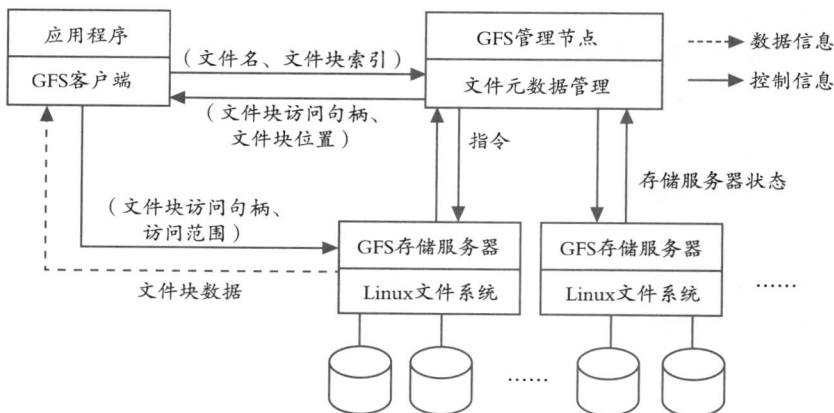

图 7.7　GFS 执行流程

BigTable 是基于 GFS 开发的分布式存储系统，它将提高系统的适用性、可扩展性、可用性和存储性能作为设计目标。BigTable 的功能与分布式数据库类似，用以存储结构化或半结构化数据，为 Google 应用（如搜索引擎、Google Earth 等）提供数据存储与查询服务。在数据管理方面，BigTable 将一整张数据表拆分成许多存储于 GFS 的子表，并由分布式锁服务 Chubby 负责数据一致性管理。在数据模型方面，BigTable 以行名、列名、时间戳建立索引，表中的数据项由无结构的字节数组表示。这种灵活的数据模型保证 BigTable 适用于多种不同应用环境。图 7.8 展示了如何在 BigTable 中存储网页，其中 $t_1 \sim t_5$ 为时间戳。

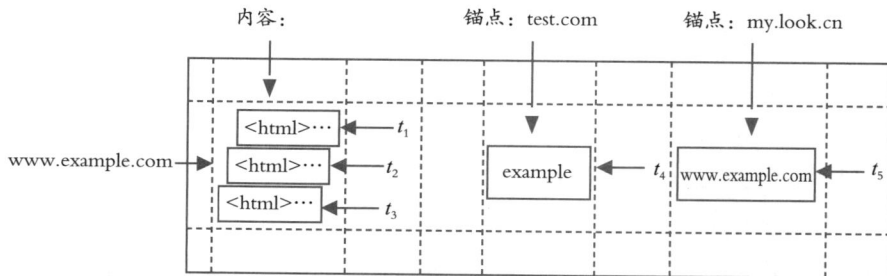

图 7.8　BigTable 的存储方式

● 数据处理技术与编程模型

PaaS 平台不仅要实现海量数据的存储，而且要提供面向海量数据的分析处理功能。由于 PaaS 平台部署于大规模硬件资源上，所以海量数据的分析处理需要抽象处理过程，并要求其编程模型支持规模扩展，屏蔽底层细节并且简单有效。

MapReduce 是 Google 提出的并行程序编程模型，运行于 GFS 之上如（图 7.9 所示）。一个 MapReduce 作业由大量 Map 和 Reduce 任务组成，根据两类任务的特点，可以把数据处理过程划分成 Map 和 Reduce 两个阶段：在 Map 阶段，Map 任务读取输入文件块，并行分析处理，处理后的中间结果保存在 Map 任务执行节点；在 Reduce 阶段，Reduce 任务读取并合并多个 Map 任务的中间结果。MapReduce 可以简化大规模数据处理的难度：① MapReduce 中的数据同步发生在 Reduce 读取 Map 中间结果的阶段，这个过程由编程框架自动控制，从而简化数据同步问题；②由于 MapReduce 会监测任务执行状态，重新执行异常状态任务，所以程序员不需考虑任务失败问题；③ Map 任务和 Reduce 任务都可以并发执行，通过增加计算节点数量便可加快处理速度；④在处理大规模数据时，Map/Reduce 任务的数目远多于计算节点的数目，有助于计算节点负载均衡。

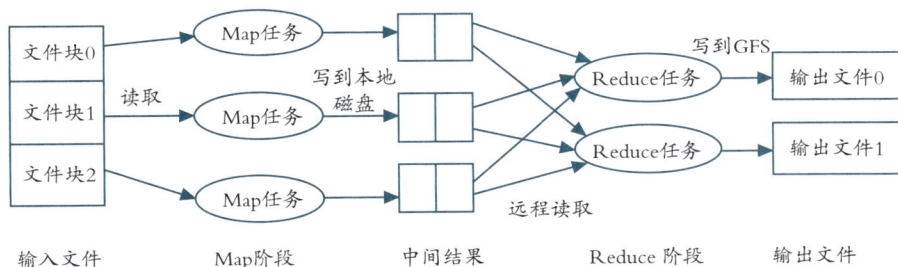

图 7.9 MapReduce 的执行过程

虽然 MapReduce 具有诸多优点，但仍具有局限性：① MapReduce 灵活性低，很多问题难以抽象成 Map 和 Reduce 操作；② MapReduce 在实现迭代算法时效率较低；③ MapReduce 在执行多数据集的交运算时效率不高。为此，Sawzall 语言和 Pig 语言封装了 MapReduce，可以自动完成数据查询操作到 MapReduce 的映射；Ekanayake 等（2010）设计了 Twister 平台，使 MapReduce 有效支持迭代操作；Yang 等（2007）设计了 Map-Reduce-Merge 框架，通过加入 Merge 阶段实现多数据集的交操作。在此基础上，He 等将 Map-Reduce-Merge 框架应用于构建 OLAP 数据立方体；Di Geronimo 等（2012）将 MapRedcue 应用到并行求解大规模组合优化问题（如并行遗传算法）。

由于许多问题难以抽象成 MapReduce 模型，为了使并行编程框架灵活普适，Isard 等（2007）设计了 Dryad 框架。Dryad 采用的是基于有向无环图（Directed Acyclic Graph, DAG）的并行模型（如图 7.10 所示）。我们可以看到，在每个节点进程（Vertices Processes）上都有一个处理程序在运行，并且通过数据管道（Channels）在它们之间传送数据。二维的 Dryad 管道模型定义了一系列的操作，可以用来动态地建立并且改变这个有向无环图。这些操作包括建立新的节点、在节点之间加入边、合并两个图以及对任务的输入和输出进行处理等。Dryad 可以直观地表示出作业内的数据流。基于 DAG 优化技术，Dryad 可以更加简单高效地处理复杂流程。同 MapReduce 相似，Dryad 为程序开发者屏蔽了底层的复杂性，并可在计算节点规模扩展时提高处理性能。在此基础上，Yu 等（2008）设计了 DryadLINQ 数据查询语言，该语言和 .NET 平台无缝结合，并利用 Dryad 模型对 Azure 平台上的数据进行查询处理。

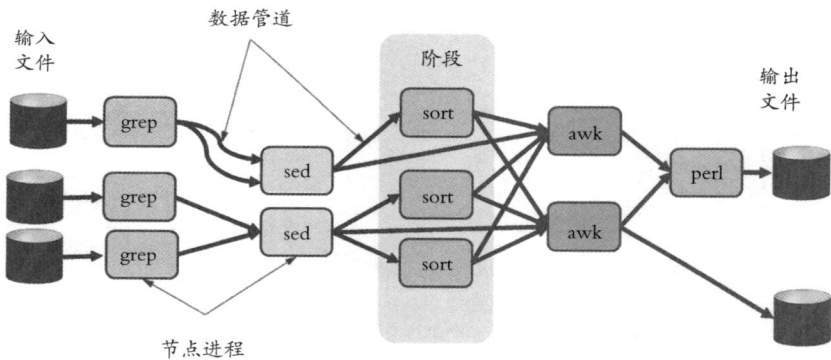

图 7.10　MapReduce 的执行过程

（2）资源管理与调度技术

海量数据处理平台的大规模性给资源管理与调度带来挑战。研究有效的资源管理与调度技术可以提高 MapReduce、Dryad 等 PaaS 层海量数据处理平台的性能。

● 副本管理技术

副本机制是 PaaS 层保证数据可靠性的基础，有效的副本策略不但可以降低数据丢失的风险，而且采用了机架敏感的副本放置策略，该策略默认文件系统部署于传统网络拓扑的数据中心。以放置三个文件副本为例，由于同一机架的计算节点间网络带宽高，所以机架敏感的副本放置策略将两个文件副本置于同一机架，另一个置于不同机架。这样的策略既考虑了计算节点和机

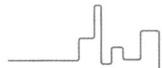

架失效的情况，也减少了由数据一致性维护带来的网络传输开销。除此之外，文件副本放置还与应用有关。Eltabakh 等（2011）提出了一种灵活的数据放置策略 CoHadoop，用户可以根据应用需求自定义文件块的存放位置，使需要协同处理的数据分布在相同的节点上，从而在一定程度上减少了节点之间的数据传输开销。但是，目前 PaaS 层的副本调度大多局限于单数据中心，从容灾备份和负载均衡角度，需要考虑面向多数据中心的副本管理策略。郑湃等（2010）提出了三阶段数据布局策略，分别针对跨数据中心数据传输、数据依赖关系和全局负载均衡三个目标对数据布局方案进行求解和优化；虽然该研究对多数据中心间的数据管理起到优化作用，但是未深入讨论副本管理策略。因此，需在多数据中心环境下研究副本放置、副本选择及一致性维护和更新机制。

● 任务调度算法

PaaS 层的海量数据处理以数据密集型作业为主，其执行性能受到 I/O 带宽的影响。但是，网络带宽是计算集群（计算集群既包括数据中心中物理计算节点集群，也包括虚拟机构建的集群）中的急缺的资源：①云计算数据中心考虑成本因素，很少采用高带宽的网络设备；② IaaS 层部署的虚拟机集群共享有限的网络带宽；③海量数据的读写操作占用了大量带宽资源。因此 PaaS 层海量数据处理平台的任务调度需要考虑网络带宽因素。

为了减少任务执行过程中的网络传输开销，可以将任务调度到输入数据所在的计算节点，因此，需要研究面向数据本地性（data-locality）的任务调度算法。Hadoop 以"尽力而为"的策略保证数据本地性。虽然该算法易于实现，但是没有做到全局优化，在实际环境中不能保证较高的数据本地性。为了达到全局优化，Fischer 等（2010）为 MapReduce 任务调度建立数学模型，并提出了 HTA（Hadoop task assignment）问题（如图 7.11 所示）。该问题为一个变形的二部图匹配，目标是将任务分配到计算节点，并使各计算节点负载均衡，其中 s_i、t_j 分别表示计算节点和任务，实边表示 s_i 有 t_j 的输入数据，虚边表示 s_i 没有 t_j 的输入数据，w_l 和 w_r 分别表示调度开销。该研究利用 3-SAT 问题证明了 HTA 问题是 NP 完全的，并设计了 MaxCover-BalAssign 算法解决该问题。虽然 MaxCover-BalAssign 算法的理论上限接近最优解，但是时间复杂度过高，难以应用在大规模环境中。为此,Jin 等（2011）设计了 BAR 调度算法，基于"先均匀分配再均衡负载"的思想，BAR 算法在快速求解大规模 HTA 问题的同时，得到优于 MaxCover-BalAssign 算法的调度结果。

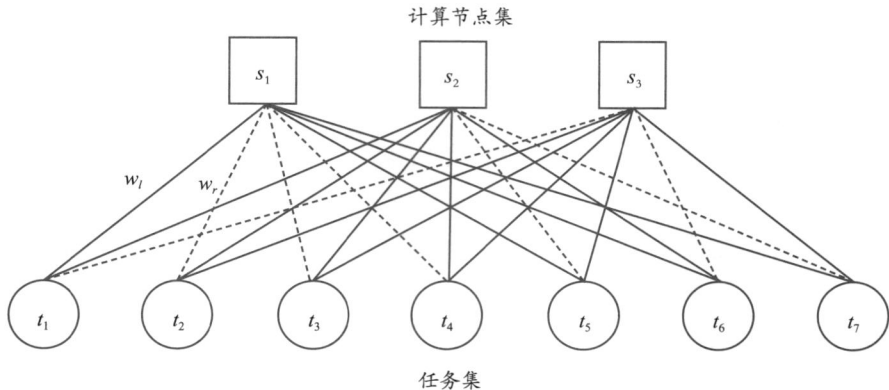

计算节点集

任务集

图 7.11　HTA 问题模型

除了保证数据本地性，PaaS 层的作业调度器还需要考虑作业之间的公平调度。PaaS 层的工作负载中既包括子任务少、执行时间短、对响应时间敏感的即时作业（如数据查询作业），也包括子任务多、执行时间长的长期作业（如数据分析作业）。研究公平调度算法可以及时为即时作业分配资源，使其快速响应。因为数据本地性和作业公平性不能同时满足，所以 Zaharia 等（2010）在 Max-Min 公平调度算法的基础上设计了延迟调度（delay scheduling）算法。该算法通过推迟调度一部分作业并使这些作业等待合适的计算节点，以达到较高的数据本地性。但是在等待开销较大的情况下，延迟策略会影响作业完成时间。为了协调数据本地性和作业公平性，Isard 等（2009）设计了基于最小代价流的调度模型，并应用于 Microsoft 的 Azure 平台。如图 7.12 所示，w_i^j 表示作业 i 的子任务 j，w_i^j 和 c、r、x、u 的边分别表示任务被调度到计算节点、机架、数据中心和不被调度，每条边带有权值，并需要根据集群状态实时更新权值。当系统状态发生改变（如有计算节点空闲、有新任务加入）时，调度器对调度图求解最小代价流，并做出调度决策。虽然该方法可以得到全局优化的调度结果，但是求解最小代价流会带来计算开销，当图的规模很大时，计算开销将严重影响系统性能。

● 任务容错机制

为了使 PaaS 平台可以在任务发生异常时自动从异常状态恢复，需要研究任务容错机制。MapReduce 的容错机制在检测到异常任务时，会启动该任务的备份任务。备份任务和原任务同时进行，当其中一个任务顺利完成时，调度器立即结束另一个任务。Hadoop 的任务调度器实现了备份任务调度策略。但是现有的 Hadoop 调度器检测异常任务的算法存在较大缺陷：如果一个任务的进度落后于同类型任务进度的 20%，Hadoop 就把该任务当作异常任务；当集群异构时，任务之间的执行进度差异较大，因而在异构集群中很容易产生大量的备份任务。为此，Zaharia 等（2008）研究了异构环境下异常任务的发现机制，并设计了 LATE（longest approximate time to end）调度器，通过估算 Map 任务的完成时间，LATE 为估计完成时间最晚的任务产生备份。虽然 LATE 可以有效避免产生过多的备份任务，但是该方法假设 Map 任务处理速度是稳定的，所以在 Map 任务执行速度变化（如先快后慢）的情况下，LATE 便不能达到理想的性能。

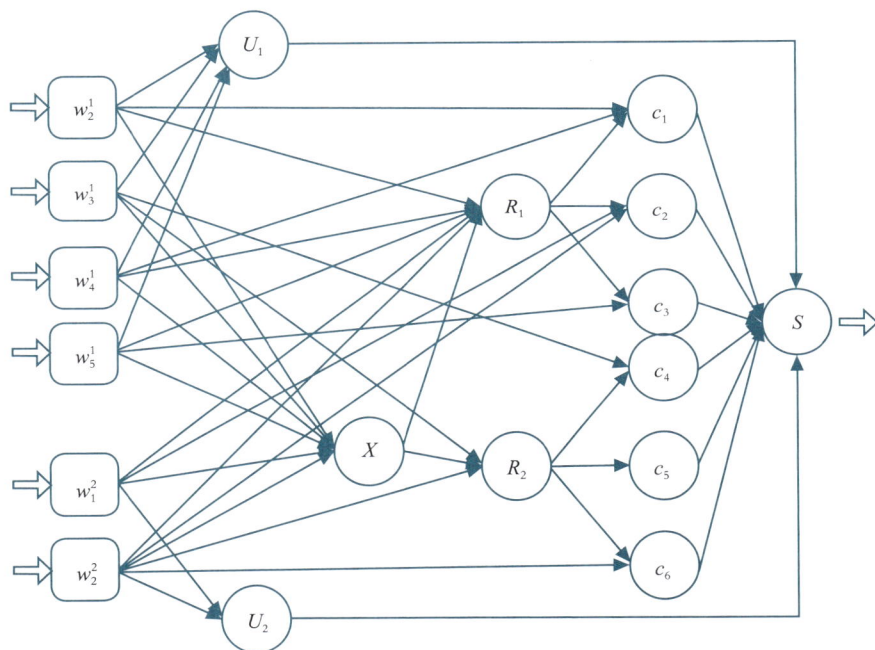

图 7.12　Quincy 的调度模型

3. SaaS 层

SaaS 层面向的是云计算终端用户，提供基于互联网的软件应用服务。随着 Web 服务、HTML5、Ajax、Mashup 等技术的成熟与标准化，SaaS 应用近年来发展迅速。典型的 SaaS 应用包括 Google Apps、Salesforce CRM 等。

Google Apps 包括 Google Docs、GMail 等一系列 SaaS 应用。Google 将传统的桌面应用程序（如文字处理软件、电子邮件服务等）迁移到互联网，并托管这些应用程序。用户通过 Web 浏览器便可随时随地访问 Google Apps，而不需要下载、安装或维护任何硬件或软件。Google Apps 为每个应用提供了编程接口，使各应用之间可以随意组合。Google Apps 的用户既可以是个人用户，也可以是服务提供商。比如企业可向 Google 申请域名为 @example.com 的邮件服务，满足企业内部收发电子邮件的需求。在此期间，企业只需对资源使用量付费，而不必考虑购置、维护邮件服务器、邮件管理系统的开销。

Salesforce CRM 部署于 Force.com 云计算平台，为企业提供客户关系管理服务，包括销售云、服务云、数据云等部分。通过租用 CRM 的服务，企业可以拥有完整的企业管理系统，用以管理内部员工、生产销售、客户业务等。利用 CRM 预定义的服务组件，企业可以根据自身业务的特点定制工作流程。基于数据隔离模型，CRM 可以隔离不同企业的数据，为每个企业分别提供一份应用程序的副本。CRM 可根据企业的业务量为企业弹性分配资源。除此之外，CRM 为移动智能终端开发了应用程序，支持各种类型的客户端设备访问该服务，实现泛在接入。

4. 服务管理层

为了使云计算核心服务高效、安全地运行，需要服务管理技术加以支持。服务管理技术包括 QoS 保证机制、安全与隐私保护技术、资源监控技术、服务计费模型等。其中，QoS 保证机制和安全与隐私保护技术是保证云计算可靠性、可用性、安全性的基础。为此，本节着重介绍 QoS 保证机制和安全与隐私保护技术的研究现状。

云计算不仅要为用户提供满足应用功能需求的资源和服务，同时还需要提供优质的 QoS（如可用性、可靠性、可扩展性、性能等），以保证应用顺利高效地执行。这是云计算得以被广泛采纳的基础。图 7.13 给出了云计算中 QoS 保证机制。首先，用户从自身应用的业务逻辑层面提出相应的 QoS 需求；为了能够在使用相应服务的过程中始终满足用户的需求，云计算服务提供商需要对 QoS 水平进行匹配并且与用户协商制定服务水平协议；最后，根

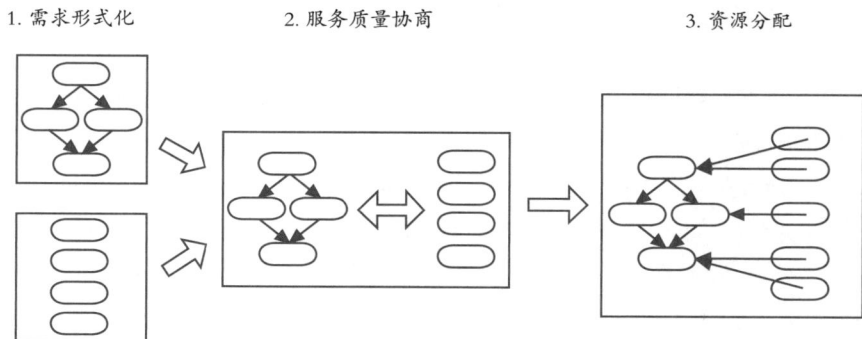

图 7.13　QoS 保证机制

据 SLA 内容进行资源分配以达到 QoS 保证的目的。针对以上三个步骤，本节依次介绍 IaaS、PaaS 和 SaaS 中的 QoS 保证机制。

（1）IaaS 层的 QoS 保证机制

IaaS 层可看作是一个资源池，其中包括可定制的计算、网络、存储等资源，并根据用户需求按需提供相应的服务能力。IaaS 层所关心的 QoS 参数主要可分为两类：一类是云计算服务提供者所提供的系统最小服务质量，如服务器可用性及网络性能等；另一类是服务提供者承诺的服务响应时间。

为了能够在服务运行过程中有效保证其性能，IaaS 层用户需要针对 QoS 参数同云计算服务提供商签订相应的 SLA。SLA 根据应用类型不同可分为两类：确定性 SLA（deterministic SLA）以及可能性 SLA（probabilistic SLA）。其中确定性 SLA 主要针对关键性核心服务，这类服务通常需要十分严格的性能保证（如银行核心业务等），因此需要 100% 确保其相应的 QoS 需求。可能性 SLA 通常采用可用性百分比表示（如保证硬件每月 99.95% 的时间正常运行），这类服务通常并不需要十分严格的 QoS 保证，主要适用于中小型商业模式及企业级应用。在签订完 SLA 后，若服务提供商未按照 SLA 进行 QoS 保证，则对服务提供商启动惩罚机制（如赔款），以补偿对用户造成的损失。

在实际系统方面，近年来出现了若干通过 SLA 技术实现 IaaS 层 QoS 保证机制的商用云计算系统或平台，主要包括 Amazon EC2、GoGrid、Rackspace 等，其 QoS 参数如表 7.1 所示。

表 7.1　IaaS 层的 QoS 参数定义

QoS 参数（IaaS）	描　述	云计算服务
服务器可用性	云计算提供的服务器（如虚拟机）、存储系统正常运行的保障	GoGrid、Rackspace、Amazon EC2
网络性能保障	数据包丢失率、网络时延、网络抖动的保障	GoGrid
负载均衡器可用性	处理时延、吞吐率、访问并发率的保障	GoGrid、Rackspace
异常通知保障	在发生基础设施异常（如虚拟机需迁移）时的通知时间	Rackspace
支持响应时间	当服务发生异常时，云服务提供商提供排错支持服务的响应时间	GoGrid
惩罚机制保障	不能按照SLA进行QoS保证时的惩罚机制	GoGrid、Rackspace、Amazon EC2

（2）PaaS/SaaS 层的 QoS 保证机制

在云计算环境中，PaaS 层主要负责提供云计算应用程序（服务）的运行
环境及资源管理，SaaS 提供以服务为形式的应用程序。与 IaaS 层的 QoS 保证
机制相似，PaaS 层和 SaaS 层的 QoS 保证也需要经历三个阶段，其典型的 QoS
参数如表 7.2 所示。PaaS 层和 SaaS 层 QoS 保证的难点在第 3 阶段（资源分配
阶段）。由于在云计算环境中，应用服务提供商同底层硬件服务提供商之间可
以是松耦合的，所以 PaaS 层和 SaaS 层在第 3 阶段需要综合考虑 IaaS 层的费用、
IaaS 层承诺的 QoS、PaaS/SaaS 层服务对用户承诺的 QoS 等。为此，本节介绍
PaaS 层和 SaaS 层的资源分配策略。为了便于讨论，本节中 PaaS 层和 SaaS 层统
称为应用服务层。弹性服务是云计算的特性之一，为了保证服务的可用性，应
用服务层需要根据业务负载动态申请或释放 IaaS 层的资源。Calheiros 等（2011）
基于排队论设计了负载预测模型，通过比较硬件设施工作负载、用户请求负
载及 QoS 目标，调整虚拟机的数量。由于同类 IaaS 层服务可能由多个服务提
供商提供，应用服务提供商需要根据 QoS 协定选择合适的 IaaS 层服务。为此，
Xiao & Ni（1999）设计了基于信誉的 QoS 部署机制，该机制综合考虑 IaaS 层
服务提供商的信誉、应用服务同用户的 SLA 以及 QoS 的部署开销，选择合适
的 IaaS 层服务。除此之外，由于 Amazon EC2 的 Spot Instance 服务可以以竞价
方式提供廉价的虚拟机。Andrzejak 等（2010）为应用服务层设计了竞价模型，
使其在满足用户 QoS 需求的前提下降低硬件设施开销。

表 7.2 PaaS/SaaS 层的 QoS 参数定义

QoS 参数 （PaaS/SaaS）	描　述	云计算服务
服务请求差错率	单位时间内服务请求发生异常的概率	Google App Engine
网络连接可用性	网络连接畅通且不被中断的可用性保障	Microsoft Azure
服务稳定性	某个用户正常使用服务且服务不失效的稳定性保障	Microsoft Azure、Google Apps、Salesforce CRM
惩罚机制保障	不能按照SLA进行QoS保证时的惩罚机制	Microsoft Azure、Google Apps、Salesforce CRM、Google App Engine

（二）时空信息数据组织一体化技术

智能城市时空信息共享平台的建设，首要任务是需要建立体验性更好、
实时性更强、移动性更大、可控性更高的时空信息数据库。开展时空数据

一体化智能处理技术研究与应用，对于切实整合、融合已有空间地理信息资源，提高时空地理信息资源的应用效率，进而实现"综合性采集、专题性服务"的测绘地理信息变革有着十分重要的意义。

1. 时空数据模型建立

建立了集几何信息、符号信息和属性信息于一体的时空地理信息数据模型，在模型的属性信息中对时间标识进行有序管理，提出了基于时间属性触发的多时序要素管理模式，在多时态的空间要素的存储管理中实现了空间定位和时间定格的同步，形成了一套完整的"图库一体、相互联动"的时间标识清晰的地理信息生产的工艺流程。

2. 时空数据标准体系建立

以时间和空间结合、图形和属性结合、生产和应用结合的"三个结合"为设计导向，从时空地理信息的几何类型、分层设计、结构设计、分类编码及采集规则、建库处理规则等方面详细制定了时空地理信息一体化建设的标准体系。

3. 时空数据智能处理平台研制

研制了一套时空地理信息智能化处理平台。

4. 时空信息智能处理关键技术

自适应：提出了基于标准化语义映射的时空地理信息自适应符号化表达，采用基于工作通告反应器的空间信息和属性信息联动等同步技术，实现了时空地理信息的自适应处理。

自检校：采用时空地理信息数据编辑和检查的同步技术，实现了时空地理信息编辑过程的自检校处理。

自维护：采用数据更新与数据综合同步技术，实现了在时空地理信息数据库更新的同时，通过实时的数据综合，不同尺度数据的自维护联动更新。

（三）时空信息处理分析并行计算技术

要使时空信息的云计算真正"落地"所需面临的一个重要问题，即如何构建与应用程序紧密结合的大规模底层基础设施，既为上层应用提供简单、可靠的分布式编程框架，又需要基于底层的资源信息调度作业、管理数据，以屏蔽底层系统的复杂性。随着数据密集型应用的普及和数据规模的日益庞大，"平台即服务（PaaS）"需要具备存储与处理海量时空信息的能力，在处理分析海量时空信息时必然需要采取分布式并行计算技术（如图 7.14 所示）以构建分布式平台。目前用于构建分布式平台的主要包括微软的 Dryad 和 Google 的 MapReduce 等框架。

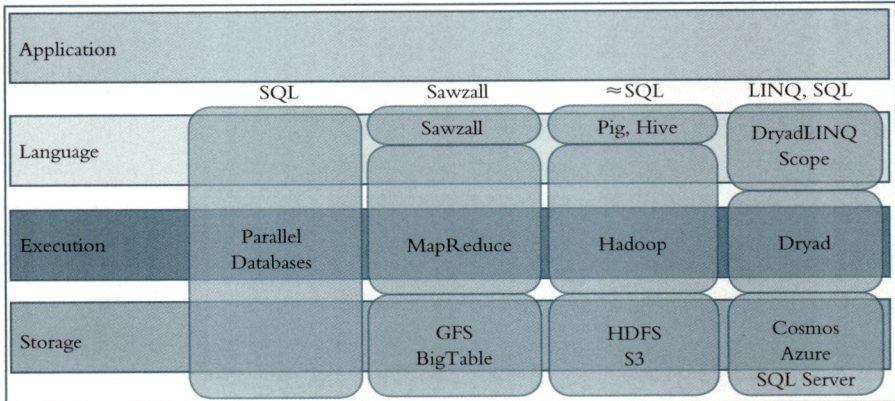

Application				
	SQL	Sawzall	≈SQL	LINQ, SQL
Language		Sawzall	Pig, Hive	DryadLINQ Scope
Execution	Parallel Databases	MapReduce	Hadoop	Dryad
Storage		GFS BigTable	HDFS S3	Cosmos Azure SQL Server

图 7.14　数据并行计算

实现时空数据算法级并行处理的最常用方法是平台本身不对算法进行干预，并行处理由算法内部自行提供。这种策略对少量算法有效，但如果平台涉及大量影像处理算法，这将导致并行化算法实现方式不统一，非统一架构的算法群将影响算法稳定性，容错困难。针对这个问题，Google 和微软均提出了采用抽象并行模型（如图 7.14 所示），通过提供一系列与网络传输、容错处理无关抽象接口给算法实现者，统一架构和开发并行计算平台，来避免上述问题。并行模型作为并行处理环境与具体算法之间的桥梁，是高性能计算框架的核心，对算法的并行化实现起到关键重要；研究一个具有开发方便、灵活、网络透明、容错能力强的抽象并行接口模型成为关键技术之一。由于时空数据具备多维特点，且不同的算法具有不同并行任务切分机制，因此，需要研究具备多粒度并行能力的统一并行计算框架，可针对不同特点的时空数据处理算法，设计不同层次的并行模型接口，在并行粒度与实现简单性之间进行差异化处理。模型层次越高，能支持的算法越少，但编写更简单，下层模型能完全覆盖上层所能支持的算法。

良好的容错机制是检验并行计算模型是否有效的标准之一，因此，应研究同时具备任务透明容错能力，避免单点故障的并行化高性能计算框架。

（四）时空信息云计算体系安全防护技术

虽然通过 QoS 保证机制可以提高云计算的可靠性和可用性，但是目前

实现高安全性的云计算环境仍面临诸多挑战。一方面，云平台上的应用程序（或服务）同底层硬件环境间是松耦合的，没有固定不变的安全边界，大大增加了数据安全与隐私保护的难度；另一方面，云计算环境中的数据量十分巨大（通常都是 TB 甚至 PB 级），传统安全机制在可扩展性及性能方面难以有效满足需求。随着云计算的安全问题日益突出，近年来研究者针对云计算的模型和应用，讨论了云计算安全隐患，研究了云计算环境下的数据安全与隐私保护技术。本节结合云计算核心服务的层次模型，介绍云计算环境下的数据安全与隐私保护技术的研究现状。

1. IaaS 层的安全

虚拟化是云计算 IaaS 层普遍采用的技术。该技术不仅可以实现资源可定制，而且能有效隔离用户的资源。目前安全防护主要采用分布式环境下基于虚拟机技术实现的"沙盒"模型，以隔离用户执行环境。然而虚拟化平台并不是完美的，仍然存在安全漏洞。例如，Xen 虚拟化平台存在被旁路攻击的危险。假如在云计算中心放置若干台虚拟机，当检测到有一台虚拟机和目标虚拟机放置在同一台主机上时，便可通过操纵自己放置的虚拟机对目标虚拟机进行旁路攻击，得到目标虚拟机的更多信息。为了避免基于 Cache 缓存的旁路攻击，有人提出了 Cache 层次敏感的内核分配方法和基于页面染色的 Cache 划分两种资源管理方法，以实现性能与安全隔离。

2. PaaS 层的安全

PaaS 层的海量时空信息存储和处理需要防止隐私泄露问题。目前主要采用集成强访问控制和区分隐私，为处理关键数据提供安全和隐私保护。在加密数据的文本搜索方面，传统的方法需要对关键词进行完全匹配，但是云计算数据量非常大，在用户频繁访问的情况下，精确匹配返回的结果会非常少，使得系统的可用性大幅降低，可采用基于模糊关键词的搜索方法，在精确匹配失败后，还将采取与关键词近似语义的关键词集的匹配，达到在保护隐私的前提下为用户检索更多匹配文件的效果。

3. SaaS 层的安全

SaaS 层提供了基于互联网的应用程序服务，并会保存敏感数据（如企业商业信息）。因为云服务器由许多用户共享，且云服务器和用户不在同一个信任域里，所以需要对敏感数据建立访问控制机制。由于传统的加密控制方式需要很大的计算开销，而且密钥发布和细粒度的访问控制都不适合大规模的数据管理，所以目前主要采用基于文件属性的访问控制策略，在不泄露数据内容的前提下将与访问控制相关的复杂计算工作交给不可信的云服务器完成，从而达到访问控制的目的。

从以上研究可以看出，时空信息云计算面临的核心安全问题是用户不再对数据和环境拥有完全的控制权。为了解决该问题，云计算的部署模式被分为公有云、私有云和混合云。

公有云是以按需付费方式向公众提供的云计算服务。虽然公有云提供了便利的服务方式，但是由于用户数据保存在服务提供商，所以存在用户隐私泄露、数据安全得不到保证等问题。

私有云是一个企业或组织内部构建的云计算系统。部署私有云需要企业新建私有的数据中心或改造原有数据中心。由于服务提供商和用户同属于一个信任域，所以数据隐私可以得到保护。但受其数据中心规模的限制，私有云在服务弹性方面与公有云相比较差。

混合云结合了公有云和私有云的特点：用户的关键数据存放在私有云，以保护数据隐私；当私有云工作负载过重时，可临时购买公有云资源，以保证服务质量。部署混合云需要公有云和私有云具有统一的接口标准，以保证服务无缝迁移。

此外，工业界对云计算的安全问题非常重视，并为云计算服务和平台开发了若干安全机制。其中 Sun 公司发布的开源的云计算安全工具可为 Amazon EC2 提供安全保护。微软公司发布了基于云计算平台 Azure 的安全方案，以解决虚拟化及底层硬件环境中的安全性问题。另外，Yahoo! 为 Hadoop 集成了 Kerberos 验证，Kerberos 验证有助于数据隔离，使对敏感数据的访问与操作更为安全。

（五）时空信息服务自适应技术

为了解决丰富的时空信息资源共享困难和综合利用率不高的局面，迫切需要开展时空信息资源的整合，消除专业部门分割形成的"时空信息孤岛"，建立统一的、集成的、共享的、便捷的和智能的"时空信息集成管理与应用服务共享平台"，为社会各界提供全方位、多层次和宽领域的地理信息服务。

平台的建立采用分布式维护和集中式服务的方式对数据进行管理与应用。时空信息的分布式维护和集中式服务主要是基于分布式数据库进行的（如图7.15所示）。分布式数据库在逻辑上是一个统一的整体，在物理上则是分别存储在不同的物理节点上。平台通过网络的连接可以访问分布在不同位置的时空信息数据库。它的分布性表现在数据库中的数据不存储在同一场地,更确切地讲,不存储在同一计算机的存储设备上。从用户的角度看,一个分布式数据库系统在逻辑上和集中式数据库系统一样,用户可以在任何一个场地执行全局应用,就像那些数据是存储在同一台计算机上,由单个数据库管理系统(DBMS)管理一样。

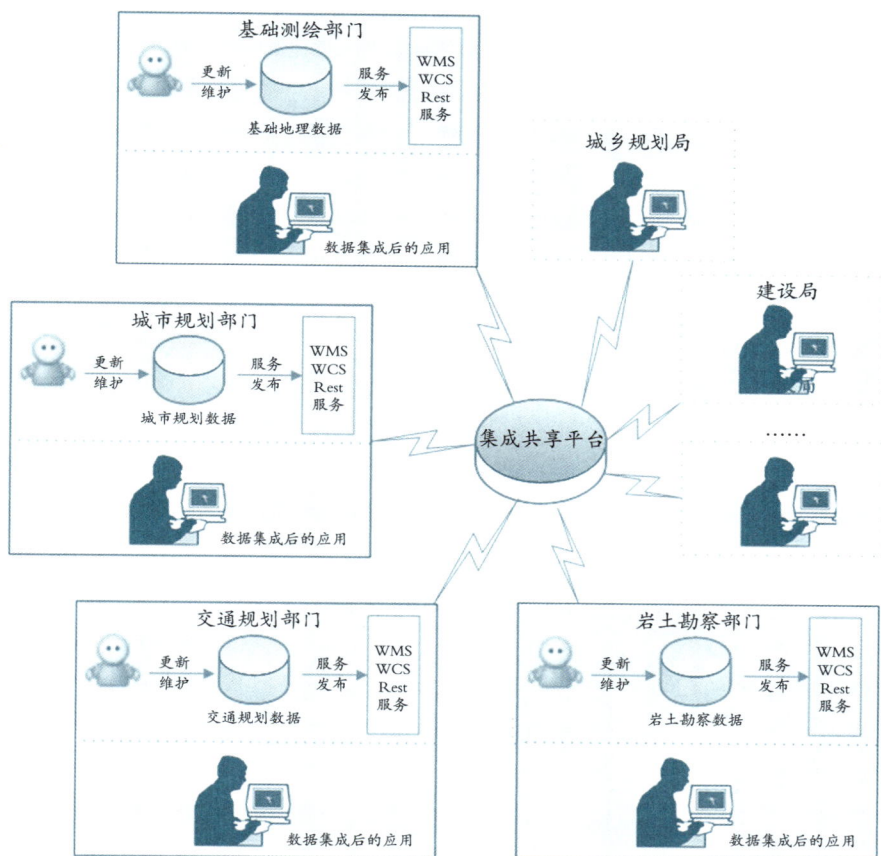

图 7.15　数据的分布式维护和集中式服务

　　SOA 是一种以服务为理念来架构软件开发的新框架,也是面向过程、面向对象以及面向组件等软件开发模式的延伸。它是一种用于构建分布式系统的方法,采用这种方法构建的分布式应用程序可以将应用程序的不同功能单元封装为服务交付给终端用户。不同服务之间通过服务的接口和契约进行交互,服务的接口是采用中立的方式定义的,它独立于提供服务的平台、操作系统和编程语言。一个应用系统可以由一系列分布式的服务集成。

　　SOA 最主要的特征是把服务的实现和服务的接口分离开来,也就是把

"什么"和"如何"分离开。服务消费者不需了解服务的功能是如何实现的，它只需把服务看作是一个支持特定请求格式或契约并完成特定功能的端点。SOA 如同一个"黑箱"，它对客户端屏蔽了操作的实现细节，只通过一系列访问接口来对外提供服务。

时空信息自适应服务是一种基于 SOA 构架，并通过网络和共享的软件接口向外提供地理空间数据的 Web 服务。异构数据集成共享的任务就是要给用户提供一个统一的应用平台，并屏蔽底层数据源的不同，从而使用户可以无缝且灵活地访问这些异构数据源。当采用地理数据服务的方式对外提供地理数据共享时，地理数据的使用者无需关心地理数据的存放地、数据源的存储方式、数据源的存储结构等信息，而只需向数据服务器发出数据请求就可以获得想要的时空信息。

目前，遵循 OGC 规范，面向 SOA 的地理空间信息服务的主要接口支持有：WMS（Web Map Service，地图服务），WFS（Web Feature Service，矢量数据服务），WCS（Web Coverage Service，栅格数据服务）等（如图 7.16～7.18所示）。WMS 的主要接口是 GetMap，它将相同空间参照系的各个图层组合在一起，给定空间坐标及边界范围，就可以得到相应的地图以及向服务器查询显示在地图上的要素信息。WFS 规范规定了返回的是要素级的 GML 编码，并提供对要素的增加、修改、删除等操作，是对网络地图服务的进一步

空间数据类型	服务提供方式
矢量数据	要素服务WFS(Web Feature Service)
	地图服务WMS(Web Map Service)
	目录服务CSW(Catalog Service Web)
影像数据	地图服务WMS(Web Map Service)
	覆盖服务WCS(Web Coverage Service)
	目录服务CSW(Catalog Service Web)
三维数据	地图服务WMS(Web Map Service)
	三维场景服务WTDS(Web Three-Dimensional Service)
	目录服务CSW(Catalog Service Web)
地名地址数据	地名地址服务WFS-G(Web Feature Gazetteer Service)
	目录服务CSW(Catalog Service Web)
新型产品数据	地图服务WMS(Web Map Service)
	目录服务CSW(Catalog Service Web)

图 7.16　信息服务资源

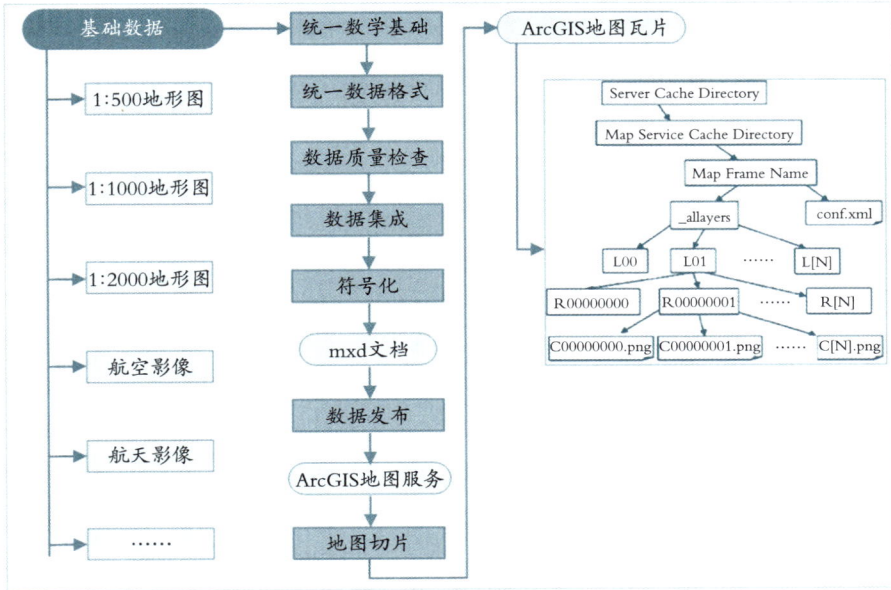

图 7.17　基础地理时空信息服务建立流程

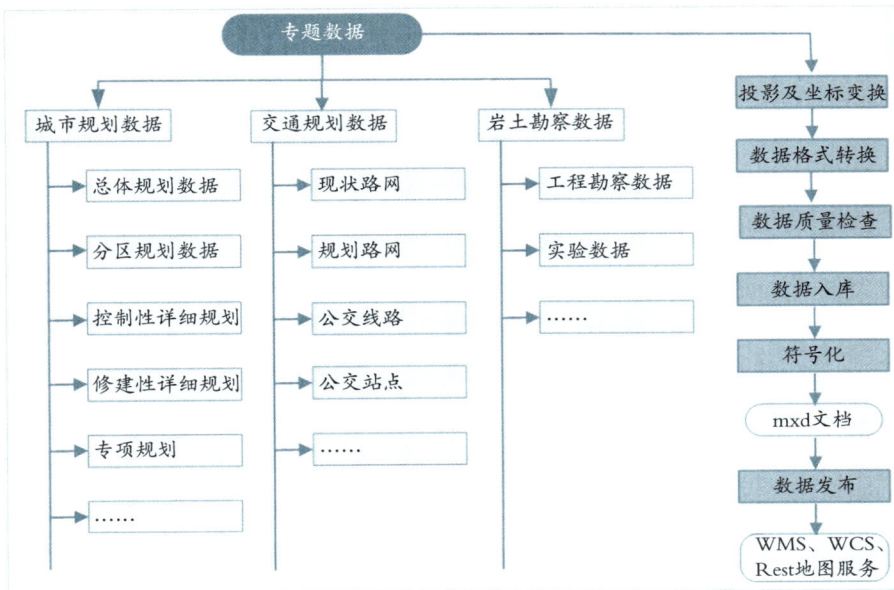

图 7.18　专题时空信息服务建立流程

深入。WCS 规范面向空间影像数据，它将包含地理位置的地理空间数据作为"覆盖（Coverage）"在网上相互交换。

利用云操作系统和云存储系统构建云计算平台，可提供计算、存储共享资源池，搭建二、三维数据服务，并对其提供管理支持和监控支持，在此基础上面向局域网及公众网等不同用户提供各种应用服务。

第8章

iCity

时空信息的
实时分析与决策技术

一、时空数据库

（一）时空数据

空间维通常被看作二维、2.5维和三维，时间可以看作是第四维。时空对象可以看作是四维的向量（a, g, p, t），其中a、g、p、t分别描述属性、空间位置、拓扑关系和时间。

从时间方面看，信息可以分成两类：静态信息和动态信息。自然界中的许多现象都是动态的；静态的概念仅用于在短期内不会发生变化的对象，如道路、工厂、公共设施等。当然，所谓的"不发生变化"只是一个相对的概念，是相对一个较短的时期来看不发生变化或变化可以忽略不计；从长期来看，这些对象也是在不断的变化当中。动态信息是指在较短的时间内发生变化的空间物体的信息。时间的长短因不同的应用领域而异。

在不同的应用领域，空间信息的动态方面可从要素随时间的几何形状变化（如城市扩张）、要素随时间的位置变化（如汽车移动）、要素随时间的属性变化（如交通流量）、以上变化类型的复合变化等方面考虑。根据持续时间的长短，动态信息可以分为实时数据、准实时数据、时间戳数据等类型。

计算机采用离散的形式来表示一切随时间连续变化的事物。时间粒度就是对离散化程度的度量。若以固定时间粒度对地理实体的状态进行采样，显然时间粒度越小对状态变化的描述越精确，但相应地增加了内存开销。所以实际上往往根据需要选取适当的时间粒度。实时数据针对的是瞬间的更新、可视化和分析。由于实时数据的复杂性，应用实时数据是非常困难的，有时几乎是不可能的。因此，在这种情况下，通常采用准实时数据。

时间戳把时间看作地理实体的一个属性，是指通过某种方法增加时间描述的数据。用时间戳表达时变的地理现象的方法有两种。一种是采用一个时间戳标记事件发生的时间，这样数据冗余小且没有空值，但对时间区段查询时需要进行较多额外的计算，因而应答时间较长；另一种方法是对每个状态各用一个时间戳来标记，比如可以用 since 和 until 来标记一段状态区间。对一个事件来说，有不同的时间与之相关联：①事件发生的时间；②事件持续的时间；③信息录入系统的时间；④数据恢复和处理时间。

（二）时空数据模型

时空数据模型给出了地理现象的时间和空间描述。从时间描述的角度看，数据对象的状态和事件有两种表达方式，即基于状态的时间表达和基于事件的时间表达。因此，有两类基于时间的数据模型：基于状态的模型 TQuel 和基于事件的模型。这两种形式的表达各有其相应的优缺点。

基于事件的模型采用所谓的时间戳来表示事件的起始。由于只存储时间戳，所以存储效率和连接效率以及建立时间戳索引的效率都比基于状态的模型高，而且对事件的表示比较直观。但由于要采用两个数据记录来表示一个状态的持续过程，并且需要用许多事件来表示每一个连续变化的过程，记录密度很高，所以对状态的连续变化的表示效率不理想。另外对数据记录的更改需要涉及上条记录，操作比较复杂。

基于状态的模型用时间片（time-slice）来表示状态变化过程。该模型用一个或一组公式来描述连续变化的状态，对事件则可以用时间片段为零的状态表示。该模型数据的每一次更新均需对原来的状态进行检查，以此保持数据的完整性。这种较强的错误检查和完整性检查是该模型的优点。

目前对时空数据模型的研究，主要是在时间处理或时间数据库的研究基础上对各类静态 GIS 数据模型进行时间维的扩充。主要的时空数据模型有两类，即基于传统的关系模式的时空模型和面向对象的时空模型。在时间处理上的主要方式有事件触发的、基于时间戳的时间表示方式和基于状态的时间持续性描述的时间表示方式。在静态的 GIS 数据模型中，目前主要有矢量型空间数据模型和栅格型空间数据模型。

1. 基于关系数据模型扩展的时空数据模型

基于关系数据模型扩展的时空数据模型通过在传统关系模型中加入时间维使其扩充成具有时态特性的扩展关系数据模型。由于以关系模型为基础，故这类模型支持关系代数及查询语言，同时也具有时空数据的存贮、表示和处理功能。关系数据模型的时空扩展方式主要有以下三类：①等间隔时间备份方式，即归档保存模型。它是在传统的关系数据模型的基础上，加上规则时间间隔的数据备份功能，即时间快照方式。这种方式实现简单，几乎不需要对传统的关系数据模型做太多的改动，并且很好地保留了关系数据模型的各种优点，但却存在着不能记录时间快照间隔发生的事件、在时间轴方向上的查询效率低、数据冗余严重等问题。②时间片方式，即基态修正模型。该模型将空间信息保存在被称为时间片的二维表格中，并用时间戳标记。当任何的二维表格上的空间信息发生改变时，保存状态改变前的整个时间片，并用一个时间戳标记，然后将当前的时间片更新为新状态。由于不再采用等时间间隔进行空间信息变化的时间采样，故不会遗漏对备份间隔（时间采样间隔）的事件变化的记录，数据冗余有所减少，但仍然较大。另外，当使用一个时间戳时，时间轴上的查询将涉及上一个时间戳，操作上比较繁琐，若使用两个时间戳，则查询又因需要检测所有时间片而牺牲了效率。③记录级时间戳方式。该方式将时间戳应用于记录（或元组），进一步减小了备份冗余。其时间戳的操作方式与时间片方法相同。该方式主要的问题是新记录的加入方式，这将影响到查询的方便性和效率。目前主要有三种记录添加方式：第一种方式将新记录加在表尾，则得到一个规整的时序视图，按采样顺序搜索应答查询，效率较低；第二种方式将记录依时序存放，这种方式便于进行关于生命期的查询；第三种方式对每一时间片均采用相同的方式对记录排序，能提高查询效率，但仍然需要记录并没有发生改变的记录，增加了数据冗余。上述这些方法的一个共同问题是关系表随着时间越来越长，从而降低了应答效率。

2. 面向对象的时空数据模型

由于关系数据模型本身对实体属性语义和实体间的联系等语义并不能提供显式的表达，因此面向对象的时空数据模型成为人们关注的热点。在许多应用中，用面向对象的观点看待地理实体比较直观和自然，因此客观语义也得到了较多的保留。面向对象模型提供了泛化、特例化、聚合和关联等机制，能比较自然和灵活地表示各种形式的时空数据，如矢量数据或栅格数据或不同数据类型的集成，还便于对数据对象进行不同表示形式的转换和处理时空不确定性问题。较为典型的面向对象的模型有 InithOO 模型和 OSAM/T 模型。面向对象方法所建立的数据模型比传统的数据模型具有更丰富的表达能力，适用于定义和操作复杂的地理实体。但是面向对象的数据库技术仍然不够成熟，特别是与当前占主导的关系型数据模型间缺少兼容性，所以目前大多数应用仍然采用时间扩展的关系数据模型。而链式记录级元组模型是目前较好的基于关系数据模型扩展的时态 GIS 模型之一。

（三）时空数据库

时空数据库是包括时间和空间要素在内的数据库系统。时空数据库的时间表示方法由所依赖的时空数据模型的时间表示方法所决定。当前时空数据库使用的主要时间表示方法有全局状态标记法（快照法）、元组时间标记法（基于时间戳的链式元组记录模型和 ESTDM 模型等）和同步数据项时间标记法（基于状态的模型等）。时间的表达方法与涉及时间的空间数据变化的表示、管理和操作有很大的关系，但时态 GIS 更强调利用时空分析工具和技术来模拟动态过程，探究和挖掘隐含于时空数据中的信息和规律。建立规范化的时空数据模型目前还处在探索阶段。如建立在栅格 DEM 上的 CA 模型，如何通过知识对历史数据的知识发现来生成 CA 演进的规则对于 CA 模型的构造具有非常重要的意义，但要能够顺利地实现这一点，一个基础的工作就是必须有一个操作方便、对空间数据的时态表达充分且语义丰富的时空数据库。目前时空数据库的研究趋势主要在于使时空数据库成为真正意义上的资源目录，为动态监测和分析提供丰富的数据基础。时空数据库可以记录包括任何的地理空间上随时间发生的变化，即地理演化历史（实际上许多事物性的信息系统也应该包括空间意义上的变化，比如交通状况的变化、城市发展的变化、物流的时空间流动变化等）。利用该地理空间的演化历史，可以进行横向的现势和纵向的历史分析，对历史、当前和将来进行对比、分析、监测和预测预报，从而为预测预报系统、决策支持系统和其他分析系统服务。时空数据库在时态特性上保证了与现实世界的全面的、全方位的动态交换。从关注时间的角度看，时空数据库可以归结为以下几类：①关注实际时间的历史数据库；②关注数据库时间的卷绕数据库；③关注不同的时间过程的双时间数据库。从表示内容看，有空间历史数据库以及空间状态和行为预测数据库；从数据库的时间结构看，有时间线性数据库和分支数据库及周期数据库；从数据对象考虑，则有关注于空间状态的持续性质的状态数据库和关注于事件影响的事件驱动的数据库等。

二、时空信息的分析与挖掘

GIS 与传统 MIS 和地图制图系统的重要区别是其强大的分析功能，因此对于一个功能强大的时空 GIS 来说，分析功能必须包含针对时间的分析。例如，同时考虑几何数据和数据库数据的最优路径分析。

（一）时空分析

空间分析是传统 GIS 的核心，而时空分析是时态 GIS 的核心。时空分析模块应包括以下几方面。

1. 时空数据分类

该模块对时空数据根据不同的分类体系进行重组，派生出新的数据。这方面的典型工作包括各种空间数据挖掘等。数据挖掘的任务是从大量的、不完全的、模糊的和随机的数据中发现隐含在其中的模式、特征、规律和知识。根据模式目标还可以细分为：分类、聚类、回归、序列、时间序列等。而空间数据挖掘就是从大量的空间数据（包括遥感和航拍图像）中自动提取隐含的、先前未知的和潜在有用的知识、空间数据关系或其他隐含的模式，自动抽取具有语义意义的信息，从而为空间数据分析和空间数据的智能利用服务。空间数据挖掘在 GIS、遥感、测绘、资源和环境管理等领域有广泛的应用前景，是一个融合了计算机视觉、图像处理、图像检索、数据挖掘、机器学习、数据库和人工智能等技术的多学科交叉的研究领域。空间数据挖掘的具体技术方法与具体的应用密切相关。

2. 基于时间的平滑和综合

该模块根据空间对象在时间序列上的不同状态推测对象的中间状态或按照特定的原则对某一特定的时空序列范围内的空间数据进行合并。

3. 时间序列上空间变化的统计分析

该模块根据地理实体状态（由时空数据及其属性描述）的时空变化速度、频率、范围、强度、持续时间等状态进行多种统计分析。这方面的工作以时间测量工作为基础进行，是时空数据分类的数据基础。

4. 时空叠加

该模块将不同时间上的地理实体（空间对象）进行叠加，如事件间的叠加、状态间的叠加、事件和状态的叠加等。这里的叠加不仅仅是简单的相加，而应该是更高抽象层次上的信息融合。

5. 时间序列分析以及预测分析

该模块在时间序列上对空间对象进行排列，同一个对象不能同时出现在不同的位置。预测分析是对空间对象在时间序列上的状态和位置分布，运用数学模型根据某种目的进行推理的一种综合分析。元胞自动机是常用的预测分析的数学模型之一。

（二）时空动力学模型

时空动力学模型是根据空间过程的运动机理建立的动力学模型，是时态GIS进行时空分析的重要工具。根据建模的方法，有物理模型和数学模型；根据处理对象的性质，有连续的动力学模型和离散的动力学模型；从应用角度看，时空动力学模型则包括区位模型、物流模型、交通网络流、空间分形模型、空间结构和空间演化的分形机理、空间过程动力学模型、空间结构动力演化模型、空间演化的动力学机理、空间价格模型等。20世纪90年代以来，计量地理的研究进入了地理计算（Geo-computation）的时代，强调数学模型与模拟实验并重的理念，时空动力学模型因此受到了广泛的关注。目前比较流行的模型包括元胞自动机（Cellular Automaton，CA）、人工神经网络（Artificial Neural Networks，ANN）、遗传算法（Genetic Algorithm，GA）、人工生命（Artificial Life）等与复杂性科学相关的理论和方法。其中元胞自动机模型是从物理模型抽象出来的离散数学模型，由于其离散的元胞划分与GIS的栅格数据模型具有本质的相似性，故在GIS得到了广泛的应用。时态GIS强调了地理现象的时间特性，其研究工作正受到广泛的重视。另外，通用数据库也面临数据的时间性问题，相关的研究工作取得了一定的进展，这些研究已被时态GIS借鉴。但时态GIS中的时空混合使得地理现象的描述变得更加复杂，因此这一领域的许多重大问题仍有待解决。

（三）数据挖掘

数据挖掘方法具有多种，目前数据挖掘方法已经呈现出丰富多彩的形式，其原因在于数据挖掘在研究和发展过程中不断将各种学科领域的知识、技术和研究成果融入其中。以统计学角度看，目前统计分析技术中主要使用的数据挖掘方法有回归分析、最近序列分析、时间序列分析、非线性分析、线性分析、最近邻算法分析、多变量分析、单变量分析、聚类分析等方法。通过使用这些方法能够找出表现异常的数据，再使用一系列数学或统计模型对其进行解释，可揭示出隐含在这些数据中的潜在的规律、模式和知识。知识发现类技术，是一种完全不同于统计分析类技术的数据挖掘技术，主要使用的方法有支持向量机、遗传算法、人工神经网络、粗糙集、关联规则、决策树等。

1. 聚类分析

聚类分析是数据挖掘技术中非常重要的一个部分，而它的实现通常和最近邻技术紧密相关。聚类分析指将物理或者抽象数据对象集合分组为由相似的数据对象组成的多个类的分析过程，它的目的就是在相似的基础上收集数据来进行分类。聚类分析就是依据数据彼此之间的相似性将其分类到不同的类或簇（Cluster）的过程，在同一个类中的对象彼此之间非常相似，而不同类间的对象之间具有较高的相异性。聚类是一个与分类不同的无监督的学习过程；分类学习必须事先对数据进行类别标记，而聚类的无监督学习则不需要预先对训练数据进行预处理，如事先定义类以及对训练实例做类标记，它能够在聚类算法执行过程中自动对数据进行标记。聚类不是示例型学习，而是观察型学习。聚类分析是一个不断探索的分析过程，分类时根据数据本身进行分类而无需预先确定分类标准。采用不同的方法进行聚类分析得到的结果往往不尽相同。从现实应用角度分析，聚类无疑为数据挖掘的重要任务之一。它不仅可以作为一个单独的工具，有效获取数据的分布状况，观察每个类中数据的特征，从而进一步分析所研究的特定的聚类集合，也能够作为分类和相关性分析等其他算法的预处理步骤。聚类能够发现数据之间的潜在关系，从而进一步得到数据的分布模式，因此在数据分析、图像处理、模式识别、市场分析等领域中已被广泛应用。聚类分析所涉及的领域包括统计学、机器学习、市场学、生物学、空间数据技术和数据挖掘等。

2. 粗糙集方法

粗糙集理论（Rough Set Theory）是一个处理不确定性知识的新型数学分析工具，是由波兰科学家 Z. Pawlak 在 1982 年首先提出的，目前已发展成为人工智能的一个重要研究方向，在数据挖掘与知识发现（KDD）中已获得许多成功的应用。近年来，粗糙集方法已逐步成为数据挖掘中最重要的方法之一。粗糙集可以处理不完整、不一致、不精确的信息，能对数据进行分析与推理，挖掘隐藏在其中的知识和模式，从而发现潜在的规律。它的优势在于不需要向其提供问题所需处理的数据集合之外的任何先验信息，它就能从数据本身提供的信息中发现潜在的、有价值的知识，通过知识约简与依赖度分析，获取决策规则。粗糙集理论的研究对象为一个由多值属性集表示的对象集合，即信息系统。在粗糙集理论中用等价类形成的上近似和下近似来描述集合的粗糙性；上、下近似之差为一个边界集合，包含全部不能明确判别其是否属于给定类的对象。

139

3. 神经网络方法

人工神经网络（Artificial Neural Networks）是一种模仿人脑神经元联接结构特征进行分布式并行信息处理的数学模型。该模型通过不断修正其内部的大量节点间相互连接的关系达到处理信息的目的。BP（Back Propagation）网络，又名误差反向传播算法，是其中最为成熟的神经网络算法，由Rumelhart 等于 1985 年提出，它是一种通过误差反向传播算法训练数据的多层前馈神经网络，同样也是人们当前最广泛运用的神经网络模型。BP 神经网络可以学习和存储大量的输入—输出模式映射关系，而不需要预先揭示表现此种映射关系的数学模型。其学习规则为最速下降法，利用反向传播来不断修正网络的阈值和权值，使建立的神经网络误差的平方和最小。

云计算相关技术的飞速发展和高速宽带网络的广泛使用，使得实际应用中分布式数据挖掘的需求不断增长。分布式数据挖掘是数据挖掘技术与分布式计算技术的有机结合，主要用于分布式环境下的数据模式发现；它是物联网中要求的数据挖掘，是在网络中挖掘出来的。通过与云计算技术相结合，可能会产生更多、更好、更新的数据挖掘方法和技术手段。

考虑到商业竞争和法律约束等多方面的因素，在许多情况下，为了保证数据挖掘的安全性和容错性，需要保护数据隐私，将所有数据集中在一起进行分析往往是不可行的。分布式数据挖掘系统能将数据合理地划分为若干个小模块，并由数据挖掘系统并行处理，最后再将各个局部的处理结果合成最终的输出模式，这样做可以充分利用分布式计算的能力和并行计算的效率，对相关的数据进行分析与综合，从而节省大量的时间和空间开销。

并行数据挖掘系统与分布式数据挖掘系统都用网络连接各个数据处理结点，网络中的所有结点构成一个逻辑上的统一整体，用户可以对各个结点上的数据进行透明存取。

并行挖掘与分布式挖掘的不同点主要有如下几点：

- 应用目标不同。并行数据挖掘中各个处理机结点并行完成数据挖掘任务，以提高数据挖掘系统的整体性能；分布式数据挖掘实现场地自治和数据的全局透明共享，而不要求利用网络中的所有结点来提高系统的处理性能。

- 实现方式不同。并行数据挖掘中各结点间可以采用高速网络连接，结点间的数据传输代价相对较低；分布式数据挖掘的各结点间一般采用局域网或广域网相连，网络带宽较低，点到点的通信开销较大。

- 各结点的地位不同。并行数据挖掘的各结点是非独立的，在数据处理

中只能发挥协同作用，而不能有局部应用，适合于算法内并行；分布式数据挖掘系统的各结点除了能通过网络协同完成全局事务外，每个结点可以独立运行自己的数据挖掘任务，执行局部应用，具有高度的自治性，适合不同算法之间的并行。

云计算通过廉价的 PC 服务器，可以管理大数据量与大集群，其关键技术在于能够对云内的基础设施进行动态按需分配与管理。云计算的任务可以被分割成多个进程在多台服务器上并行计算，然后得到最终结果，其优点是对大数据量的操作性能非常好。从用户角度来看，并行计算是由单个用户完成的，分布式计算是由多个用户合作完成的，云计算是在可以没有用户参与指定计算结点的情况下，交给网络另一端的云计算平台的服务器结点自主完成计算。这样云计算就同时具备了并行与分布式的特征。

数据挖掘在物联网中采取了云服务的方式来提供数据挖掘的结果用于决策与控制。云计算模式是物联网的基石，能够保证分布式并行数据挖掘，实现高效、实时挖掘。云服务模式是数据挖掘的普适模式，能够保证挖掘技术的共享，降低数据挖掘应用的门槛，满足海量挖掘的需求。中国科学院计算技术研究所于 2008 年年底开发完成了基于 Hadoop 的并行分布式数据挖掘系统 PDMiner。中国移动进一步建设了 256 台服务器、1000 个 CPU、256 TB 存储组成的"大云"试验平台，并在与中国科学院计算技术研究所合作开发的并行数据挖掘系统的基础上，结合数据挖掘、用户行为分析等需求，在上海、江苏等地进行了应用试点，在提高效率、降低成本、节能减排等方面取得了极为显著的效果。在此基础上，中国科学院计算技术研究所 2009 年开发完成了面向云计算的数据挖掘服务平台 COMS，现已用于国家电网与国家信息安全领域。数据挖掘云服务平台 CMOS 作为无锡"感知环境，智慧环保"环境监控物联网应用示范工程的重要一环，于 2010 年 7 月 2 日通过了环保部组织的专家论证。

在国际上，Chu 等采用 MapReduce 并行编程模式实现了机器学习算法，这是在多核环境下并行算法的实现。另外，在多节点的云计算平台上的开源项目 Apache Mahoyt 0.5 于 2011 年 5 月 27 日发布。

互联网将信息互联互通，物联网将现实世界的物体通过传感器和互联网连接起来，并通过云存储、云计算实现云服务。物联网具有行业应用的特征，依赖云计算对采集到的各行各业的格式各不相同的海量数据进行整合、管理、存储，并在整个物联网中提供数据挖掘服务，实现预测、决策，进而反向控制这些传感网络，达到控制物联网中客观事物运动和发展进程的目的。

　　测绘地理信息的发展，特别是移动互联网、物联网、云计算、云 GIS 等新兴技术的不断推进，使得测绘地理信息部门获取了大量的数据。通过对这些数据的处理、分析和挖掘，并借助云服务的相关理念和技术，能够为智能城市的发展提供海量的知识服务，借助适当的方法和手段，在智能城市发展的各个发展阶段能够提供强有力的技术和知识保障。同时，测绘地理信息服务通过对数据的挖掘和发现，能够为智能城市的发展提供个性化、定制化的知识服务。

第9章
iCity

地理信息服务模式

一、地理信息服务的发展变化

（一）从"基础测绘"服务到"全方位"服务

2009 年 3 月，原国家测绘局组织开展了测绘地理信息发展战略研究。该研究是测绘地理信息领域首次在国家层面上开展的战略研究工作。测绘地理信息发展战略研究工作经过 3 年多的努力，广泛征求各方面意见，凝聚了各方面的智慧和力量，取得了高质量的研究成果。国家测绘地理信息局在战略研究成果的基础上，凝练出到 2030 年测绘地理信息事业的战略方向，即：构建数字中国，监测地理国情，发展壮大产业，建设测绘强国。

我国测绘地理信息新的发展战略的形成，意味着我国测绘地理信息行业转变发展方式确立了新路径。

在新的发展战略的指引下，测绘地理信息部门逐步改变服务模式，实现了"华丽"转身，从幕后走到台前，从基础先行逐步走向决策的前沿，测绘地理信息以"不可或缺"的姿态深深融入了国民经济建设主战场。测绘地理信息行业已经由过去以开展基础测绘为主，拓展为集基础测绘、数字中国建设、地理国情监测、发展地理信息产业等多项功能的行业。

1. 产品升级换代

在提供的产品方面，从提供单一的纸质地图发展到提供多样化数字测绘产品。20 世纪 60 年代地理信息系统出现之前，测绘提供的产品主要是各类纸质的地形图，品种较为单一。地理信息系统和计算机制图技术的出现，使得人们可以在计算机中表达、存储和处理各类地理信息，测绘产品的种类也变得日益丰富。当前，基础测绘 4D 产品（数字线划图 DLG、数字高程模型 DEM、数字正射影像 DOM、数字栅格图 DRG）、各类电子地图、三维仿真地图、多媒体地图等各类测绘产品层出不穷，较好地满足了人们对地理信息的不同需求。

2. 服务内容提升

在服务的内容方面，从提供数据服务发展到提供信息服务。以往，测绘部门提供服务的内容主要是各类地图、遥感影像等地理信息数据。随着技术的进步和经济社会发展，各方面对地理信息的需求日益旺盛，各类地理信息服务层出不穷。政府部门利用测绘提供的地理信息数据和技术支持，能够智能地发现地理信息中隐含的经济社会发展变化的诱因、规律、趋势等，提高管理决策的科学性。各类基于地理位置的信息系统和电子政务系统等在各行各业的信息化工作中是重要的硬件支撑。各类专题地图、导航电子地图、位置服务等地理信息服务在公众日常生活、休闲娱乐、旅游出行中得到广泛应用。

3. 网络服务方式

在服务的方式方面，从单机服务发展到互联网地理信息服务。地理信息系统出现之初，提供的服务主要是单机模式，数据量较少，功能较简单。随着互联网和计算机技术的进步，网络地理信息服务得到快速发展。伴随各地数字城市建设的推进，地理信息公共服务平台建设扎实推进；提供地理信息服务的各类商业网站如雨后春笋蓬勃发展，为人们生产生活提供了诸多便利。

（二）从服务政府到服务全局

以往，测绘地理信息部门的工作主要是生产各种中小比例尺地形图，主要服务于政府部门宏观决策、规划、大型工程建设等，测绘成果不够丰富，公共产品种类较少，大众化产品相对匮乏。

近年来，国家测绘地理信息局党组在深刻查找制约事业科学发展的主要问题、科学分析面临的形势任务的基础上，确立了测绘地理信息工作要"服务大局、服务社会、服务民生"的宗旨，提出了要发挥"基础先行、服务保障、应急救急、统筹协调、管理监督、维护安全"六大作用的定位。

在"三服务"宗旨的引领下，测绘地理信息部门主动超前服务，主动保障发展，为科学管理决策、重大战略实施、重大工程建设以及调整经济结构、促进区域协调发展等提供了坚实的测绘地理信息保障。

通过不断拓展服务领域，深化应用，测绘地理信息部门从主要满足政府部门的需求为主，转变为服务经济建设、社会管理、公众日常生活，全面满足政府、社会、公众的各方面需求。

（三）从地图服务到地理信息服务

近年来，随着地理信息成果的广泛应用，以及地理信息产业的迅猛发展，测绘部门、行业的使命、任务、职责等发生了深刻变化，实现了从测绘到测绘地理信息的嬗变。

《中华人民共和国测绘法》中对"测绘"的定义是指"对自然地理要素或者地表人工设施的形状、大小、空间位置及其属性等进行测定、采集、表述以及对获取的数据、信息、成果进行处理和提供的活动"。一直以来，测绘部门的主要工作是进行"测绘"这一活动，以生产地形图等产品为主。

20 世纪 90 年代以来，随着卫星技术、测绘技术、网络技术、通信技术手段的不断发展，地理信息获取日益便捷，地理信息应用日益渗透到经济社会的各个领域，测绘的生产方式、成果形式以及服务内容等方面都发生了巨大变革。尤其是随着价格低廉的便携式手持或车载导航定位仪的广泛应用、互联网地图服务的兴起，测绘的业务范围得到极大拓展，每个人都可以利用先进的技术获取地理信息，测绘活动由以往的"阳春白雪"逐步向"下里巴人"转变。

我国测绘地理信息部门顺应这一趋势，逐步将工作范围由测绘拓展至地理信息数据的采集、加工与应用上面，推动地理信息产业市场走向统一、规范。同时，注重网络地理信息，加强监管，在测绘资质中设置互联网地图服务项目，重点开展"天地图"网站建设。

2011 年 5 月，国务院批准国家测绘局更名为国家测绘地理信息局，准确反映了从测绘事业到测绘地理信息事业发展的要求。

（四）从各自为政到统筹协调、共同推进

以往，测绘工作存在发展不够协调的问题，中央与地方测绘、军队与地方测绘之间，以及测绘系统内外发展不够平衡。近年来，国家测绘地理信息局在统筹协调、同步建设、共同推进上狠下功夫，推进全国测绘地理信息工作实现一盘棋。

国家测绘地理信息局党组高度重视各项工作的同步建设、共同推进。国家测绘地理信息局党组深刻认识到，测绘地理信息服务"一张图一个网一个平台"是由测绘地理信息的工作性质和市场需求所决定的。数字城市、天地图、地理国情监测这三大平台作为测绘地理信息服务的重要载体，是各有侧重、相互支撑、互为补充的有机整体。测绘地理信息部门要集中人力、物

力、财力，按照既定目标，全力以赴、毫不懈怠地共同推进。

通过各方的共同努力，国家测绘与区域测绘、地方测绘与军队测绘、基础测绘与专业测绘统筹发展、优势互补、协调共进的良好格局基本形成。

二、地理信息服务模式的特点

智能城市建设对测绘地理信息服务提出了更高、更新的要求，测绘地理信息服务正快速融入人们的工作和生活，科技和需求的双重强劲驱动，推动我国测绘地理信息服务加快发展，并呈现出一些新特点、新趋势。

（一）从专业测绘到全民测绘

各种简便化的测绘工具，如移动测量车乃至智能手机等正逐步取代传统测绘仪器，加之人们可以通过互联网极为便捷地获取制图所需的基础数据和工具软件，一般性的地图制图已不再需要专业设备和专业人员。自发性的地理信息数据采集、众包、UGC（用户生产内容）等地理信息数据生产正日益流行，地理信息数据采集开始与其运营服务分离，地理信息生产服务提供者正从专业走向大众，一个"人人都可是制图者"的全民测绘时代正在到来。

（二）测绘地理信息数据爆炸式增长

随着物联网、移动通信、移动互联网和数据自动采集技术的飞速发展及广泛应用，人类社会所拥有的数据面临着前所未有的爆炸式增长。互联网上的数据每年以 50% 的速度增长，人类社会进入了"大数据"时代。我国测绘地理信息部门积累了大量的基础地理信息数据，如西部测图工程、1:5 万基础地理信息数据库更新、海岛礁测绘、基础航空摄影获取的大量遥感影像资料等，加之智能城市建设中物联网的各类传感装置，如传感器、无线射频识别标记、监控摄像、手持终端、数码相机和手机等，从而可以随时随地感知、测量、捕获大量传感器数据。只有利用好这些大数据，才能获得突破性改善，才能进行深层次分析和应用。

（三）从数据服务到知识服务

伴随着 RFID 射频数据、传感网数据、社交网络交互数据、移动互联网数据逐渐成为未来大数据的几个主要来源，我们发现，全球将近 87.5% 的数据未得到真正利用，85% 以上的是非结构化数据和半结构化数据。传统数据服务模式仅仅能够提供极小部分数据给用户有效地使用，并且能提供的数据处理服务也极其有限，从而无法实现知识的横向扩展以及数据多维度、深层次的智能分析。通过知识服务模式的引入，可使得复杂的结构化、半结构化和非结构化数据处理变得可行和经济高效，从而实现知识横向扩展以满足急剧扩张的知识服务需求。因此，从数据服务到知识服务是智能城市服务模式发展的一大方向。

（四）服务模式创新

云计算正在改变地理信息产业的商务运作方式。云模型作为地理信息内容和服务分发的新平台，正在解决大量的问题，包括全球、安全分发和高端按需计算。目前，国际国内一些企业（包括谷歌）正在推出地理信息云服务计划。在不久的将来，随着新产品的推出，地理信息应用模式将得到极大的改变。

地理信息技术与三维技术的集成将在管线管理、数字城市等领域开辟新的应用，与三维和视频游戏技术的集成将极大地扩展在休闲娱乐方面的市场。地理信息技术和移动视频技术的集成，通过基于位置的移动视频、基于位置的数码相机，可以得到具有经纬度坐标的许多相片，如 Flickr 和 Picasa 两种工具。国际上，Qik 等移动视频平台正在迅速增长和流行，越来越多的人将智能手机用于更多的数据规划。随着物联网技术、虚拟现实技术、室内定位技术的发展，以及与地理信息技术的集成，毋庸置疑，未来基于位置的服务将会有极其光明的前景。

地理信息与移动电子商务、社交网站的集成，将商务信息和消费者信息及位置信息链接，开拓了新市场。国际上，Foursquare 和 Gowalla 是两个最大的基于 GPS 移动应用集成游戏机的成功典范，他们都通过增加位置信息相当成功地获得用户。

（五）导航与位置服务的拓展

服务内容、领域、功能、终端等不断拓展。服务内容不断拓展，从提供位置服务到提供位置、导航、时间、监控等集成的服务。服务领域不断拓展，从个人生活领域拓展到智能生产领域，从以车载导航、手机地图为主的个人应用发展到以互联网技术为支撑的物联网（包括车联网）等应用。基于导航定位与位置的服务领域和功能不断拓展，从以交通出行为主拓展到商业、旅游、房产、消费、交友、娱乐等领域，从以网络地图服务、车载导

航、手机定位服务等为主的导航与位置服务拓展到智能交通、不停车收费、车辆信息系统（Telematics）、车队管理系统等服务。服务终端不断拓展，从以互联网、汽车、手机为主的终端拓展到各种行驶记录仪、手表、腰带、船舶、电视、物联网等终端。

当前，基于智能手机的地图应用明显增多，成为产业发展的重要趋势。智能手机的快速普及奠定了地理信息以及位置服务广阔的市场空间，其中诺基亚、三星等著名厂家以提供相关地图服务作为智能手机的最大卖点。与此同时，基于 LBS 的个人导航终端体现出了明显的减少趋势，目前 TomTom 等厂商已经在消减个人导航终端硬件的生产。手机地图服务市场潜力巨大。

总结起来，智能城市下测绘地理信息服务包含以下五个特点：

（1）实时性要强。实时定位、空间物联感知、无线射频等技术为集成实时信息提供了有效的手段，使地理信息在时间维度上得以连续。

（2）移动性要大。随着无线网络、智能移动终端等技术的发展，我们将进入移动办公时代，希望实现任何人在任何时候、任何地方掌控权限范围内的任何事情。

（3）体验性要好。地理信息应用不再是专业测绘人员的专属，已经越来越多地走入寻常百姓生活中，精细三维、全景影像、视角三维等一批体验性较好的产品更易被普通人所接受。

（4）可控性要高。系统不再拘泥于一般的查询、统计、分析，而要深度地挖掘知识，支撑科学决策，反作用于真实世界。

（5）自主性要大。普通用户只需发出请求，系统就能够科学准确地提取，并自动地汇聚分布在各网络节点上的数据、软件、网络等资源，在知识的驱动下实现智能组合，按需提供服务，真正使空间信息资源像电源和自来水一样，只要符合相应标准，即插即用。

三、智能城市测绘地理信息服务模式探索

（一）提升测绘手段，保障数据现势性

现代测绘通过卫星导航定位系统、遥感、高端测绘仪器等现代测绘技术与装备来获取自然地理要素或者地表人工设施的形状、大小、空间位置及其属性信息，为地理信息提供基础的数据信息，同时也是智能城市获取空间信息的重要手段。

1. 地理国情监测，延伸并深化基础测绘服务

基础测绘各类成果承载的地形地貌、交通运输、土地覆盖、环境生态、水资源等多种地理信息，是各级政府和有关部门制定国家和区域发展战略与规划、进行经济发展空间布局、应对突发紧急事件必不可少的重要依据。

智能城市时代将基础测绘升级为"地理国情监测"，通过地理国情普查摸清家底，准确把握经济社会发展对地理国情信息的基本需求，充分利用现代测绘高新技术手段，积极推出各种地表动态监测专题图，强化对地貌形态、城乡变迁、资源分布、生态环境等各种自然和人文地理信息的监测、统计、分析、预测及成果提供。开展国土面积、地形地貌、土地利用、道路、水资源、生产力空间布局以及自然灾害影响等各种自然地理、人文地理要素信息的统计分析，全面掌握全国土地、草地、森林、水、矿产、人口等的分布与变化情况，揭示地理国情的数量情况、分布特征、内在联系及发展规律，形成特点鲜明、准确权威的地理国情报告及成果，并通过动态监测，获取实时、动态的地理国情信息，为制定国家和区域发展战略与发展规划、调整经济结构布局、转变经济发展方式、应对突发公共事件等管理决策工作提供基础。

2. 海陆空全天时、全天候观测，强化基础保障能力

构筑天、空、陆、海一体化的高精度、实时化地理信息获取能力，使大地测量从静态到动态、从地基到天基、从区域到全球发展，推动航空航天遥感朝"三多"（多传感器、多平台、多角度）和"四高"（高空间分辨率、高光谱分辨率、高时相分辨率、高辐射分辨率）方向发展，实现全方位、全天候对地观测系统，为应急测绘及基础地理信息数据及时更新提供所需影像。

（1）地方机构与卫星影像数据公司建立长期、稳定的合作保障机制，具备卫星影像数据源每年定期获取、为本地基础地理信息更新提供影像数据源的能力。

（2）各地建立自主航空摄影机构，拥有轻型飞机或无人机数字摄影系统等整机装备，实现航空影像获取本地化，具备随时待命获取影像数据的能力。

（3）根据需要，配备地面实景影像获取系统，具备沿街道、公路等道路获取地面实景影像数据的能力。

（4）沿海地区根据需要，配备水深测量及水下地形数据采集系统，具备获取近海水下地形数据的能力。

3. 充分调动公众积极性，补充传统测绘模式

智能城市时代，测绘地理信息的服务对象不再侧重于地理信息的专业用户，而是更侧重于普通的大众用户。每个人都是空间数据和空间信息的提供者。地理信息的更新可以是数据提供者，也可以是终端用户，终端用户可以通过 3G 手机等传感器上传和标注新信息。数据使用者和用户间已没有明显界限，人人都是传感器。并且用户的交互性也由传统的被动式服务转变为体验性、沟通性、差异性和创造性的参与，通过计算机通信网络，实现整个传感器网络、专业人员和大众用户实时互动，使空间数据资源"从死变活"，而广大公众也可以真正地按需享用测绘地理信息服务。

（二）基础地理信息云服务

"云计算"是分布式处理、并行处理和网格计算的发展延伸。通过网络，将庞大的计算处理程序自动拆成无数个较小的子程序，再交给由很多服务器组成的庞大系统经搜索、计算分析，最后将处理结果传给用户。包含以下三种服务模式：

（1）基础设施即服务（Infrastructure as a Service, IaaS）：该服务分为三层，硬件层、虚拟层和应用层。主要作用是以服务的形式提供相应的虚拟硬件资源，如硬件设备、网络设备、存储设备和服务器群等资源，包括 GIS 数据的备份、灾难修复，通过网络来调整庞大的服务器群的负载平衡，及多用户的数据并发访问。用户无需购买这些设备，只需在互联网上租赁即可搭建自己的 GIS 应用系统。

（2）平台即服务（Platform as a Service, PaaS）：提供应用服务引擎，如互联网应用编程接口、运行平台等。用户基于该应用服务引擎，来构建该类应用。

（3）软件即服务（Software as a Service, SaaS）：用户可以通过标准的 Web 浏览器来使用云上的所有 GIS 软件；Desktop 客户端软件通过标准的 Web 服务使用"云"上的 GIS 软件；GIS 移动终端可以通过 WAP 无线网络使用该企业云上的 GIS 软件。用户不必购买软件，按需租用即可。

所谓的"云 GIS"，就是"云计算"和 GIS 的结合，实际上是 GIS 的平台、软件和地理空间信息能够方便、高效地部署到"云"基础设施之上，能够以弹性的、按需获取的方式提供最广泛的基于 Web 的服务。云 GIS 是对传统GIS 软件和服务的分发与访问方法的一种替代，其服务范围更广泛，有着更

强的技术优势和广阔市场。与云计算相比，云 GIS 除了 IaaS、PaaS、SaaS 三种服务类型外，还有数据即服务（DaaS）这一特有的服务类型。

云 GIS 能够将基础数据作为核心服务的一部分，通过互联网提供给广大用户。云 GIS 所特有的 DaaS 服务为用户提供了先进的空间信息存储和管理手段，用户可以输入、分析和处理空间信息，并快速获取结果，避免了繁杂的多部门合作或检索大量的数据存储的工作量，且不论提供者和消费者身处何方，均能按需处理数据、分发数据。数据提供者可以在云端存储海量、分布式的空间数据，对外提供数据服务；数据使用者只需为自己的应用租用所需数据即可。

1. 公有云实现公众数据共享

公有云 GIS 解决方案，实现 IaaS、PaaS 和 SaaS 一体化服务，从云计算基础设施平台上创建实例、配置操作系统、订制实例、选择 PaaS 软件、选择 SaaS 软件到实现云应用 API 等，按照 OGC 的标准提供 Web 地图服务（Web Map Service，WMS）、Web 地理覆盖服务（Web Coverage Service，WCS）、Web 要素服务（Web Feature Service，WFS）等共享服务，并提供自主创建地图的接口和工具。它还可以提供地图缓存服务。地图缓存加快了 GIS 应用的速度，因为地图缓存不需从数据库读取数据、处理和传送到浏览器端。对于不常更新的底图，用户可以在本地生成地图缓存后上传到云端，再与动态地图服务组合，可提供响应更快的 Web 地图。

运维模式上，可依托现有的云 GIS 服务供应商，例如 ESRI 云平台 ArcGISOnLine、百度云平台等，也可租用亚马逊等云服务商的空间，将 GIS 的平台、软件和地理空间信息部署到"云"基础设施之上，然后对公众用户提供符合 OGC 标准的各类地理底图和 GIS 功能服务。用户可以使用公有云提供商提供的地图 API 来使用公有云。平台的收入用于平台的运维以及基础数据的采集更新工作。

2. 私有云实现政务数据共享

私有云平台和公有云提供了类似的功能，但同时有着更加明确的目的，包括对企业和客户数据的管理有更严格的要求、更强的安全性，以及更好地遵从企业的规章。私有云的基础架构应该是为了某一个组织而独立运营的，它可以由组织内部自行建设和管理，也可以托管给第三方。在池化的、管理良好的虚拟资源基础上提供商品化服务的模式是私有云的一大特点。私有云的优点在于它存在于企业防火墙内，本身可避免很多安全问题；而缺点在于耗时，费钱，扩展性较差，初次投入成本高，所以使得很多中小企业望而却步。

就目前我国的 GIS 市场而言，由于信息保密和商业利益等原因，很多数据难以实现全面共享，而基于私有云的 GIS 是一个很重要的方向，因为它只需考虑一个企业或客户的数据和需求，因此私有云的搭建较之大型的公有云则更容易实现。

各地政府部门或者测绘主管部门可构建符合本地区实际情况的私有云平台，将地理地图数据经过配置处理，以服务的方式在平台上发布，提供符合 OGC 标准的各类地理底图和 GIS 功能服务，并且对平台的数据进行集中的管理和实时更新，保证数据的现势性和权威性。

运维方式上，可以是政府牵头，主管部门负责平台搭建，平台建成后供各政务部门应用，平台软硬件成本和数据更新维护费用通过基础测绘等项目实现政府拨款；也可以由政府委托当地有实力、有资质的企业或单位搭建平台、维护数据，用户可以租借云平台的空间发布自己的数据和构建业务系统，或者通过接口的方式调用平台数据，平台的收入用于平台的运维以及基础数据的采集更新工作。

（三）专题数据服务

1. 建立统一的数据中心，专题数据集中管理

数据大集中就是将分布在各个部门的业务数据及其他一些相关的数据依靠科技手段，实现数据的集中和数据的整合，并通过对数据深层次的挖掘，对数据进行系统分析和评价，推动决策科学化，提高管理水平和工作效率。

具体可以分为以下四种形式的集中：

（1）管理运作的集中：将分散式的 IT 体系结构，用集中式管理模式运作。

（2）物理集中：不改变任何应用体系结构，仅仅将运作在多个服务器上的应用集中在一台或多台集群式系统内，从而减少了服务器的数量及种类，可共享系统资源，但客户数据可能依然是分散的。

（3）数据集中：可以使用存储技术，实施数据的集中存储及管理；或通过一定的共享软件机制，实施数据的集中共享。

（4）应用的集中：真正可以做到与业务集中相匹配的应用集中，及客户

关键业务信息的数据集中。

　　在地理信息领域，采用的是专题数据集中管理的方式。平台运维单位定期收集所有用户的专题数据需求，并调研每个部门拥有数据的情况，最后将调研的情况汇总；对平台需要的数据，协调各部门将数据进行汇交，统一到平台中进行管理。数据更新方面可实行前置机交换的方式，定期将各部分的最新数据同步到平台上来；也可以和部门的业务系统结合，当部门的业务数据更新时，动态更新平台专题数据。这样，最终可实现地理信息专题数据的共享问题。目前北京市信息资源管理中心及青岛市电子政务和信息资源管理办公室都采取了此种模式，并取得了不错的应用效果。采用此种模式，要重点注意以下几个因素：

　　（1）整体系统性能。由于集中大量的核心业务数据运行在一个平台上，平台的服务业务量呈爆炸式增长，每天都要面对大量来自外界的数据访问和交互式操作，所有这些需要大中心系统具有持续且稳定的响应性能。

　　（2）可扩展性。大中心必须具有很好的可扩展性及成长的能力。近年来，随着遥感、测绘、GPS 等技术的快速发展，地理信息应用相关数据量越来越多，也越来越复杂，可达上百 GB，甚至上百 TB。因此数据库、中间件、服务器及存储系统均需要具有优秀的可扩展性。除了应付爆发式的数据存储需求，基础设施还需要应付短时间内访问高峰的冲击，并提供足够的灵活性，以便对信息进行有效的管理。

　　（3）高可靠性及高可恢复性。需要考虑为客户提供每周 7 天、每天 24 小时的不间断服务。同时，基础设施必须为以不同方式接入的用户提供同样的易用性，以及在异构系统之间进行快速的信息查找和交换的应用灵活性，并保持系统能够以很快的速度得到扩展。

　　（4）数据安全性。用户需要保证自己数据的安全性。需要考虑安全性的不仅是系统设备，在基础设施系统的管理能力和数据安全方面都要有出色表现。要确保服务器与应用程序的防攻击能力，并具有多样的用户安全认证体系。

　　2. 专题数据共建共享

　　（1）用户自己发布服务，在云平台注册

　　在网络服务的体系结构中包含三种角色：服务提供者、服务请求者和服务注册中心。通过服务的发布、发现和绑定三种操作，最终实现服务的共享。

　　服务提供者（Service Provider）：服务的所有者，实现和发布网络服务。

服务提供者在实现网络服务后，依据标准协议描述网络服务的功能和接口，并在服务注册中心发布这些描述，从而使不同的服务请求者能够查找并调用该网络服务。服务请求者（Service Requester）：服务的享用者，发现和调用网络服务。服务请求者使用发现操作在服务注册中心检索服务描述，然后使用服务描述与服务提供者进行绑定并调用服务的实现。

服务注册中心（Service Registry）：服务代理或中介，管理和发布网络服务。服务注册中心使服务提供者可以发布所提供的网络服务，使服务请求者可以查找并绑定所需要的网络服务（如图9.1所示）。

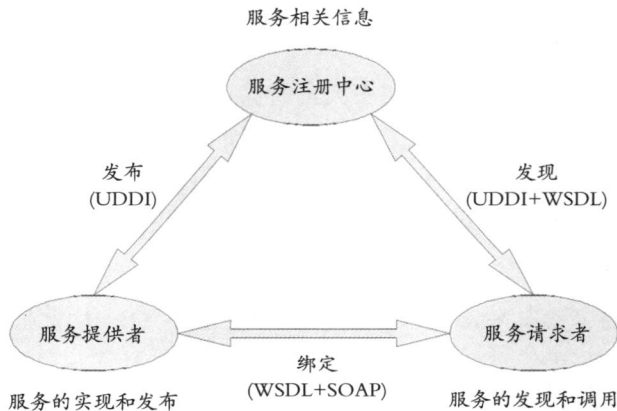

图 9.1　服务注册

此种模式下，专题数据拥有者通过自己的地图服务发布引擎，发布自己的专题数据服务。经过数据所有者的许可，地理信息云平台将这些服务在平台中注册；或者通过服务发现技术找到已存在的服务注册到平台上来，经过服务转发，提供统一、标准的服务接口供用户调用。

（2）利用平台工具采集

对于私有云 GIS 平台，可通过在线采集功能实现专题数据采集发布，作为传统测绘数据的补充。部门管理员用户可以构建专题数据模板，根据地址匹配获取点位位置，通过管理网格的划分和权限的分配与控制实现专题数据分片、分工合作采集；还可查看每条数据的采集信息，保持了数据的可追溯性，通过动态的数据发布机制和实时的更新机制，保持数据的现势性，并需要预留完备接口，可方便地与已有的部门业务系统实现无缝对接。

对于私有云 GIS 平台，可借鉴现有的如大众点评网等商业网站的服务模式，利用移动终端，实现 LBS（基于位置的服务）。用户可以通过云 GIS 服务平台，使用自己的移动设备在线标注感兴趣的信息。管理员根据后续用户的

评价决定是否收录该数据，最终生成种类丰富的、可以更好地为公众服务的地理信息服务。

无论是服务注册还是在线采集，都能很好地克服数据大集中模式中存在的数据收集困难、更新不及时等问题，充分调动用户积极性，很好地实现数据的共建共享。

（四）知识服务

"人类正在被数据淹没，但人类却贫乏于知识。"随着计算机和互联网技术的飞速发展，网络上的信息量急剧增长，面对庞大的信息资源，人们感到无所适从，迷失在 Internet 这张巨大的信息网中。"信息过载"和"信息迷航"已经成为人们谈论最多的话题之一。面对浩如烟海的信息，信息技术领域的一个热点问题就是如何帮助用户高质量地检索、获取真正有用的信息。

知识服务是通过一定的技术和手段为服务对象提供所需的手段、技术和知识，充分地帮助服务对象获取知识，提高他们解决问题的能力，帮助服务对象进行理性决策和解决问题。本部分将从数据获取手段、基于语义和大数据挖掘等方面详细介绍测绘地理信息知识服务为智能城市的发展带来的各种条件和环境。

1. 基于物联网传感器收集数据

所谓物联网就是物物相连的互联网，也有人把它缩写成 CPS（Cyber Physical System），"The Internet of Things"是对其直观的解释。物联网实际上是通过射频识别（RFID）装置、红外感应器、全球定位系统、激光扫描器等信息传感设备，按约定的协议，把任何物品与互联网相连接，进行信息交换和通信，目标是实现智能化识别、定位、跟踪、监控和管理的一种网络。

物联网对数据获取的影响以传感器为主，不仅体现在信息获取手段上，还体现在获取信息种类的丰富程度。随着物联网的应用推广，各种类型的传感器被大量铺设，包括温度、湿度、热敏、重力、压力、位移传感器等。这些传感器都具有位置信息，它们获取的数据如果跟位置信息相结合，将大大延展 GIS 的触角。例如，位置信息与温度传感器结合，可以得到基于 GIS 的气温空间分布与分区；在煤矿瓦斯监测监控系统中，低浓度甲烷传感器、风速传感器、一氧化碳传感器、压差传感器、设备开停传感器、风门开闭状态传感器等都需结合地理信息，对采集的传感器信息按多种前置条件进行挖掘和智能分析，才能真正具备应急救援的功能。

主要工作包括以下三方面：

（1）要建立覆盖城市的信息采集。信息交换和信息服务的感知系统，赋予城市灵敏、高效、泛在的感知能力。需要构筑感知网，建设数据采集与汇聚软硬件体系、传感网信息采集与交换平台，制定物联网信息交换标准。要建设城域传感网，满足智能交通、智能环保、智能旅游等城市功能的需求，覆盖公共室外区域、公共室内区域和私领域的传感器网络以及公共区域的环境监测、交通要点智慧道路基础设施，感知人、车的活动以及环境状况。城域传感网数据采集与汇聚体系，要支持不同厂商、不同用途的传感器，传感器数据的表示和输出接口千差万别，要研制高效率和低成本的传感器网关设备，实现感知数据向数据中心的汇聚。

（2）融合智能城市感知需求。建立统一的物联网信息采集与交换平台，支持感知信息的应用系统间共享服务，为应用系统内部和应用系统之间的信息融合和协同运作提供数据支撑。

（3）数据采集与交换标准。对于海量异构数据的采集与交换，标准发挥着很重要的作用。汇聚的异构、多维、海量、多时相和多观测模型的信息，通过各种通信标准的互联互通以及不同数据格式的转换，有利于对数据实现分类管理。

2. 基于语义进行知识关联

限于相关技术的研制与发展，目前空间信息资源的提供者对数据的描述只停留在数据的表面层次上，数据之间缺乏必要的关联，导致计算机无法理解数据的内涵，难以准确地发现满足用户需求的数据，从而直接影响到用户获取信息的速度和效率。

空间信息查询服务是指按一定要求对地理信息系统所描述的空间实体及其空间信息进行访问，从众多的空间实体中挑选满足用户要求的空间实体及其相应属性的操作。GIS 通过电子地图与用户交互，一般都提供放大、漫游等功能，操作起来很方便；但是对于空间查询，则要求用户掌握一定的专业知识，很多情况下还必须会使用 SQL 一类结构化查询语句，这对 GIS 的大众化和社会化提出了挑战。相对应的是，越来越多的普通用户希望能方便地获取空间信息服务。而在传统的地理信息检索服务中，以下问题日益明显：

（1）地理空间信息表现形式的多样性。传统的地理空间信息常以地名或空间坐标数据的形式出现，这是多数人所认可和熟知的。但这两类常见的地理空间信息因为国度、文化、承载介质的不同而表现各异。随着人类对地理

信息世界认识的不断深入以及地理空间信息解决方案的不断改进，地理空间信息的表现形式逐渐走向多样化，这为地理空间信息的检索带来了许多挑战。

（2）地理空间信息描述的模糊性。这主要表现在两个方面：一方面是在描述地理空间信息时，使用了无法精确定位的名称；另一方面是对地理空间信息的描述存在歧义。如部分不同地区的地名称谓相同，或者地名与方位名相同，这些名称在利用传统的词形匹配方式检索信息时极易造成混淆，给地理空间信息的检索造成障碍。

（3）空间关系的提取与搜索相对复杂。例如想要查询黄河流经的城市，如果通过传统的 GIS 查询，首先要将河流图层和城市图层叠加，然后进行相交计算、缓冲区分析等地理操作，需要用户拥有相关的处理软件并具备一定的相关知识，而且相对较为繁琐。

针对以上存在的诸多问题，可将本体（Ontology）技术应用到地理信息服务中，以期改变地理信息的组织结构，并将传统的词形匹配方式转变为语义匹配方式，其目标是捕获领域内相关知识，提供对该领域知识的共同理解，确定该领域内共同认可的概念，并从不同层次的形式化模式上给出这些概念以及概念之间相互关系的明确定义。从本质上说，本体反映了给定领域的通用观点，表达了该领域中的概念和这些概念之间关系集合的语义。

基于语义网和本体技术的关联开放数据（Linked Open Data, LOD）已经成为发布高质量关联语义数据的一个最重要的方式，其广泛应用于语义搜索和个性化推荐等智能服务。运用关联数据技术发布的资源对象，具有可共享、可重用、结构化和规范化的特性，有利于整合孤立的政府数据，在相同和不同领域政府资源间建立链接，实现跨平台、跨系统之间的查询。基于本体的语义关联服务的基本设计思想可以总结如下：①在领域专家的帮助下，建立相关领域的本体；②收集信息源中的数据，并参照已建立的本体，把收集来的数据按规定的格式存储在元数据库（关系数据库、知识库等）中；③对于用户的查询服务请求，查询转换器按照本体把查询请求转换成规定的格式，在本体的帮助下从元数据库中匹配出符合条件的数据集合；④获得的结果经过处理后，返回给用户。

目前我国还没有完整的地理本体库，且本体构建方法落后，大多仍使用传统手工构建的方式。本体的自动和半自动构建技术在一定程度上提高了本体构建的效率，但还处于起步阶段。目前主要有以下几种本体自动构建方法：①利用已有相近本体做适当的改进进行本体创建，能够快速创建本体，但是找到适合自己的本体有时会比较困难。②利用自然语言处理技术，借助领域专家知识，对已有公认领域知识进行重构，从而实现本体的自动构建。这需要大规模语料库，且需要领域专家参与。③基于语义分层理论实现基础数据概念到本体概念的映射，虽然提高了本体创建的自动化程度，但多针对属性数据，对于地理数据中的空间关系的提取和表达比较欠缺。因此，基于空间数据库到地理本体的映射是一种不错的选择。

空间数据库中存储着多种比例尺的行政区划、地貌、水系、居民地、交通、地名等基础地理信息（如图9.2所示），具有较高的领域相关度和丰富的数据信息，在很大程度上能够保证地理本体关系表达的准确性。因此，可采用空间数据库作为数据源，根据空间数据库模型与地理本体模型之间的形式化对应关系构建地理本体。

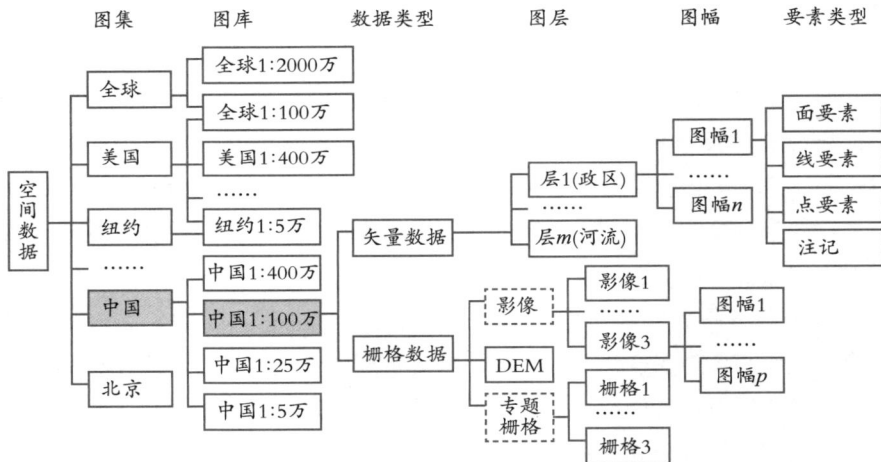

图 9.2　空间数据库

一个完整的地理本体（如图9.3所示）包括：地理领域中概念或类、概念的属性、概念之间的关系约束以及概念实例等。地理本体中的属性关系包括对象属性关系和数据属性关系。对象属性关系主要包括：拓扑关系、方位关系、度量关系。其中拓扑和方位关系属于定性关系，度量关系属于定量关系。拓扑关系主要有：包含、邻接、穿过等；方位关系主要是：东、西、南、北、东南等。数据属性关系主要包括实例的几何属性，如大小、范围等。

空间数据库模型与地理本体模型之间存在一定的联系。空间数据库中含多个数据表，表与表之间存在一对一、一对多、多对多的关系。每一个数据表由多个字段构成，字段的取值称为记录。在地理本体中包含多个类，类与类之间存在一定的层次关系，每个类都有多个属性，属性值的集合就是实例两者之间的这种简单的对应关系，它为空间数据库到地理本体的转换提供了基础（如图 9.4 所示）。

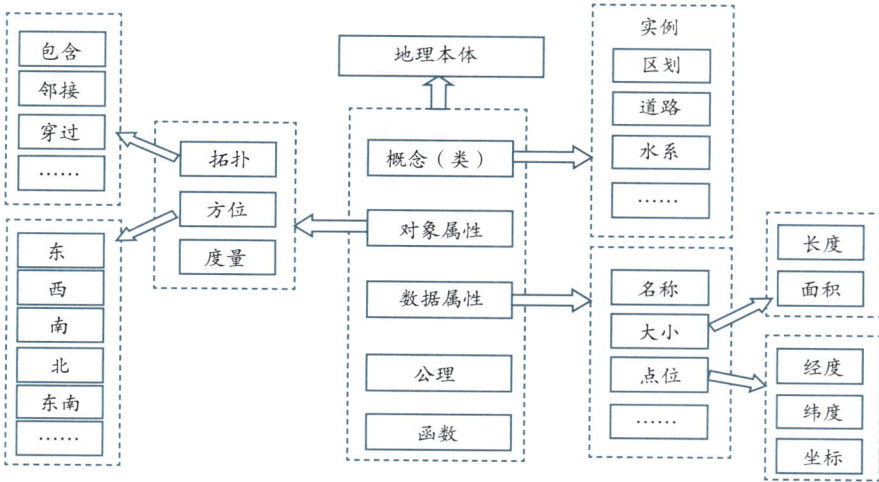

图 9.3　地理本体

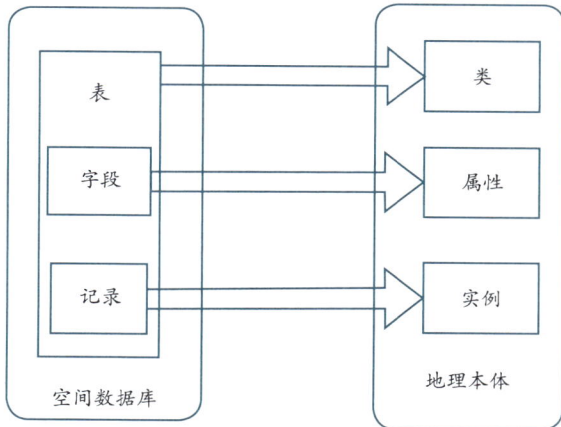

图 9.4　空间数据库到地理本体的转换

　　因此，可以构建从空间数据库到地理本体的映射，映射规则为：①将空间数据库中表的每一个元组映射为地理本体的一个实例，并且选取元组的主键作为本体实例名；②将空间数据库中表的元组的属性数据映射为本体实例的数据类型属性值；③将空间数据库中表的元组的空间数据映射为地理本体实例相应对象类型属性值。

　　通过基础地理数据库自动构建的地理本体，基本能够表达地理实体及其关系，但对一些重要的知识，如拓扑和方位关系，本体实例等往往是隐性给出的，这就造成了实际应用中地理本体知识利用率不高的问题。因此通过建立相应的推理规则，利用推理引擎对自动构建的地理本体进行扩充，充分挖掘本体中潜在的知识，是保障地理本体高效利用的关键。对构建的地理本体推理扩展的流程如图 9.5 所示。

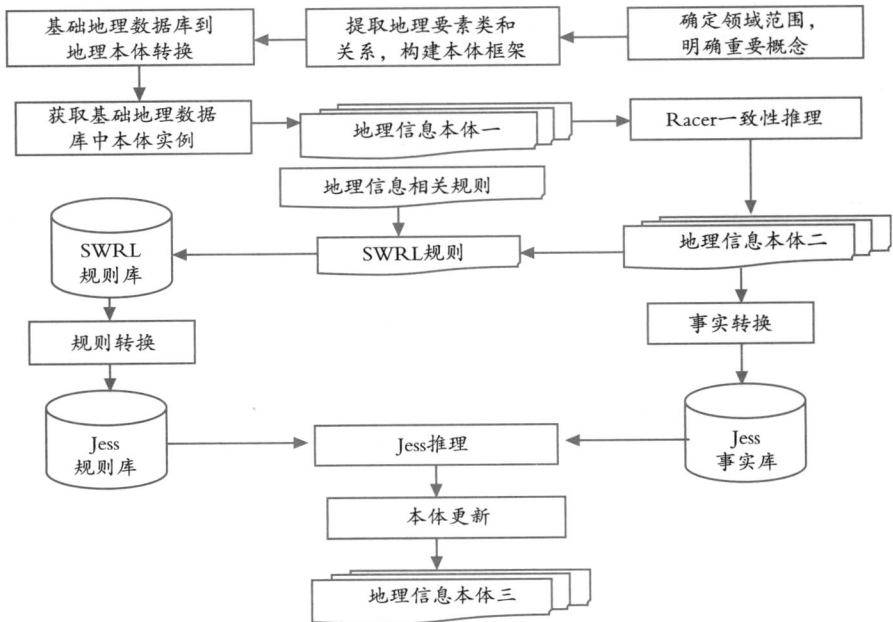

图 9.5　地理本体推理扩展的流程

可采用 SWRL（Semantic Web Rule Language）进行推理规则的定义。SWRL 是一种集本体描述和规则于一体的语言，实现了 Horn-like 规则与 OWL 知识库的结合，因此能够提供更强的逻辑表达能力。

对分布式环境下查询请求的语义理解，经过本体构建、本体推理和语义扩展，使用户需求语义明确化，对构建了语义索引结构的关联数据检索用户所需的知识资源；通过基于本体推理的语义查询可进一步发现更多关联数据知识。

3. 基于大数据挖掘知识

大数据是指需要新处理模式才能具有更强的决策力、洞察发现力和流程优化能力的海量、高增长率和多样化的信息资产。从组成的角度看，海量数据包括结构化和半结构化的交易数据，而大数据除此以外还包括非结构化数据和交互数据。Informatica 大中国区首席产品顾问但彬进一步指出，大数据意味着包括交易和交互数据集在内的所有数据集，其规模或复杂程度超出了常用技术，需具备按照合理的成本和时限捕捉、管理及处理这些数据集的能

力。可见，大数据由海量交易数据、海量交互数据和海量数据处理三大主要的技术趋势汇聚而成。大数据具有非常明显的特征，其数据体量巨大，数据种类繁多，流动速度快，价值密度低。

飞速增长的大数据给经济发展和科学技术进步带来了新的机遇，同时也给当前的信息技术带来了巨大挑战。由于要挖掘的信息源中的数据都是海量的，而且以指数级增长，传统的集中式串行数据挖掘方法不再是一种适当的信息获取方式，因此，必须对传统数据挖掘进行理论、方法和算法上的创新，特别是创新大数据计算环境下的数据挖掘理论、方法与技术，以满足大数据挖掘的应用需求。更进一步，扩展数据挖掘算法处理大规模数据的能力，并提高运行速度和执行效率，成为一个不可忽视的问题。大数据挖掘的主流方式是基于云计算的大数据挖掘云服务模式。

数据挖掘有多种定义，包括"从海量、混杂的数据中提取或挖掘有用模式或知识的一个过程"、"从数据中提取出隐含的过去未知的有价值的潜在信息的过程"等。一种被广泛接受的定义是：数据挖掘是一个从不完整的、不明确的、大量的并且包含噪声的，具有很大随机性的实际应用数据中，提取出隐含其中、事先未被人们获知却潜在有用的知识或模式的过程。此定义包含了多个含义：①数据源必须是大量的、真实的并且包含噪声的；②挖掘到的新知识必须是用户需求的、感兴趣的；③挖掘到的知识是易理解的、可接受的、有效并且可运用的；④挖掘出的知识并不要求适用于所有领域，可以仅支持某个特定的应用发现问题。事实上，这的确准确地表现它的作用，即对海量、杂乱无章的数据进行处理和分析，并发现隐藏在这些数据中的有用的知识，为决策提供支持。从技术这个角度来说，数据挖掘就是利用一系列相关算法和技术从大量的数据中提取出为人们所需要的信息和知识。它们是隐藏在数据中、之前不为人们所知但却是人们确实需要的有价值的潜在知识。所提取到的知识表示形式可以是概念、模式、规律和规则等；它可以通过对历史数据和当前数据的分析，帮助决策人员提取隐藏在数据中的潜在关系与模式等，进而协助其预测未来可能出现的状况和即将产生的结果。数据挖掘是决策支持和过程控制的重要技术支撑手段，它是物联网中的重要一环。物联网中的数据挖掘已经从传统意义上的数据统计分析、潜在、模式的发现与挖掘，转向物联网中不可缺少的工具和环节。

数据挖掘的整个过程具有许多处理阶段，可以将其总结为三个阶段：数据准备阶段、数据挖掘阶段、结果的解释和评价。其中数据准备阶段又包括数据清理、数据集成、数据选择、数据变换等步骤。

第10章
i City
地理信息产业推进战略

一、重点产业

地理空间信息技术是一项涉及国民经济、社会生活诸多方面的基础性、公益性技术，具有多学科、技术交叉和综合的特点，其技术发展具有高科技结合、集成和工程应用社会化的趋势。

近年来，在卫星定位系统技术、宽带网络技术、移动通信技术、网格计算技术、虚拟三维技术的支持下，城市地理空间信息产业愈来愈红火，形成面向电子政务、电子商务、现代物流的网络空间信息服务、网络地图服务、移动终端地理空间信息服务，以及车载导航、智能交通、灾害监测等定位服务，形成了新的地理空间信息服务产业链和新的经济增长点。

地理空间信息技术的迅猛发展及其普及性应用，使地理空间信息服务正在成为现代服务业的重要组成部分。国际知名软件企业 Microsoft、Google 以及美国国家航空航天局等，充分利用自身强大的技术和市场化优势，开始了地理空间信息服务平台的开发和应用，先后开发出 "Virtual Earth"、"Google Earth"（其网络地图服务叫作 Google Maps）以及 "NASA World Wind"等著名的网络地理空间信息服务平台，使地理空间信息的应用走进千家万户和社会大众，极大地拓展了地理空间信息的应用范围，形成了地理空间信息服务的产业链。近年来，略显沉闷的互联网终于发现了一个新的、极具潜力的增长点，据艾瑞咨询发布的相关市场调研信息，其潜在的市场价值数以亿计。世界上许多国家正陆续跟进，如法国的 Geo Portail、美国政府的 Geospatial One Stop、ESRI 公司的 Geography Network、欧盟的 INSPIRE Prototype 以及英国的 NG-DF 等。

我国也涌现出一批网络地图服务的高技术企业，相继开发了一批具有自主知识产权、为企业和市民提供城市空间信息服务的中小型地理空间信息服务系统，并形成了一定的产业规模。比较有影响的有 Google 中文地图、百度地图服务、搜狗地图、51ditu、Chinaquest 和 Mapabc 等，总计 200 多家国内网站推出地图搜索服务。这些发展符合信息产业形成的基本特征，标志着地图服务产业作为信息行业和测绘行业的交叉行业，已经基本形成。

目前，国内的空间信息网络服务技术尚不成熟，仍缺乏具有自主知识产权的、可以媲美 Google Earth 的产品，网站地图服务大多集中在众所周知的几个领域，缺乏创意，服务企业的规模不大、总量偏小、产业化水平不高，存在数据标准不统一、信息共享的机制不完善等问题。

在智能城市的框架下，今后的发展重点应当是地理空间信息服务业和地理空间信息软件业，向全社会推广和提供基于位置的服务、统计信息空间化服务、公众地理空间信息三维可视化服务，等等。

二、主要产品和系统

（一）形成一批具有特色的地理信息产品

基本产品：利用数字栅格地图（DRG）、数字正射影像图（DOM）、数字高程模型（DEM）和数字线划图（DLG）等数据，生产制作数字地图和模拟地图产品，以满足国民经济各方面的需要。

增值复合产品：利用基本产品和其他专题信息的叠加，生产土地利用/覆盖图、数字影像地形图、数字影像专题地图、三维立体地形图等增值复合产品。

电子地图产品：利用地理空间基础数据库中的数据进行各种可视化表示，生成电子地图、数字地图及其相应的多媒体地图等。

各种专题及专用地图产品：利用基础地理信息数据和社会经济信息加工制作旅游图、交通图、规划图、资源图、平面及三维影像图、车载 GPS 导航电子图、网上电子地图等。

综合决策服务信息：利用地理空间信息，结合各种专题决策需求，提供专门的决策支持信息服务。

（二）建立完善专题地理信息系统

电子政务地理信息系统：以地理空间基础数据为基础平台，构成一个有效的集成系统，为政府决策实时提供最新的地理空间基础信息、资源信息、环境信息、交通信息、工业信息、农业信息等。

生态环境规划和动态监测地理信息系统：为全省生态环境建设、规划和保护工作提供准确和最新的动态信息，以动态地、可视化地掌握生态资源，为模拟和仿真生态环境保护及重建过程中重大决策的制定、实施提供科学依据与支撑，有效把握发展经济与保护生态环境之间的平衡。

统计地理信息系统：以 3S 技术为基础，整合自然资源与空间地理基础信息以及关联的各类经济社会信息，建立起大尺度、高分辨率且及时更新的空间基础数据库，利用 GIS 强大的空间分析与可视化功能，实现统计数据空间化、数据关联分析、数据挖掘及其可视化，并利用 GIS 的在线服务功能构建空间信息交换和共享服务体系，构建面向社会、政府的在线服务系统，对提升统计能力、提高统计数据质量和加强社会经济活动单位的监督管理具有重要意义。

旅游地理信息系统：利用地理空间数据和相应的信息系统对旅游资源进行开发规划，将旅游景点、路线、宾馆、商业网点等信息通过网络地图展现出来，促进旅游业的发展。

智能农业空间决策支持系统：利用各种地理空间信息技术，支持农业科学规划与经营管理，沟通产供销渠道，促进农业现代化。

智能交通地理信息服务系统：利用地理空间信息，实现城市道路、高速公路、货物配送、车辆动态调度及监测等智能化管理。

三、地理空间信息服务产业链与产业布局

地理空间信息服务产业链可划分为基础数据提供商、地理空间信息服务技术提供商、最终应用提供商等产业部门，他们在每一个环节上各司其职。以 Google Maps 为例。向 Google 提供地图服务技术的是硅谷一家叫作 deCarta 的专业公司，而基础数据则是由 Navteq 提供，Google 将这些内容与自己的搜索技术整合在一起，就诞生了 Google Maps。商业上，Google Earth 采取与在其网上做宣传的商家进行分成的方式以及向使用 Google Earth 高级版本的用户收费的方式获取利润。目前在中国，空间信息服务的产业链的划分还不明晰，运营商往往集地图数据、地图引擎技术、搜索引擎技术、增值服务于一身（如图 10.1 所示），这样就不可能提供最好的技术和服务。

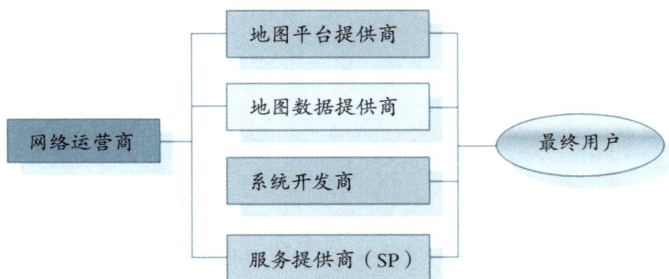

图 10.1　国内地理空间信息服务产业链

我国智能城市地理空间信息产业的发展目标是：尽可能地利用自主研发的地理空间信息服务技术，集成、研制拥有自主知识产权的、可以媲美Google Earth 的地理空间信息服务产品，把开发定位在产业链的中游，即提供网络地理空间信息服务技术，并积极与相关领域和行业的运营商合作，向下游的增值服务延伸；立足于提供地图服务技术的基础研发以及服务产品的应用开发和增值服务的延拓，以高超的地理空间信息服务技术、逼真的三维真实感地形表现形式、强大的空间分析功能、专业的地图标绘功能，着力开拓网上地理教学、历史教育、实景游戏等应用的崭新领域。这将极大地提高全国的地理空间信息共享和服务水平，提升空间信息网络服务的产业化程度。也就是说，它将对我国的信息产业发展起到"推"和"拉"的作用：一方面"拉"动海量的地理空间数据向着信息产品转换，走进市场；另一方面"推"动地理空间信息服务业走上大众化、产业化轨道。地理空间数据产品到信息系统产品和技术产品的一系列服务，既可广泛应用于国内智能城市建设，为其他项目提供重要支撑，又可通过空间信息服务产品占据国内市场大份额并有一定的国际市场，成为城市经济发展的崭新增长点，转变城市经济发展方式。

产业布局如下。

（1）以全球导航卫星系统（GNSS）多功能基线场为产业载体，开展高精度的测绘基准及定位服务。以车辆应用和个人等大众市场为重点，以专业市场为关键，以生命安全市场为制高点，通过 Telematics 和 LBS 两大服务体系的建设，为智能城市建设提供空间基准支撑。

（2）以国家自主研发的"天地图"、基础地理信息数据库管理系统及一批专业部门业务应用系统为基础，积累雄厚的地理信息资源，强化对地理信息产业的支撑能力，满足城市地区经济社会快速发展的需要。

（3）以网格化地理信息服务项目建设为契机，加强资源的统筹和整合，以网络服务的模式，为包括决策层领导、各部门管理人员和广大社会公众在内的不同层次用户，提供内容丰富、形式多样的综合信息服务，也为智能城市信息的在线分析、数据挖掘与知识发现奠定基础。

（4）以长三角、珠三角等地区建设信息化软硬件产业集聚区为契机，引进、组建一批成规模、有竞争力的地理空间信息化企业，规划建设地理信息产业园区。特别是要选择一部分拥有自主知识产权和产品、达到一定规模，具有一定国际竞争能力和经验的地理信息企业，通过提供政策、资源、技术、资金和品牌等方面的重点支持，着力培育我国地理信息龙头企业。

（5）以上海、杭州云计算产业园（基地）和闽台云计算产业示范区为依托，开展地理空间云计算产业项目，推动地理空间云计算产业的创立和发展。

（6）以全球最大的单体呼叫中心——中国移动呼叫中心和中国联通数据基地为依托，建设地理信息加工业基地，提供卫星定位信息和基于位置服务（LBS），通过地理信息在电信等领域的推广应用实现增值，促进和带动地理空间信息服务、咨询等相关产业的发展。

四、推广应用

技术成果转化与产业发展策略如下。

（一）信息产品应用推广以及技术开发服务

依靠已有技术成果，通过相对成熟的软件平台的应用产品和推广技术开发服务，特别是利用已有的软件产品，积极开展政府信息化 GIS 应用项目的技术开发服务，开发相应的应用系统。城市地理信息系统与遥感综合服务系统平台，可以针对不同地区、不同部门和公众的具体需求，提供从数据产品到信息系统产品和技术产品的一系列服务，可广泛应用于国内"数字城市"建设和国外同类项目建设。城市空间信息服务产品能够占领国内市场 20% ~ 30% 的份额，并有一定的国际市场。

（二）核心技术的增值服务

增值服务具有无限的拓展空间，可与移动、联通、电信等 IT 服务商以及三维实景游戏、三维实景旅游、三维实景定位服务等领域积极开展合作，通过提供核心技术的支持获得增值服务，市场前景十分广阔。相关关键技术、服务平台技术和示范系统，可以在通信网络和空间信息基础设施相对完善的城市进行推广应用，能够推动 GIS 技术、遥感技术、计算机网络技术城市应用的实用化、商品化和产业化。

（三）开发模式的推广

智能城市地理空间信息技术的研究开发过程将努力探索一条具有自身特色的、自主创新的研发途径，形成我国城市空间信息网络自主服务开发的新型模式，作为我国城市空间信息网络服务软件系统开发的样板。

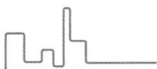

（四）技术标准服务推广

在智能城市地理空间信息服务技术实施过程中形成的一系列城市信息系统技术标准、规范、方法，可以为各级政府、部门和企事业及科研单位提供技术咨询和支持服务。

第11章

iCity

时空信息基础设施的
标准体系和政策法规体系

建立可支持市政府部门之间的跨部门、跨行业的空间基础地理数据共享、交换与更新的管理体制和运行机制，制定资源整合、信息共享与系统互操作的统一规范标准，完成数据规范、服务技术规范、应用规范等标准规范的编制和实施，制定空间数据安全的支撑环境和相关技术标准、规范。

一、标准体系

（1）研究智能城市对地理空间设备与网络、基础信息、应用、管理、安全等的标准、规范需求，拟定相关标准、规范，形成智能城市网络基础设施建设规范、智能城市统一公共基础支撑平台建设规范、智能城市应用系统建设规范、智能城市信息资源体系建设规范等；

（2）建立智能城市建设评估指标体系，并以此为导向制定项目管理与考评机制；

（3）坚持集约建设和整合共享的原则，建立"事前计划、事中管控、事后评估"的管理机制，制定可定义、可量化、可操作、可考核的项目立项及建设标准；

（4）以智能城市建设规范标准和评估指标体系为依据，结合专业机构和专家评审，由广大市民检验便民惠民项目成果并提供反馈意见，综合做好年度智能城市重点项目评估考核工作，促进智能城市规划的建设任务的全面完成。

参照国家测绘地理信息局数字城市地理空间框架的相关技术标准（表11.1），以地理空间基础设施作为智能城市项目的一级指标，以《规定》内容为二级、三级指标，拟定表11.2各项指标。

表 11.1　数字城市地理空间框架建设标准

序　号	应遵照执行的相关国家标准规范	代　码
1	地理格网	GB 12409—2009
2	基础地理信息标准数据基本规定	GB 21139—2007
3	数字城市地理信息公共平台地名/地址编码规则	GB/T 23705—2009
4	地理空间框架基本规定	CH/T 9003—2009
5	地理信息公共平台基本规定	CH/T 9004—2009
6	基础地理信息数据库基本规定	CH/T 9005—2009
7	地理信息公共平台服务接口规范（征求意见稿）	CH
8	地理信息公共平台服务质量规范（征求意见稿）	CH
9	数字城市地理空间信息公共平台技术规范	CH/Z 9001—2007
10	数字城市地理空间信息公共平台地名/地址分类描述及编码规则	CH/Z 9002—2007
11	数字城市地理信息公共平台建设要求	CH/T 9013—2012
12	数字城市地理信息公共平台运行服务规范	CH/T 9014—2012
13	数字地形图系列和基本要求	GB/T 18315—2001
14	数字测绘产品检查验收规定和质量评定	GB/T 18316—2001
15	县级以下行政区划代码编制规则	GB/T 10114—2003
16	基础地理信息要素分类与代码	GB/T 13923—2006
17	国家基本比例尺地形图分幅和编号	GB/T 13989—2012
18	三维地理信息模型数据产品规范	CH/Z 9015—2012
19	三维模型地理信息生产规范	CH/Z 9016—2012
20	三维地理信息模型数据库规范	CH/Z 9017—2012
21	三维地理信息模型网络服务规范	CH
22	三维地理信息模型数据产品质量检查与验收	CH
23	计算机场地安全要求	GB/T 9361—2011
24	计算机信息系统安全保护等级划分准则	GB 17859—1999

表 11.2　时空信息基础设施评估初步设计及参考值表

二级指标	三级指标	参考值
1. 基础地理信息数据体系	1）测绘基准精度指标满足要求率（包括大地基准、高程基准、重力基准和深度基准）	≥99%
	2）基础地理信息数据覆盖率（包括大地测量数据、数字线划图数据、数字正射影像数据、数字高程模型数据和数字栅格地图数据）	≥95%
	3）面向服务的产品数据完成率（包括地理实体数据、影像数据、地图数据、地名地址数据和三维景观数据等）	≥99%
	4）管理系统（实现基础地理信息数据的管理、维护与分发的软件）安全性，海量数据高效管理能力、可扩展性、可维护性、可移植性和运行稳定性	≥99%
	5）支撑环境完备率（支持基础地理信息数据管理和维护的软硬件及网络，包括操作系统、数据库软件、服务器设备、数据存储设备、外围设备、安全设备以及涉密的局域网或测绘专网等）	≥99%
2. 数据目录与交换体系	6）目录与元数据完整性（包括编目信息、标识信息、内容信息、限制信息、数据说明信息、发行信息、范围信息、空间参考信息、继承信息、数据质量信息、产品发布信息等内容）	≥99%
	7）专题数据可用性（由其他部门或单位按照统一标准规范、在业务数据基础上整合形成的可用于共享的数据，以扩展图层的形式提供服务）	≥90%
	8）交换管理系统（实现面向服务的产品数据和专题数据的集中管理以及相互之间交换的软件）。是否具备目录与元数据、地理实体数据、影像数据、地图数据、地名地址数据和三维景观数据等的管理功能，以及目录与元数据注册、数据连接、数据传送、数据接收和数据同步等交换功能	是
	9）支撑环境（支持目录与交换体系运行和维护的软硬件及网络，包括操作系统、数据库软件、服务器设备、数据存储备份、安全设备等）。在部署运行网络时，是否严格按照国家相关保密政策的要求，涉密的数据只能在涉密网中共享与交换，非涉密的数据才可在非涉密的政务网中运行	是
3. 公共服务体系	10）地图与数据（以离线的方式，向用户提供模拟地图，或者借助硬盘、光盘、磁带等存储介质通过拷贝对外提供地理信息数据）	是
	11）在线服务系统（具备认证服务、目录服务、元数据服务、地图应用服务、地理编码服务、数据接口服务、定制服务、数据发布服务、服务注册管理服务和二次开发服务等功能，满足用户在线获取与应用地理信息，以及快速分布式构建专题系统的需要）。各项服务功能可通过门户网站对用户提供	能
	12）公共服务支撑环境（支持公共服务体系运行和维护的软硬件及网络，包括操作系统、服务器设备、安全设备等）。在部署运行网络时，是否严格按照国家相关保密政策的要求，涉密的数据只能在涉密网中提供服务，非涉密的数据才可在政务网、公网等非涉密网中运行	是

续表

二级指标	三级指标	参考值
4. 政策法规与标准体系	14）政策法规（地理空间框架建设与应用须遵守国家统一制定的基础地理信息分级分类管理、使用权限管理、交换与共享、开发应用、知识产权保护和安全保密等方面的政策法规）	是
	15）标准（地理空间框架建设与应用须执行正式颁布的有关要素内容、数据采集、数据建库、产品模式、交换服务、质量控制和安全保密处理等方面的国家标准、行业标准和标准化指导性技术文件）	是
5. 组织运行体系	16）组织协调机构（在国家测绘行政主管部门的指导下，成立地理空间框架建设与应用的组织协调机构，组织地理空间框架的建设实施，建立健全更新与维护的长效机制，推动地理空间框架的共享、应用与服务）	是
	17）运行维护机构（依托测绘部门，成立地理空间框架运行与维护的专门机构，提高技术人员的知识水平和专业技能，落实地理空间框架更新计划，及时解决地理空间框架运行中的问题，保证地理空间框架的持续更新和长期服务）	是

二、政策法规体系

注重形成完善的政策法规体系，加强组织保障，注意宣传，提高认同度，扎实有序推进。重点应把握以下几点：

（1）智能城市建设要认真贯彻落实国家信息化相关重大战略和政策。智能城市建设是城市信息化持续发展的过程，必须遵循国家信息化整体发展战略，保持与国家相关宏观政策相一致。尤其要注重与国家"四化融合"发展战略相结合，与发展低碳经济相结合，从全局上把握好智能城市时空信息基础设施发展的方向和重点，科学推进智能城市建设。

（2）智能城市建设应建立强有力的政策支持体系。推进智能城市时空信息基础设施建设要上升为市委和市政府的意志，要融入城市"十三五"经济社会发展规划。认真研究，抓住时机，用创新的理念，对原有管理体制进行功能再造，研究制定高起点的、具体的、实用的政策支持体系，切实促进智能城市的发展。

（3）智能城市时空信息基础设施建设应建立强健的组织协调机制。智能城市建设涉及面广，并且受体制和机制方面问题的制约，推进难度大，因此，应该建立一个强有力的主导部门和一系列支持系统。主导部门要充分发挥主导与协调作用，整合和集中智能城市各参与主体的力量，同时还要推动智能城市研究机构、专家咨询系统和知识支撑体系的建立，加强和深化智能

城市理论和实践的研究与创新，充分挖掘专家学者和技术人员的集体智能，努力形成"顶层管设计、中层管协调、底层管落实"的工作机制。

（4）智能城市时空信息基础设施建设应进行广泛深入的舆论宣传引导。智能城市地理空间信息基础设施建设不但是政府和企业关注的事情，还需要全社会的广泛参与。应注重舆论宣传和引导，提高政府、企业、市民对智能城市建设理念的认同度和参与智能城市时空信息基础设施建设的协同度，充分发挥集体智能和力量。

（一）政策法规体系与测绘地理信息基础设施建设的关系

政策与测绘地理信息事业之间联系应包括：确立测绘地理信息行业的地位；确立测绘地理信息活动的行为准则；确立测绘地理信息服务的管理体制，具体可分为机构管理政策、资金投入政策、资源政策、服务政策、市场政策、技术政策、教育政策、人才政策、奖励政策和合作政策。法律在测绘地理信息事业上应划分为根本法律、专门法律、行政法规、地方性法规和其他规范性文件。落实到我国测绘地理信息政策和法律方面，可以分为五个方面：行政管理、安全保密、标准规范、人才科研、市场运行。

（二）国外测绘地理信息政策法规现状

世界各国对测绘地理信息的管理具有一定的共通性，也有一定的差异。根据政府与市场在测绘地理信息业发展中的作用，可以将各国的测绘地理信息管理模式归纳为政府主导型、政府调控型和市场主导型三类。针对不同管理模式下的测绘地理信息管理、成果提供、开发利用等方面的政策法规，典型的国家有日本、美国和英国。

1. 政府主导型管理模式

俄罗斯、韩国和日本等国对测绘地理信息采取政府主导型管理模式，即国家拥有直属中央的测绘行政管理体系和基础测绘保障体系，测绘行政管理职能由独立的国家测绘行政管理机构履行，基础测绘完全由国家财政投入，具有相对统一的事业保障体系。俄罗斯政府对测绘的主导性最强，但是其国家测绘工作受经济转型和传统行政管理模式的制约，新技术的使用和推广不够迅速，地理信息系统的研发和使用尚处于推广过程中，不够广泛。

日本实行中央、地方两级测绘行政管理体制，中央测绘行政主管部门是日本交通省国土地理院，地方测绘行政主管部门是分设的九个地方测量部。

各部门不设专业测量队伍，所需完成的测量任务由各部门拨款发包给民间测量公司承担。

日本的测绘法律体系以《测量法》、《海道测量法》、《国土调查法》为主，包括《测量法施行规则》、《地形调查作业规程准则》、《基准点调查作业规程准则》和《地籍调查作业规程准则》等部门规章在内。日本在《测量法》中对测绘成果的汇交做了业务性和强制性的规定，要求基本测量、公共测量和其他测量的成果都要汇交，基础测绘的种类、精度和实施时期与地区以及其他必要的事项及时公布，而对汇交的非基础测绘成果要进行审查后公布。测绘成果实行基础测绘成果无偿提供和其他测绘成果有偿提供的制度，提供的范围和对象有所不同。对基础测绘成果要求进行原样复制，但是禁止具有营利目的的贩卖人员复制。值得一提的是，日本在《测量法》中明确规定测绘成果的使用者发现成果和现实不符时，有义务向测绘机关通报以做修改，同时还规定禁止使用非官方核定的测绘成果。

从实际操作来看，日本海洋信息部公开提供的数据有：海图（日文版／英文版）、基本海图、特殊图、航空图、电子海图、航行警告、水路通报、水路书志和特殊书志等，执行相关收费标准后可获取。

韩国和日本的情况比较类似，但日本的情况更优。

2. 政府调控型管理模式

美国、澳大利亚和德国等国的测绘管理模式为政府调控型。这种管理模式的特点是国家没有完整的测绘行政管理组织体系，地方也不单独设立测绘行政管理机构。政府通过行政命令和完善立法实现对测绘行业的宏观调控和管理，通过国家财政确保对基础测绘的全额投入；非政府组织在测绘行业的协调发展中发挥重要作用。

美国是英美法系的典型代表，构建了由宪法法、行政法、成文法与普通法（包括案例法）组成的较为完善的法律体系。《美国法典》（*United States Code*）对国家地质调查局、海洋测量、五大湖区制图以及陆地遥感政策等方面内容做了详细规定。根据美国联邦和各州的行政程序法，联邦的行政部门和州行政部门都可以制定法规。预算与管理办公室负责沟通和协调，使各项法规保持一致，防止相互冲突。

联邦地理数据共享政策（Federal Geographic Data Sharing）规定，地理空间数据集的建设、处理和分发等方面应尽可能地采用联邦标准、国家标准和国际标准。政府机构遵循公平、公正、及时的原则，以数据使用效率最大

化、公众和政府的消费成本最小化的方式分发、提供地理空间数据。这体现了美国制定相关法律法规的指导思想是促进对地理信息技术的投资，提高信息服务能力，减轻公众获取地理信息的负担，降低政府计划管理的费用；鼓励使用地理信息技术，把它们作为一种战略资源在联邦机构工作过程、组织机构以及和公众打交道的过程中使用。

美国强调数据的无歧视性访问原则。在地理信息一站式服务网站，公众可以查询、浏览和下载界线、农业、大气、生物、商业、地质、地理信息等方面的空间数据，其中地理信息数据包括 1∶24 万及更小比例尺系列地图、卫星影像图、DRG7.5M、DOG、DTM、DLG7.5M 等数据，而且在客户端就可以对部分矢量数据进行操作。

以 A-16 号通告（Circular No. A-16，OMB）为例说明美国的地理信息收费政策。A-16 号通告明确规定在不妨碍调查局正常制图工作的前提下，美国地质调查局应将数据提供给任何个人、企业、组织、州或外国政府，并收取成本费以及 10% 的附加费。由于网络的发展，数据复制费用几乎降低为零，只要能使用互联网，几乎可以免费获得政府拥有的地理信息。

遥感数据的分发政策说明美国对地理信息并非完全无限制地公开。美国商业遥感政策（Commercial Remote Sensing Policy）规定：对于敌方有潜在利用价值的产品，美国商业空间遥感系统需采取适当的安全措施以保护美国国家安全和对外政策利益。在这种情况下，美国政府将对商用系统采取控制运行的做法，以限制某些数据的采集和产品的分发，例如，最高分辨率、最新的遥感数据和产品仅提供给美国政府或美国政府批准的用户。

3. 市场主导型管理模式

英国的测绘管理采用市场主导型管理模式，其特点是没有完整的测绘行政管理体系，测绘行政管理职能由一个独立的国家政府部门履行；没有固定的国家财政收入，依靠市场机制解决测绘投入；具有完善的测绘法律体系，通过社会管理测绘行业。

英国军械测量局是英国最大的测绘机构，于 1999 年成为"企业资金组织"，但它仍是英国政府的一部分，管理并进行全国的测绘工作。按军械测量局的规定，任何旧建筑物的消失和新建筑物的出现、地名的变更都要被及时记录；若是 0.25 km^2 范围内出现 300 个变化单位，就要重新绘制新图，以保证用户能及时得到具有最新信息的地图。同时，它已完成海外 60 个国家的工作，所有采集的信息都被存储到官方国家地形数据库中，向公众提供包括传统的徒步旅行图和道路图集以及大比例尺地图和数字化产品。

《政府公开信息再利用的规则》（*Re-Use of Public Sector Information Regulations*，2005）是给全英范围内的政府部门信息提供和再利用的指南性文件，其中的规定足以说明英国的地理信息提供原则，原文如下："除《信息自由法》内列出的豁免公开的信息是不可以提供和再利用的外，其余信息都可以获取。但可获取的信息不机械等同于可被再利用，通常需要拥有信息版权的公共部门机构的许可，以颁发许可证的形式进行分步骤的许可授予。"

由于没有固定的国家财政投入，英国军械测量局依靠市场机制解决测绘地理信息投入，即通过销售产品及服务或是允许别人使用其版权资料来获取经费，所以英国的地理信息基本没有免费提供的。调查显示，英国军械测量局创收的 80% 源自数字化的地理信息，其提供的数据每年可支持英国超过 1万亿英镑的经济活动。

（三）国外测绘地理信息政策法规分析

1. 共建机制高效

空间数据基础设施，简而言之就是提供地理空间信息共享与交换的平台。从国外建设国家空间数据基础设施和空间数据交换网络的情况来看，无论是国家政府部门主导还是协调组织推动的，都鼓励社会各界广泛参与，不仅包括数据生产企业和政府部门，还包括各类用户、开发人员、研究教育机构和各类有兴趣的企业。参与各方的任何活动都是对外界开放的，齐心协力从不同方面推动这项工作。如：《欧盟空间信息基础设施》（*Establishing an Infrastructure for Spatial Information in the European Community*，2005）要求研究教育机构参与标准规范的研究与制定、参与技术方案的设计，用户参与系统的维护与功能需求定义，为整个地理空间信息服务体系的建设提供建议，各类开发人员则积极参与到系统的技术实现中，为解决各种问题出谋划策。

2. 共享程度较高

国外空间基础设施的核心项目是提供地理空间信息网络化服务，重点建设地理空间信息交换网。通过交换网向全社会公开元数据。政府生产提供的各种基础性小比例尺空间数据一般都公开，免费或收取一定的成本费用向用户分发；而由其他民间生产者生产提供的数据，其提供和使用方式由生产者自定。这种管理体制和服务制度大大降低了企业和群众使用地理信息的门

槛，为地理信息数据共享带来了极其便利的条件。在澳大利亚，各级政府和部门之间的地理信息共享机制和实施效果都比较好，基本上不存在重复测绘和成果不能共享的情况，打破了地理信息部门所有的限制，极大地发挥了地理信息资源的整体效益，促进信息共享的同时也推动了地理信息产业的发展。通过调查，澳大利亚地理信息产业带动相关产业总产值达到国民经济总产值的 1.25%，占有相当重要的地位。

3. 地图实现分版

调查显示，包括美国等西方国家在内的大多数国家的地图实行军、民分版。印度于 2005 年出台了《国家地图政策》，推出军民分版的系列地图：国防系列地图（DSMs）和开放系列地图（OSMs）。DSMs 主要为了满足国防安全的需要；OSMs 由印度测绘局（SOI）专门提供，不包含任何民间和军事上易受攻击的地点和地物，主要用来协助政府制定各项政策及保障国家发展，即所谓"自由使用"的地图。同时，国外电子地图的内容几乎都要经过政府有关部门的审查。

4. 版权保护有力

国外对地理信息的版权保护力度较大，不仅使用版权法来保护符合条件的地理信息产品，更是立法赋予地理信息数据库制作者特殊的权利保护，将保护范围扩展到版权法不提供保护的库中地理信息数据。美国法律赋予的特殊权利是摘录权和再利用权；欧盟法律赋予的特殊权利是摘录权、再利用权、摘录权和再利用权三种权利。此举对数据库生产者意义重大，较好地弥补了数据库版权法保护的不足，促进了地理信息产业的发展。

（四）我国测绘地理信息安全保密政策法规及国家标准现状

近年来，我国相继发布了若干与基础地理信息安全保密相关的法律法规与国家标准，基本上满足了基础地理信息安全保密的需要，但也存在一些亟须完善的问题。

1. 相关法律法规

（1）《中华人民共和国保守国家秘密法》第四条规定：保守国家秘密的工作，实行积极防范、突出重点、既确保国家秘密又便利各项工作的方针。

（2）《中华人民共和国测绘成果管理条例》第十六条规定：国家保密工作部门、国务院测绘行政主管部门应当与军队测绘主管部门协商，依照有关保密法律、行政法规的规定，确定测绘成果的秘密范围和秘密等级。

（3）《测绘管理工作国家秘密范围的规定》（国测办字〔2003〕17号）明确规定了国家基础地理信息的保密范围及保密等级，是我国当前执行的基础地理信息保密政策的主要文件。《测绘管理工作国家秘密目录》根据地理空间信息数据类型，将地理空间信息划归到19个类别，其中4个类别划归为绝密，7个类别划归为机密，8个类别划归为秘密。

2.有关的国家标准

2006年，我国发布了《导航电子地图安全处理技术基本要求》国家标准（GB 20263—2006），该标准明确规定了不得在导航电子地图上展示的敏感信息。

3.安全保密政策法规问题分析

（1）涉密范围偏大、密级偏高：多数用户认为现行基础地理信息的涉密范围偏大，密级偏高，限制了地理信息的应用范围和应用层次，也制约了地理信息产业的形成和发展。

（2）保密范围与保密登记的确定缺乏科学论证：对于哪些基础地理信息应当保密，哪些应当放开的认识较为主观，应进行深入研究，以便做出科学决断。

（3）数字信息与模拟地图未明确区分：现行基础地理信息保密政策法规基本以模拟地图为面向对象，对于现在越来越成为主流的数字化、电子化地理信息及要素未明确区别对待。

（4）管理机制不够健全：国家和省级地理信息保密管理体制比较清晰，但是向下到市、县级则不十分清晰，缺乏健全的测绘地理信息安全保密实施及监管体制，在信息安全保密方面主要依托各级保密局行政检查，隐患较多。

（五）测绘地理信息市场政策法规问题分析

按照社会主义市场经济的实践环境标准，从建立一个统一开放竞争有序的现代市场体系要求看，目前所形成的测绘与地理信息市场还处于初级阶段，仍存在以下几方面的问题。

（1）部门多头管理和发证。在政府管理上，部门多头管理，市场准入多头发证，没有形成一个真正统一的测绘市场准入管理部门。当前的情况是除政府测绘行政主管部门在履行测绘单位资质审查发证职能外，其他专业部

门由于受长期以来计划经济体制的影响，将"行业垄断"、"行政保护"引入了市场，每个部门自上而下自成系统，保护自己部门的利益。这种沿袭下来的部门垄断惯性，根深蒂固，一时难以根除。一些专业管理部门变相发测绘市场准入许可证，如工程勘察许可证中可进行工程测量，地籍调查许可证中含地籍测绘；甚至军队系统也可给军事测绘单位发测绘市场准入许可证，等等。这就给政府统一管理造成了困难。

（2）公平竞争的市场环境没有形成。形成市场公平竞争机制的基本条件是进入市场竞争的主体必须是自主经营、自负盈亏的企业法人主体（含自收自支的事业单位），而长期以来的情况是有相当一部分吃财政人头费的测绘事业单位也能进入市场，致使市场公平竞争的基础不复存在，恶意压价竞争屡见不鲜。

（3）行政分割形成市场垄断。行政垄断表现在：一方面，一些行业主管部门不开放或变相不开放本身所管辖的工作中涉及测绘的市场领地；另一方面，对所属的或以前所属的测绘单位进行保护，从而难以形成一个统一、公平的市场。

（4）3S 企业在产业上无政府主管。对近几年建立起来的一大批 3S 民营企业，没有依法明确管理的部门，从而在市场的测绘资质资格管理上形成真空，因为测绘行政主管部门认为它们不属于测绘单位，不属于自己管理的范围。而实际上它们中的相当一部分单位从事地理信息的采集、加工、服务和地理信息系统工程建设，在业务性质与技术手段上与测绘没有两样，应该属于一种新形式的民营测绘企业。无主管的结果加剧了测绘与地理信息市场的无序竞争。

（5）地图市场问题多。一些单位或个人急功近利，私自编制、出版、发行地图，不仅扰乱了地图市场，而且常常出现地图政治原则性错误，给国家造成极大损害。2001—2003 年，测绘、工商、新闻出版、外交、商务、海关等部门联合对全国地图市场进行整顿，查处了一批违法事件和违法者，地图市场秩序大有好转，但地图市场的监督管理是一项长期的任务。

从上面对测绘与地理信息市场的现状分析可以得出如下结论：我国已初步形成测绘与地理信息市场，它是随国家经济和信息化建设、社会发展、人民物质文化生活日益提高的需要而产生，并伴随着社会主义市场经济的发展而发展。但这个市场及其配套的政策法律制度至今还处于初级阶段，地理信息产业目前尚缺乏指导全局的国家宏观调控政策以及配套措施，现有的法律法规不能满足地理信息产业发展的需要。特别是在地理信息的公开和保密管理、提供和使用管理、知识产权保护、标准、质量与价格方面缺乏有效措施。市场准入制度不健全，产业集约化程度低，规模效益不明显。另外，地理信息产业的政策引导和扶持不足，缺乏宏观上指导地理信息产业发展的规划和战略，缺乏引导和激励投资的财政、税收等方面政策。尽管地理信息资源越来越丰富，但由于共享观念落后、共享渠道不通畅、共享机制不健全、标准不统一、保密措施限制等原因，地理信息资源的供给和需求之间还存在很大差距。

（六）我国测绘地理信息共享政策现状及问题分析

测绘地理信息共享是当今地理信息科学，特别是地理信息系统面对的一个难题，也是测绘地理信息发挥其对经济建设和社会发展的巨大作用的一个舞台。《中国资源科学百科全书》中对信息共享的定义是"在一定程度开放条件下，同一信息资源为不同用户共同使用的服务方式"。根据此定义，广义的基础地理信息共享应是指在符合有关政策法规规定的条件下，测绘部门提供基础地理信息为社会各有关主体使用的服务方式。显然，广义的共享在本质上是基础地理信息的社会化服务。从狭义的角度看，基础地理信息共享主要是指政府部门之间的数据交换行为，参与的主体主要包括测绘部门、有关政府部门和军队测绘部门。由于种种原因，这种交换目前并不顺畅。

地理信息共享涉及信息共享的政策、管理、标准、技术和法律等一系列问题，包括地理信息标准化问题、地理信息共享的技术方法问题，测绘地理信息的保密和安全问题，共享的政策和法规问题、有偿和无偿共享问题，用户资质问题，测绘地理信息资源年产权问题及数据质量和数据质量控制问题等。

测绘部门与有关部门之间共享的主要目的是：测绘部门使用其他部门的专题数据更新基础地理信息数据，其他部门使用基础地理信息数据丰富本部门的专业数据内容。测绘系统内部共享，主要是指上级测绘部门使用下级测绘部门的较大比例尺地理信息数据，来更新本部门的较小比例尺地理信息数据；下级测绘部门将上级测绘部门的数据用于应急救灾等任务；相邻区域的同级测绘部门之间共享对方数据，为国民经济发展提供统一的基础地理信息数据支持，等等。军队和地方测绘之间的共享，既有利于对双方数据的及时更新，又能避免重复测绘。

1. 测绘地理信息共享的现状

测绘部门与其他部门之间的地理信息共享，在国家和区域两个层面上均

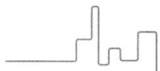

取得了较大成绩。1999 年，国家测绘局向 14 个党政机关和有关部门无偿提供 1∶250000 基础地理信息数据，2003 年又将一批重要的基础地理信息无偿提供给近 40 个党政机构和部门。近几年，国家测绘地理信息局先后与交通部、国土资源部、公安部、国家安全部、民政部、国家环保总局、国家气象局、中国地震局、中国地质调查局等 20 多个部门签订了地理信息共享协议。在区域层面，浙江、江苏等一些省份测绘局纷纷与外省的一些部门签订了基础地理信息共享协议。

在测绘系统内部，基础地理信息共享工作正在开展。不同级次的测绘部门之间共享取得进展，浙江、江苏等省的省级测绘行政主管部门，与外省的市级测绘行政主管部门签订了基础地理信息共建共享协议，建立了合作关系。区域合作也取得了突破，浙江省测绘与地理局、上海市测绘院和江苏省测绘地理信息局达成《沪苏浙地理信息资源共建共享合作协议》。

近些年来，军队和地方测绘部门之间相互合作、资源共享有了很大的改进，建立了资料交换关系，互通有无。例如，新疆维吾尔自治区测绘局与兰州军区、河北省地理信息局与北京军区测绘大队、安徽省测绘局与安徽省军区司令部等已经先后开展了基础地理信息数据资源共享工作，并签订了数据共享协议书。

2. 测绘地理信息共享问题

总的来看，测绘部门主动向其他部门提供基础地理信息数据的工作做得较好，而其他部门向测绘部门提供其拥有的专题地理信息时则不够顺畅，一些部门未能及时向测绘部门提供本部门的数据。测绘系统内部的基础地理信息共享，尽管取得一定进展，但仍是局部规模，范围不够广。军队测绘部门之间的基础地理信息共享，在深度和广度上都尚未达到理想状态。

3. 问题产生的原因

（1）缺乏统一立法。总体上看，我国政府信息资源共享法制工作相对比较滞后：一是已有的一些法规层次太低，关键领域和环节立法欠缺，远不能满足实际需要；二是缺乏综合性基础性政务信息资源共享立法，导致众多环节工作受体制、机制、利益等问题影响，处于无序状态。20 世纪 80 年代初期开始，我国学者就开始了有关地理信息共享立法的研究，一些研究成果陆续产生，呼吁制定地理信息共享法的呼声持续不断。然而，由于种种原因，至今我国仍然没有一部有关地理信息共享的法律，严重阻碍了基础地理信息共享的推进。

（2）无偿共享不符合市场经济规律。我国已初步建成社会主义市场经济体制，无论是政府行为还是个人经济行为，都要遵循经济规律。基础地理信息共享，同样要遵循经济规律，按照等价交换的原则进行。根据新公共管理理论，政府部门也是"理性经济人"，也追求一定的利益。然而，基础地理信息共享过程中，数据提供多为无偿形式，对共享双方没有激励作用，各方的利益没有得到有效保护。此外，有些部门担心数据会被出售或被用于共享协议规定以外的其他用途，从而影响本部门的利益，因此不愿提供数据。上述原因使得无偿共享不具有可持续性。

（3）缺乏有关的产权制度。基础地理信息共享交换过程中，必然涉及数据的产权归属问题。目前我国尚缺乏有关地理信息资源产权的完善的法律制度，基础地理信息等政府信息资源的产权归属、交换数据时对有关产权的保护等尚无法律规定。这势必造成数据所有者的合法利益很难得到保障，影响了有关主体参与共享的积极性。

（4）其他原因。一是部门体制上的障碍。对于一些部门来讲，信息的垄断意味着权力的垄断。由于部门之间没有领导与被领导的关系，部门间信息共享存在着重重障碍。二是财政体制的原因。在我国现有的财政体制下，政府预算不透明，对政府投资预算的约束力不强，导致有关部门在生产专题数据时，往往不需要测绘部门提供的基础地理信息数据，而是直接申请财政资金支持。三是有关标准不统一。以往，由于缺乏基础地理信息数据的统一标准，一些部门建设地理信息系统或以地理信息为基础的专业信息系统时，不采用测绘部门提供的基础地理信息数据。四是技术上的障碍。部门间数据交换仍然以离线方式为主，数据交换量大，数据协同更新不够，导致共享的技术成本较高。

（七）时空信息基础设施建设对政策法规的新要求

1. 理顺测绘地理信息管理制度的要求

目前测绘地理信息的管理主要是通过测绘行政主管部门（各级测绘地理信息局，或国土或规划系统内部相应部门）行使管理职能，事业单位技术机构（如基础地理信息中心、测绘院等）承担技术保障或质量检查等工作，行业协会（测绘行业协会、地理信息协会等）负责行业自治。在智能城市管理体系下，这种行业内部管理的模式在协调其他部门按照统一标准，制订统一

规划和计划，建立统一空间支撑，实现测绘地理信息的统一利用方面缺乏力度，已不能满足空间信息与其他社会、经济、生态、文化等信息融合、管理的需求，需要从政策上探讨建立更高层面的测绘地理信息管理模式，理顺测绘地理信息基础设施建设制度。

2. 加强测绘地理信息科技创新的要求

智能城市建设必然要加入更多先进技术和新鲜元素，这就对以下方面提出了更高要求：不断完善科技创新体系，加快健全科技创新规章制度，从而加快信息化测绘体系建设，提高测绘地理信息保障服务能力；加强测绘地理信息基础研究和能力建设；加强自主创新，着力构建数字中国；加强地理国情监测，丰富测绘地理信息产品；积极开发利用测绘地理信息，抢占未来发展制高点等。

3. 创新测绘地理信息安全保密制度的要求

在智能城市、大数据体系下，海量的信息融合从横向和纵向上扩展了测绘地理信息的应用广度和深度，同时也带来了严重的信息泄露风险。传统的按数据类别划分密级、按密级确定保密方式和措施的安全模式并不能适合越来越多的共享应用需求，也不能完全杜绝从海量数据中挖掘敏感信息的可能。因此，应把握新形势、新技术、新应用的背景，重新界定保密范围和内容，科学制订保密措施，并尽可能通过"军民分版"的方式，开拓测绘地理信息的服务领域，以满足国防建设、国民经济建设和社会和谐发展对测绘地理信息的多元化需求。

4. 完善测绘地理信息标准规范的要求

完善的地理信息数据标准是规范测绘地理信息资源生产、推动政府及社会共享的重要前提。目前，制定或研究数据标准主要集中在测绘、GIS 软件开发专业人员中，政府部门、社会上其他各行各业用户的参与不够。遇到的标准问题主要有两类：一是如何通过标准化，促进智能城市中各种先进技术（如基于位置的物联网、基于超算平台的测绘生产、基于云服务的地理信息服务和共享等）的推广；二是在不同行业用户中达成共识和共用基础（如水利、林业、环保等各个行业的地理信息融合）。因此，各级测绘部门应参考《基础地理信息标准数据基本规定》《地理空间数据交换格式》等标准，与技术监督和标准化管理部门密切配合，根据智能城市建设理念及对测绘地理信息数据资源的需求，共同采取行动，建立适应智能城市运行管理的测绘地理信息标准规范。

5. 促进测绘地理信息产业发展的要求

我国目前对测绘地理信息资源产权的界定仍然十分模糊，并没有出台一套具体的法规对地理信息资源的产权归属问题做出界定。而智慧城市发展背景下，只有研究出台国家地理信息产权政策和法规，对相应产权界定做出明晰说明，明确界定测绘地理信息资源产权各类主题的经营管理支配权和收益权，才能充分调动市场的积极性。同时，智能服务、智能应用等新型业态的发展，也必然要求出台相应政策，引导、鼓励、促进市场向测绘地理信息智能化生产、管理、利用等方面发展。

6. 推进测绘地理信息共享利用的要求

当前，在尚没有一部有关政府信息共享的法律的情况下，为切实推动智能城市地理信息共享进程，建议有关部门抓紧研究制定智能城市地理信息共享的相关管理条例（以下简称"条例"）。

"条例"应打破政府与社会之间的共享障碍，规范政府与社会地理信息资源共享的方法和程序，明确共享的组织领导和协商机制，促进信息资源的跨部门、跨行业、跨领域交换共享，促进业务协同。"条例"要对政府及社会地理信息资源的采集、存储、传输、交换、共享应用等进行规范。数据采集方面，应明确规定遵循"一数一源，一源多用"的原则，避免重复采集。明确智能城市地理信息资源目录体系与交换体系的建设内容。

第12章

iCity

智能城市建设案例

一、"智慧苏州"

2011 年 10 月,《"智慧苏州"规划》通过专家评审,同年 12 月,经苏州市政府常务工作会议审议通过并正式发布。苏州市人民政府为确保"智慧苏州"更卓有成效地建设,确定 2012 年着力推进"智慧苏州"建设。

(一)发展目标

"智慧苏州"规划从苏州社会经济及民生发展现状与未来需要出发,将发展目标分为总体目标和具体目标进行阐述。

1. 总体目标

根据对国内外特别是"数字苏州"现状的分析与评估,对苏州经济社会的发展基础和面对的重大机遇和挑战的综合分析,提出"智慧苏州"的总体目标如下:

到 2013 年,全面实现苏州政务信息化、企业信息化和社会信息化,构建完备的覆盖大苏州整个经济社会领域的信息化体系;信息资源得到有效整合和高效、合理利用,全面实现信息资源共享和系统之间的互联互通互操作;开始进行由"数字苏州"到"智慧苏州"的转变的示范应用,数字化、信息化、智能化、网络化、无线化成为市民工作、学习和生活的主要方式;苏州物联网即"'感知中国'应用中心——苏州"、"三网"(通信网、广电网、互联网)融合成为现实并成为提升苏州市综合竞争力、实现经济社会可持续发展的主导力量,信息化总体水平达到国内领先水平。到 2020 年,"智慧苏州"全面建成并投入运行。

2. 具体目标

(1)建设"一个中心":建设"苏州市信息资源管理中心"。

(2)深化"两个整合":一是深化信息资源整合;二是深化分布异构信息系统之间的整合——互联、互通、互操作。

(3)促进"三个转变":一是促进经济发展方式的转变;二

是促进城市管理方式的转变；三是促进社会生活方式的转变。

（4）提升"四个水平"：一是提升信息技术与物联网应用水平；二是提升信息资源共享水平；三是提升公共信息服务水平；四是提升网络创新创业发展水平。

（5）构建"五个体系"：一是构建"智慧苏州"物联网基础设施体系；二是构建支撑"智慧苏州"的城市综合数据库体系；三是构建城市信息网络／网格服务和决策支持体系；四是构建基于物联网和云计算的感知数据智能处理体系；五是构建"智慧苏州"建设与运行的保障体系。

（二）"智慧苏州"建设内容规划

在《"智慧苏州"规划》"三大任务、六大平台和九大工程"的整体框架下，围绕信息基础设施建设、"智慧苏州"应用推广、"智慧苏州"产业培育三大任务，建设地理信息共享平台、综合信息共享平台、综合决策支持平台、市政设施管理智能化平台、智慧大交通综合服务平台、城市应急综合智慧服务平台等六大平台，推动实施智慧民生、智慧卫生、智慧教育、智慧交通、智慧城管、智慧平安、智慧旅游、智慧农业、智能电网等九大工程。其典型项目如图 12.1 所示。

根据智慧城市体系架构层次，划分为三个专题领域，实施智慧城市信息基础设施建设、智慧城市信息资源集成共享平台建设以及综合应用与服务系统建设等三方面的战略性、概念性研究。

1. 智慧城市信息基础设施建设

（1）网络及通信基础设施

实施新一代智慧型基础设施建设，使得信息基础设施建设水平达到国际一流、国内领先水平。建设骨干智能光网和基于 IPV6 的城域网和无线网，城域网出口带宽达到 TB 级，无线宽带网络实现全覆盖；物联网基础设施建设取得阶段性成果；推进电信网、广电网、互联网、物联网和无线网的"多网融合"，促成电视、电脑和移动手机"三种屏幕"的融合。

（2）空间信息基础设施

空间信息基础设施包括城市基础地理空间数据、支撑软件和应用软件。基础地理空间数据包括全要素框架数据、核心框架数据和新一代框架数据（三维核心框架数据）；支撑软件如地理信息系统、遥感信息系统、三维可视化软件、分布式数据库系统等软件；应用软件如集城市地下、地表、地上于一体的"立体化"、"逼真化"和"可进入"、"可量算"、"可分析"的城市三维模型集成应用系统，基于网格的跨地区、跨部门、跨行业的大规模连续运行基准站网系统 (CORS)。

九大工程体系项目
- 苏州市公交调度信息化指挥系统
- 高新区"智慧交通"综合项目
- "学在苏州"市民终身学习云平台
- "智慧环卫"信息化系统
- 相城区区域卫生信息化系统
- "智慧旅游"管理平台
- 苏州市农产品产销对接平台
- 苏州地税"掌上税务"项目
- 苏州市"智慧保险"服务平台
- 苏州市水利水务指挥调度平台系统
- 基于广电网络的苏州"智慧社区"建设
- "智慧家园"房产行业综合应用系统
- 检验检疫质量信用分类监管信息化平台

六大平台体系项目
- 苏州市公共信用信息基础数据库和服务平台
- 苏州市老年数据中心及其应用服务平台
- 苏州市人口基础信息数据库
- 苏州市公共电子地图服务平台
- 基于"无线苏州"平台的智慧大交通移动互联网应用

三大任务体系项目
应用推广
- 智慧城市移动互联网展示中心
- 苏州吴中太湖新城智慧绿岛项目建设
- "智慧苏州"建设成果公共展示平台
信息基础设施
- 苏州市4G网络建设及应用
- "宽带苏州"建设及应用

政策法规组织体系建设

标准安全评估体系建设

图 12.1 "智慧苏州"369 整体框架

（3）感知网设施

构建智慧城市感知网，建立城市信息感知体与服务体的广泛互联，为城市信息实时、准确获取提供基本保障。主要工作包括：智慧城市天—空—地一体化传感器布设与优化设计，有线、无线、静动态一体化感知网体系结构与网络协议，传感器信息接入与协作传输，大规模传感器快速部署、自组织组网技术，异构感知网信息互联与共享。

（4）基于传感网的协同观测服务平台

搭建物联网协同观测服务平台，实现智慧城市的信息获取和汇聚。主要工作包括：传感器观测信息模型与表达，基于任务的多传感器协同观测，多协议传感器观测数据服务，传感器观测信息高效查询，多传感器数据实时融合与同化，物联网观测服务链构建方法。

2. 智慧城市信息资源集成共享平台建设

智慧城市信息资源包括数据资源、网络资源、计算资源、媒体资源和业务资源等。智慧城市信息资源集成共享平台通过先进的网络集成和服务共享技术，实现各种资源的分布式异构集成、全面共享与智能服务。

（1）智慧城市信息资源集成管理平台

该平台包括两部分：①建设统一的数据资源共享与交换平台、信息资源交换体系，实现包括城市各类数据资源、媒体资源、业务资源等在内的信息资源共享与交换，构建统一的服务注册中心、全局服务目录、资源状态的运行与维护控制、授权认证管理，全面实现统一交换管理、统一授权管理、统一运维控制；②构建海量智慧城市时空数据仓库，为城市信息的在线分析奠定基础，包括城市多源异构时空数据表示模型、城市时空基准与地址编码方法、多源异构信息的快速整合方法、城市基础设施与部件监测信息管理方法、时空数据快速变化检测与实时更新方法、时空数据压缩与多维可视化方法。

（2）智慧城市虚拟存储服务平台

构建基于虚拟化存储技术的虚拟存储服务平台，实现物理存储资源的虚拟化，所有客户共用一个虚拟存储池，统一的数据资源中心，服务器集群，数据资源共享，格式转换、存储和分析计算。

（3）智能服务、决策支持与协作平台

依托信息资源集成管理平台和综合信息集成共享平台，研究集成异构数据的智能分析与建模方法，构建智能服务、决策支持与协作平台，提高面向多层次、多粒度用户的辅助决策支持能力，为城市运行管理、建设规划、应急指挥、决策支持奠定基础。主要工作包括多源数据智能挖掘分析、智能空间分析统计、智能视频检索分析、分析决策模型仿真、领域知识库构建和辅助决策、决策模型服务链智能组合等。

（4）智慧城市综合业务服务化支撑与时空信息高效服务平台

构建基于网格技术的城市信息系统集成平台，遵循"开放的标准—服务封装—服务注册—服务组合"思路，抽取行业应用的业务流程和功能需求，将部分核心功能从行业密切相关的流程中剥离出来，包装成面向不同行业的通用服务，提供对外服务接口，提供面向示范行业的应用。一方面，通过网

格化节点管理技术，对包括网络资源、计算资源、业务功能等在内的各类企业级信息资源进行集中管理，实现城市遗留（已建）应用信息系统的整合和信息资源的共享与互操作；另一方面，针对城市信息服务对象多、服务形式各异、服务系统异构等特点，提供高效时空信息智能服务，包括基于三网融合和有线无线网络互联，分布式海量城市时空数据高效检索，城市数据分布式并行处理，智慧城市信息服务快速发现、组合、执行、监控与质量评价，应急情况下城市时空信息快速汇集与聚焦服务等。

（5）智慧城市物联网综合信息集成共享平台

对下接入多种行业终端，对上支持多种行业应用，把各种垂直的物联网应用整合成一个扁平的应用网络体系。基于物联网综合信息集成平台可以进行物联网应用建设，各行业应用在数据和业务管理等层次进行不同程度的融合，全面实现城市物联网相关数据的互联互通及应用的智能处理。系统作为物联网集成共享平台，其架构与功能也能单独应用于某个行业或某个企业的物联网，具有复制、重用与推广价值。

（6）智慧城市信息安全支撑系统

建立智慧城市信息安全系统，为智慧城市提供信息安全保障。主要功能包括：智慧城市敏感信息追踪与防泄露，用户与服务网络之间的可信认证，面向信息联动的应用平台安全基础设施及运行框架，大数据量多级别的空间数据安全访问机制；跨应用的传感器认证与传输安全控制技术，面向大众的云／网格计算安全服务。

3. 综合应用与服务系统建设

（1）智能市政设施管理信息系统

建立基于无线传感器网络的市政设施管理系统，实时监测城市供水系统的流量、水压和水质，对漏水情况及时进行处置。建立基于物联网技术的市政设施管理智能化平台，实现地下管网、道路及附属设施、桥涵及附属设施、照明设施、垃圾处理设施等市政设施自动监控和智能化管理。

（2）智能交通信息系统

完善城市应急联动指挥系统和城市智能交通体系。建立基于无线传感器网络的智能交通系统，实现城市各路口交通流量测量和监控。集成出租车智能管理系统和城市智能公交系统，实时感知路口车辆，计算各路段交通流量和阻塞状况，建立车辆疏导预案库，并基于交通阻塞状况和车辆疏导预案库，及时提出疏导方案并实施车辆疏导。建设智能交通信号控制系统，可根据路口的车流量自动调节红绿灯时间，以提高路口通行效率。

（3）智能社区信息管理系统

整合社区热线服务资源，建立统一的社区服务热线。整合社区层面的管理平台，实现社区事务"一站受理、一网协同"，信息采集"一次产生、多方使用"。建立社区公共服务平台，为居民提供婚姻生育、户籍护照、学校教育、医疗卫生、劳动就业、社会保障、残疾人康复、土地房产、消费维权、法律援助等服务。通过家庭到社区的物联网和智慧信息管理系统，使社区管理突破原有的信息孤岛局限，增强社区中各种角色（包括居民和居民家中的电器或安防设备等）之间的交流与互动；构建智能住宅、智能家居系统等在内的智慧社区服务体系，有效提升社区服务水平，促进社区和谐发展。

（4）智慧城市突发事件监控和应急处置信息服务系统

建立并完善城市应急管理平台体系，提高政府部门对各种突发性事件的监控、决策和应急处置能力。加强城市监测预警体系建设，完善水文、气象、地震、地质、环境、疫情、安全生产等监测和关键基础设施的监测监控，建设城市各项风险隐患数据库，建立预警信息发布和传播体系，建成比较完善的灾害监测、预警预报网络体系。加强综合应急平台和专项信息系统建设，构建上下贯通、左右衔接、互联互通、信息共享、各有侧重、互为支撑、安全畅通的全市综合应急平台；建立应急管理综合管理系统，建成各项应急数据库，做到资源、信息共享和数据的动态信息化管理，形成完整、统一、高效的应急管理信息与指挥决策支持系统。

（5）智能医疗综合服务系统

发展互联、协作、共享的智慧医疗体系。重点推进医疗服务、社区卫生、疾病预防、卫生监督、突发应急处置等方面的信息系统建设，重点建设十大工程：医疗便民服务"一卡通"工程、城乡居民健康档案信息系统、社区卫生服务信息系统、个人健康管理平台、卫生监督移动执法系统、预约挂号平台、数字化医院、突发公共卫生事件应急与指挥决策系统、医疗急救信息系统和疾控信息系统。

建立市、区两级卫生数据中心和卫生信息服务公共平台，统一监理全市居民健康档案，实现城市卫生行政部门和各级医疗卫生机构信息系统的互联，实现电子病历、医疗检查等医疗信息共享。实施远程医疗和远程护理，为残障人员等弱势人群提供关怀。

（三）年度重点推进计划

1. 2012 年度"智慧苏州"重点推进项目（如表 12.1 所示）

表12.1　2012 年度"智慧苏州"重点推进项目汇总

序号	项目名称	责任单位	2012年度建设内容
1	苏州市"社会保障·市民卡"项目	苏州市经济和信息化委员会；苏州市人力资源和社会保障局	1. 软件系统建设，包括核心业务系统和综合服务平台的建设； 2. 硬件系统建设，主要包括系统集成、硬件设备采购与实施、自助终端、卡片与机具建设； 3. 运营体系建设，主要包括服务体系建设、运维体系建设和业务营运体系建设； 4. 完成230多万张卡片制作和发放，并完成零星制卡中心的建设； 5. 实现苏州大市范围内（除太仓外）的公交互通，太仓和无锡的互通协议已经签订，目前正处在技术开发中
2	苏州市家庭信息化项目	苏州市经济和信息化委员会；江苏省广播电视信息网络股份有限公司苏州分公司	1. 不断推进基础设施建设，优化网络结构，加大高清互动机顶盒的普及率，年底高清互动用户将达30万户； 2. 打造"云媒体"全新视觉平台，完成了由本地资讯集成及发布平台、电视支付平台、统一业务交付平台及多媒体视频通信平台组成的四大主体平台的建设。该平台涵盖频道、点播、高清、资讯、生活、商务、娱乐、视讯通、营业厅九大版块，涉及政务、民生、缴费等各方面信息资讯； 3. 搭建深入家庭的百姓资讯平台，通过与相关职能部门的洽谈，完成了《文化苏州》《苏州人社》《价格800》《人口之窗》《交警直通车》《生态农业》及《智慧社区》等政务民生栏目或频道的对接，充分挖掘了科技、教育、卫生、文化、公安、交通等政府部门资讯信息服务，满足了苏州老百姓的需求； 4. 探索便民支付在电视上的实现，通过与银行方的合作，实现了与银行的互连，完成了水、电、气、视、讯等的查询及缴费功能，实现了便民业务覆盖，同时通过与市民卡的技术对接，只要外接读卡器，即可在家中实现市民卡电子钱包消费功能

续表

序号	项目名称	责任单位	2012年度建设内容
3	"智能电网"工程	苏州市经济和信息化委员会；江苏省电力公司苏州供电公司	智能家居建设、样板房建设、应用软件开发已完成
4	苏州市电子政务数据中心建设	苏州市发展和改革委员会	确定数据中心机房位置，完成数据中心设计方案
5	苏州市"感知价格"重要民生商品价格信息服务平台	苏州市物价局	已按实施计划，通过民价通、药价通、农价通、资源通、集团采购通网站网络数字化建设，成功组建了价格数据中心信息库，覆盖由全市的149家经营服务单位和178名市场价格监测调查员组成的重要民生商品价格（收费）采集公布系统网络；完成了网络在线填报系统、3.5G数字智能终端采报价系统、有线电视《价格800》频道、电信ITV价格专有频道、农产品平价直销网络监管系统的建设
6	数字生活综合地理服务平台	苏州市规划局	1. 数字社区综合服务平台；2. GPS监控共享服务平台
7	苏州市人口公众查询信息平台二期	苏州市人口和计划生育委员会	1. 项目专家论证、政府采购和试点确定；2. 人口基础数据和房屋地理信息的初次采集进机；3. 网络架构的调试、软件功能范围的确认和程序开发；4. 试点单位数据核对和补充
8	城市应急指挥中心	苏州市公安局	按照苏州市应急指挥中心建设的时序和分步实施计划，2012年年底完成苏州市应急指挥中心建设一期软硬建设任务，构建城市应急指挥中心基本构架和主要功能
9	现代农业综合服务管理平台	苏州市农业委员会	1. 截至11月底，对单位下属的农机站、农业行政执法支队、种子站、农产品质量监测中心等各单位进行了深入的信息化调研，全面掌握了各单位的信息化现状和信息化新需求、新想法，并以此为依据完成了苏州市现代农业综合管理平台建设方案设计；2. 项目建设方面，完成了云媒体电视苏州生态农业展示系统建设，农业地理信息系统已经初步建成，完成虞河智能蔬菜基地建设；3. 产销对接系统、智能农业生产基地、农产品质量安全可追溯系统对接、历史农业数据集成系统等已完成建设前期准备工作

续表

序号	项目名称	责任单位	2012年度建设内容
10	民政公共服务云视频平台建设	苏州市民政局	借助现有的3G网络、Wi-Fi技术，利用电脑、有线高清电视、智能手机及平板电脑等终端以及视频路由器（MCU）、视频网管软件及终端License等软件和设备实现视频远程应用；全面实现居家及机构养老远程探视、公墓远程祭扫、民政救灾远程同步指挥、结婚领证远程同步庆贺等民政公共服务
11	智慧出行综合信息服务系统建设	苏州市交通运输局	完成了基本的出行方案查询功能、出租车预约服务试点、公交车辆位置实时跟踪等
12	"智慧校园"项目	苏州市教育局	1. 2012年年底已完成了苏州教育E卡通项目二期建设和苏州教育公共服务平台一期建设，其中教育E卡通项目属全国首创。截至2012年9月，已发放学生卡30余万张，学生凭教育E卡通乘坐免费公交达1330万人次，乘坐免费轨道交通53万人次，校外图书借阅近6万人次，成为中小学生学习和生活不可或缺的好帮手。苏州教育公共服务平台已完成超过2000讲"名师课堂"的制作，全部免费开放，获得了广大师生和家长的好评； 2. 完成了苏州教育城域网一期改造工程，实现了市教育局直属学校百兆接入苏州教育城域网，校内万兆核心、千兆到桌面，主要教学区域无线覆盖的建设目标，为建设基于教育城域网的智慧教育云计算基础支撑体系打下了牢固的基础
13	"感知健康"医疗物联网卫生信息服务系统	苏州市卫生局	建成区域卫生信息平台，建成社区移动网络，建成社区自助体检小屋两处（配备身高体重一体化检测仪、血糖检测仪、血压检测仪、肺活量检测仪），建成健康管理平台，实现健康管理平台与区域卫生信息平台的联网
14	"数字城管"三期	苏州市市容市政管理局	1. 城管行政执法管理系统； 2. 城管通采购及手机端软件开发（数字城管移动办公、移动执法）
15	"智慧街区"信息化平台	苏州市商务局	完成东大街小学附近和司前街文化市场附近两个智能终端机以及世茂商区一期三个智能终端机的建设

201

续表

序号	项目名称	责任单位	2012年度建设内容
16	苏州"智慧旅游"及其应用	苏州市旅游局	1. 完成了苏州六大旅游品牌的建设和推广，同时对营销联盟中的各旅游企业进行有效管理；营销平台作为苏州市旅游局与企业合作的标杆，形成了具有权威性的官方公共产品体系，为苏州各类优秀旅游企业提供官方信息的展示平台； 2. 已建"景区查询""行程推荐""活动介绍"几大特色版块，游客通过下载应用程序并安装后可以查询到苏州吃、住、行、游、购、娱各类旅游资讯
17	吴中相城与市区社保并轨系统建设	苏州市人力资源和社会保障局	1. 打破区域分割，统一政策框架，提高统筹层次，健全社会保障经办管理机制；解决劳动就业网络管理比市区滞后，部分政策与市区不一致等问题，实现"整合共享"和"智慧服务"； 2. 并轨后的人力资源和社会保障信息管理系统将适应市区、吴中区、相城区三地政策和业务经办，同时向三地参保人员发放统一的社会保障卡，参保人员在定点医疗机构同一窗口持卡就医
18	机动车排气监管系统	苏州市环境保护局	1. 实现监控平台与各检验机构的网络联接，具备对各检验机构检测工位的点播式瞬时同步监控功能； 2. 与环保标志发放数据库对接，建立高污染车辆信息库和超标排放车辆信息库； 3. 完善机动车信息和排放数据的收集、统计、分析等功能； 4. 具备对各监测机构的反控能力

2. 2013年度"智慧苏州"重点推进项目（如表12.2所示）

表12.2 2013年度"智慧苏州"重点推进项目汇总

序号	项目名称	责任单位
1	苏州市公共信用信息基础数据库和服务平台	苏州市经济和信息化委员会
2	市民卡拓展功能综合应用服务平台（二期工程）	苏州市经济和信息化委员会；苏州市城市信息化建设有限公司
3	苏州市电子政务数据中心建设	苏州市发展和改革委员会
4	苏州教育基础信息库和资源中心建设及应用	苏州市教育局
5	苏州市人口基础信息数据库建设	苏州市公安局
6	苏州市城乡社区综合管理和服务信息平台	苏州市民政局
7	数字苏州地理空间框架建设	苏州市国土局

序号	项目名称	责任单位
8	苏州市地理信息三维街景服务平台	苏州市规划局
9	数字城管三期项目	苏州市市容市政管理局
10	苏州市水利水务综合服务基础平台及应用系统	苏州市水利（水务）局
11	苏州市农产品质量安全监测监管平台	苏州市农业委员会
12	苏州市民卡便民诊疗服务工程	苏州市卫生局
13	苏州市生态文明建设地理信息及环境质量监测集成平台	苏州市环境保护局
14	姑苏区智慧旅游服务平台	苏州市旅游局
15	"无线苏州"城市信息手机终端应用集成平台	苏州市广播电视总台
16	苏州市电力需求侧管理（国家试点）公共服务平台	苏州市经济和信息化委员会；江苏省电力公司苏州供电公司
17	智慧苏州无线局域网（Wi-Fi）建设项目	中国电信股份有限公司苏州分公司
18	"感知中国"应用中心——苏州项目示范应用	中国移动通信集团江苏有限公司苏州分公司
19	"智慧苏州"建设成果体验展示公共平台	中国联合网络通信有限公司苏州市分公司
20	苏州市家庭信息化（云媒体电视）推广应用	苏州市经济和信息化委员会；江苏省广播电视信息网络股份有限公司苏州分公司
21	中小微企业中银"智慧小贷"网络平台项目	苏州市人民政府金融工作办公室；中国银行股份有限公司苏州分公司
22	姑苏区农贸市场信息化系统建设工程（一期）	苏州市姑苏区人民政府
23	工业园区"智慧出行"综合项目	苏州工业园区管理委员会

3. 2014 年度"智慧苏州"重点推进项目（如表 12.3 所示）

表 12.3　2014 年度"智慧苏州"重点推进项目汇总

序号	项目名称	责任单位
1	苏州市公共信用基础数据库和服务平台二期建设及应用	苏州市经济和信息化委员会
2	"学在苏州"市民终身学习云平台建设	苏州市教育局
3	苏州市人口基础信息数据库二期	苏州市公安局
4	苏州市老年数据中心及其应用服务平台	苏州市民政局

续表

序号	项目名称	责任单位
5	"智慧家园"房产行业综合应用系统	苏州市住房和城乡建设局
6	苏州市公共电子地图服务平台	苏州市规划局
7	"智慧环卫"信息化系统建设	苏州市市容市政管理局
8	苏州市公交调度信息化指挥系统	苏州市交通运输局
9	苏州市水利水务指挥调度平台系统工程建设	苏州市水利（水务）局
10	苏州市农产品产销对接平台	苏州市农业委员会
11	基于广电网络的苏州"智慧社区"建设	苏州市文化广电新闻出版局；江苏省广电有线信息网络股份有限公司苏州分公司
12	"智慧旅游"管理平台	苏州市旅游局
13	基于"无线苏州"平台的智慧大交通移动互联网应用	苏州市广播电视总台
14	苏州地税"掌上税务"项目及应用	江苏省苏州地方税务局
15	检验检疫质量信用分类监管信息化平台	苏州市出入境检验检疫局
16	"宽带苏州"建设及应用	中国电信股份有限公司苏州分公司
17	苏州市4G网络建设及应用	中国移动通信集团江苏有限公司苏州分公司
18	"智慧苏州"建设成果公共展示平台	中国联合网络通信有限公司苏州分公司
19	苏州市"智慧保险"服务平台	苏州市金融办；苏州保监分局
20	苏州吴中太湖新城智慧绿岛项目建设	吴中区
21	相城区区域卫生信息化系统	相城区
22	智慧城市移动互联网展示中心	姑苏区
23	"智慧独墅湖"	工业园区
24	高新区"智慧交通"综合项目	高新区

4. 2015 年度"智慧苏州"重点推进项目（如表 12.4 所示）

表 12.4　2015 年度"智慧苏州"重点推进项目汇总

序号	项目名称	主要内容	责任单位
1	苏州市公共信用信息管理服务平台	建设苏州市公共信用信息管理服务平台，完善全市统一服务平台及信用基础数据库。在协同部门联合深化数据挖掘的基础上开展信用信息应用，探索基于平台的一体化联动监管机制。培育适应苏州经济社会发展需要的信用服务市场。加强网络、数据、应用等多方面安全保障。主要建设内容包括：①建设联动监管服务平台；②建立公众服务平台；③建立部门绩效考评系统；④提升数据质量和信息安全。在原有数据基础上，将信用管理重点行业信用数据纳入采集范围，实现与各垂直行业信用系统的有效互动	苏州市经济和信息化委员会
2	苏州市智能监控惠民共享服务平台	建设基于视频专网和互联网的社会层面监控联网系统，整合政府部门及社会的监控资源，实现监控资源共享。以地理信息为基础，研发各类高端应用，提升治安防控能力。主要建设内容包括：①在市公安局现有视频监控汇聚和跨部门共享平台的基础上，进一步整合政府部门、社会企事业单位的监控资源；②研发视频实时智能分析及地理信息融合应用等高端系统；③承接姑苏区治安监控一至八期政府实事工程，对原有标清监控进行高清化改造，并根据防控新需要，在学校、医院、集贸市场门口和其他人员聚集地方补密	苏州市公安局
3	苏州市老年视频服务融媒体平台	建设老年视频服务融媒体平台，包括对视频网络、服务视频、应用系统的建设。主要建设内容包括：①在老年视频服务内容的基础上，通过信息系统融合如云媒体高清互动系统、电信iTV、无线苏州等现有传媒资源，建立广泛覆盖的老年视频服务网络，实现老年视频服务内容与媒体、与老人之间的良性沟通；②建立老年视频服务内容制作基地，制作包括教育、娱乐、文化、休闲、旅游等方面的多种服务视频，满足老年群体多层次、多样化、多方面的物质和精神文化需求；③建设老年视频服务融媒体技术系统和服务反馈机制，通过终端为老年群体提供全方位的规范化服务	苏州市民政局

续表

序号	项目名称	主要内容	责任单位
4	苏州市事业单位公开招聘网上报名系统	建设苏州市事业单位公开招聘网上报名系统，实现考生通过互联网在线报名、缴费和招考事业单位在线审核等功能。主要建设内容包括：①考生端报名系统。该子系统基于互联网，主要实现考生注册、考生报名、报名查询以及修改、网上缴费、打印报名表、打印准考证、成绩查询；②事业单位审核系统。该子系统基于互联网，事业单位通过第三方证书登录，主要实现事业单位招聘岗位维护、报名信息审核、报名信息查询；③事业处管理系统。该子系统基于内网，主要实现事业处对招聘计划、专业的管理和相关审核等业务	苏州市人力资源和社会保障局
5	苏州市"智慧家园"信息平台	建设"智慧家园"信息系统，实现各业务部门之间的互联互通、资源共享。建立各类企业与人员的基础数据库，加强房产行业的诚信体系建设。建设电子化申请和审批，进一步方便市民和企业办事。主要建设内容包括：①通过整合房屋建设前期、施工、验收、销售、物业、维修和拆迁等管理过程中产生的各类数据，形成房地产行业全生命周期的基础信息库，实现对房地产开发项目建设全过程的监管；②建立参与房屋开发、施工、销售和后期维护等环节的各类企业与人员数据库，完善诚信记录采集和考核体系，形成以诚信为基础的动态监管体系；③完善相关业务系统，实现电子化的行政审批，通过数据整合，实现资源共享，提高业务协同与信息资源共享水平；④建立一个集信息发布、公众查询等于一体的信息展示系统。以GIS为基础，以地图的方式，显示各类在建、在售、已售项目，实现与市民的互动；⑤建立大数据支持下的统计分析及决策支持，为行业管理提供决策支持服务	苏州市住房和城乡建设局
6	基于GIS与大数据的空间辅助决策平台	主要建设内容包括：①苏州市城市数据资源库。通过"一张底图"将苏州市在政务网下能进行共享的人口、经济、环境、交通、信用等各行业存量数据进行空间关联，形成开放式、可扩展的苏州市城市数据资源库；②空间辅助决策平台。利用大数据处理技术、GIS技术对空间数据、属性数据、决策知识库建立空间辅助决策应用模型，实现数据挖掘分析、政策模拟、指标预警等多种功能，提供空间辅助决策分析共享接口服务；③运维与支撑系统。主要实现用户、权限管理、日志管理及运维支撑相关功能	苏州市规划局

序号	项目名称	主要内容	责任单位
7	苏州市交通运输指挥中心指挥平台	建设苏州市交通运输指挥中心指挥平台，构建一个集"综合运输协调指挥""交通安全应急指挥""数据整合与综合分析""决策支持与信息服务"于一体的苏州市交通运输行业智能化交通运输体系。主要建设内容包括：①实现对全市公路、水路、城市道路的通行状况和运输状况的全面监管；②实现对交通应急事件的综合指挥；③实现数据整合与综合分析，实现服务信息的统一发布	苏州市交通运输局
8	社区智能微菜场	社区智能微菜场是苏州食行生鲜电子商务有限公司创立的生鲜宅配新模式，通过信息技术，用智能冷鲜柜解决生鲜配送的难题，借助电子商务技术，实现从农产品生产基地到居民餐桌的无缝对接，开创生鲜农产品销售的新型现代服务模式，解决社区居民买菜难问题。主要建设内容包括：①电商商务平台，食行生鲜电子商务平台由网站、智能终端、微信、手机应用、呼叫中心等构成，社区居民可不受传统菜场时间限制、距离控制、环境影响，随时随地订购生鲜食材；②社区智能微菜场，食行生鲜在社区内建设智能微菜场，社区居民通过食行生鲜电子商务平台下单后，持会员卡在智能微菜场刷卡即可取菜；③物流配送，通过标准化工作流程、信息化管理，利用专业冷鲜车短途冷链配送食材至社区智能微菜场保鲜柜；④食品安全管控，严控供应源头，经短途冷链配送到客户，减少流通环节，直达无流转，同时，配送中心配有检测室，保障食材安全	苏州市商务局
9	旅行社诚信平台	结合苏州市社会信用体系建设，建设旅行社企业诚信体系平台。通过建立旅行社诚信平台，向游客展示旅行社基本信息，实现游客对旅行社服务即时动态评价，让游客对旅行社有一个可量化的横向比较，对旅行社服务商做出自主判断和选择，促进旅行社加强自律，提高管理服务水平和诚信度。同时，逐步对接苏州市社会信用体系，融入全市社会信用体系，实现企业、个人信用信息的实时对接和交换	苏州市旅游局

续表

序号	项目名称	主要内容	责任单位
10	苏州市气体检测报警器云服务公共平台	整合质监、安监、消防、检测、燃气等资源，建设气体检测报警器云服务公共平台，强化安全生产重点监督企业管理。主要建设内容包括：①建设易燃易爆、有毒有害气体检测（报警）仪云服务平台，服务安全生产重点监管企业、学校、大型CBD商超公共场所、燃气公司加气站、燃气出租公交等行业；②提供质监、安监、消防、检测技术机构、使用维护单位、供气等多个数据接口，实现对重点管控的相关报警器数量、状态信息的实时查询，对新增及报废探测器分布直观清楚查看；③实时发布气体探测器选型、使用维护、检修指南，提供咨询答疑平台，传播安全生产、危机处理、逃生知识；④开发手机端应用App，对接数据平台，提供数据检索、检校、政策法规、技术咨询等服务	苏州市质监局
11	基于移动互联网的社区O2O服务平台——"苏式智慧社区"	基于移动互联网，打造"苏式智慧社区"O2O服务平台。以移动互联网、物联网为应用技术手段，连接小区业主、物流、周边商超等生活服务网点，为用户解决最后一公里服务。主要建设内容包括：①云家政一对一服务，通过手机终端可为社区用户提供在线住家保姆、钟点服务、家政月嫂、涉外家政、老年看护、孕婴护理等服务的预约、订购，可在线完成信息查询、订金／保证金支付、服务评价等操作；②一站式移动社区管理，通过"苏式智慧社区"手机App，实现物业费、停车费缴纳、水电气视讯费缴纳，以及物业公告、租售房信息、社区活动、拼车联谊等各种服务；③生鲜净菜点到点配送，以"苏式智慧社区"手机App为核心应用平台，提供生鲜净菜在线订购与支付服务，由社区农产品超市为社区订菜提供线下配送，由社区或代理商家统一增设智能生鲜柜，社区用户凭短信验证码取件；④社区商盟增值服务圈，整合社区商业资源，形成商业服务联盟，可为社区用户提供商品O2O服务、送货上门等服务	苏州市广播总台

续表

序号	项目名称	主要内容	责任单位
12	智慧苏州国税	实施智慧苏州国税项目。实现线上办税、就近办税、自助办税，实现纳税服务与税收执法的智能化。主要建设内容包括：①基于移动互联网的覆盖国税办税场所、逐步扩展到覆盖纳税人集聚场所的新型信息高速网路，建设有线和移动互联网的新型高速网路；②基于江苏国税网上税务局的各种自助办税、移动办税、移动办公终端泛在可视化应用，包括移动办税平台、互联网的自助办税、专用发票自助代开、专用发票自助发售、24小时自助办税等应用建设；③基于省数据仓库和市县信息共享平台的数据集成化智能化深度抓取、挖掘、分析应用，并建设苏州国税私有云；④基于苏州国税私有云的国税干部纳税服务、风险管理的智能应用，包括办税服务厅可视化管理、移动办公（执法）系统、高清视频会议系统、即时文字和视频交流系统、风险应对"工具箱"等系统建设	苏州市国税局
13	苏州地税涉税失信行为管理系统	建设苏州地税涉税失信行为管理系统，以支持苏州地税税收信用体系的构建。主要建设内容包括：①涉税失信行为归集与管理，实现系统自动归集、人工异常纠错、失信预告、信用修复管理等，为内部管理应用、外部门失信惩戒、纳税人信用自查奠定基础；②涉税失信名单的管理与应用，实现对涉税失信行为分级分类综合评价，按纳税人及自然人两个类别建立涉税信用档案，按失信程度筛选黑黄名单。提供基层分局日常税源管理监控、纳税证明出具，提供市级信用平台应用，其他部门信用审核使用。纳税人涉税信用自查自纠；③涉税失信管理轨迹跟踪与成效分析，实现涉税失信管理过程轨迹记录，与外部门应用情况反馈对接，影响与成效系统分析，持续改进日常管理与系统支撑	苏州市地税局
14	苏州"闪付通"便民支付工程	推广移动支付。苏州"闪付通"便民支付工程主要实现在公共服务领域，包括公共交通、旅游、医疗卫生等领域利用IC卡及手机等新型支付方式，满足公众快捷、安全支付要求，实现手持银行卡或者手机就可以乘坐苏州各种交通工具、不用排队购票游览园林、通过市民卡进行医疗及报销等功能	中国人民银行苏州市中心支行

续表

序号	项目名称	主要内容	责任单位
15	苏州志愿者智慧云服务平台	建设全市统一规范的志愿服务管理机制、服务标准、评价标准的信息平台。采用手机、电脑或移动终端设备等信息化手段，融合3G、4G移动网络随时随地为志愿者提供智能化服务。主要内容包括志愿服务活动信息的发布和志愿者的招募、市民申请加入志愿者团队、政府的政策动态向志愿者的传达、对优秀志愿者先进人员的评比、志愿者对自己服务活动的查询、时间银行的查询和积分查询、志愿者积分兑换等	苏州市文明办
16	智慧助残云服务平台	依托苏州市志愿者智慧云服务平台以及与市人口、信用、地理等部门的信息对接，搭建能够实现决策者、管理者、参与者对助残服务需求的收集，助残服务项目的发布、监控、评估，助残服务数据的分析和决策的云服务平台。搭建供政府与残疾人群体沟通的信息桥梁云服务平台。搭建能为残障人员提供及时全方位的生活帮助和服务，以及能高效运作的智慧服务平台。主要建设内容包括：①开发智慧助残服务门户平台、智慧助残基础信息管理平台、智慧助残数据交换平台、智慧助残身份认证平台、智慧助残领导工作平台、智慧助残志愿者服务平台以及智慧助残残障人员服务平台；②搭建智慧助残网络虚拟服务中心、人工互动服务中心和助残志愿者资源中心	苏州市残疾人联合会
17	吴中区智慧环保项目	主要建设内容包括：①建设环境数据中心，通过系统数据充分整合，为环境管理人员提供污染源环保管理档案信息，推进污染源信息共享；②建设环评审批决策、监察执法、行政处罚裁量等业务集成，形成规范化、流程化、全过程电子化管理；③利用物联网技术，全面升级污染源在线监控，实现排污现场智能感知；④建立环境一张图电子地理信息系统，将环境数据以图形化的形式直观形象地给予展示，结合环境海量数据、数学模型分析，展现区域内环境情况的变化趋势；⑤建设安全稳定的硬件基础设施，包括环境监控中心、污染源在线监控设施	吴中区人民政府

续表

序号	项目名称	主要内容	责任单位
18	姑苏区智慧历史街区	智慧历史街区是一个包括景区业务管理系统、高清数字监控、无线Wi-Fi覆盖、数字广播系统、线上旅游销售平台、手机App客户端的综合营运管理项目。主要建设内容包括：①建设业务管理系统，包括票务管理系统、客户管理系统、新闻通知发布等功能；②高清数字监控在景区布点并与公共"全球眼"平台无缝对接；③进行无线Wi-Fi建设，使用企业级AP设备，完全覆盖街区景区，建立运营平台，建立新型商贸模式；④以每隔10米为标准，进行数字广播系统布点；⑤建设线上旅游销售平台；⑥建设手机App客户端，实现景区预定、街区景区历史文化介绍、街区景区商铺介绍等功能	姑苏区人民政府
19	工业园区智慧教育枢纽平台	建设苏州工业园区教育枢纽平台。主要建设内容包括"一库一门户多系统"：①"一库"即教育基础库，包括教师库、学生库、学校库以及相应的数据管理平台，从区域层面对基础数据进行统一维护管理；②"一门户"即智慧教育门户，包括面向老师、学生、管理者、家长和公众的服务空间，各类用户可以通过一个入口、一个账号登录空间，门户通过应用集成平台，汇聚各类教育应用，方便用户使用各类应用系统；③"多系统"即面向教育和管理层面的多个应用系统，包括师资招聘、招生管理、教育协同管理、网络阅卷、教师研训、生态学习资源、综合发展评估等多个系统	苏州工业园区管委会
20	"指尖苏州"移动惠民服务平台	建设"指尖苏州"移动惠民服务平台。主要建设内容包括：①建设移动惠民平台，利用移动互联网技术和第三方支付平台，汇聚公用事业缴费、家政便民、休闲购物等功能，建立基于地理位置的商户和市民属性的服务纽带和平台，规范建立具有信用评价和口碑体系的商户列表；②未来家庭计划，衔接调用医疗卫生、法律援助、交通出行、人才招聘等政府已有平台和数据接口，根据不同类别的市民家庭服务需求，提供差异化、人性化的信息服务；③打造智慧出行体系，利用平安城市的视频监控体系和4G网络，提供智能路况分析、导航、端对端的路线设计、ETC自动缴费，实现居民小区、路面公共停车位、商业收费停车场的信息源共享和资源充分利用，实现基于车牌识别和LBS的快速交通综合解决能力体系	中国电信苏州分公司

续表

序号	项目名称	主要内容	责任单位
21	"感知中国"应用中心——苏州项目4G新应用推广	"感知中国"应用中心——苏州项目围绕城市管理、民生服务两大重点方向，在平安城市、数字旅游等重点领域开展4G新应用，如应急执法、智能网关、数字景区、NFC手机应用等。主要建设内容包括：①城市管理，在公安、消防、城管、环保等政府单位推广基于4G网络的应急执法、单兵作战应用，在通信、GIS等方面开展数据挖掘，探索在城市建设、交通规划等方面的应用；②智能家庭，面向家庭及中心企业推广和部署4G智能网关，使市民在随时随地使用4G网络的同时，也能体验各种智能家庭的服务和应用；③数字旅游，在各大景点推广涵盖旅游信息获取、旅游计划决策、旅游产品预订和支付、评价回顾全过程的数字旅游应用；④NFC应用，继续与市民卡公司、银行等单位加强合作，提供基于NFC技术的公交地铁、小额支付等服务	中国移动苏州分公司
22	"智慧苏州"建设成果公共展示平台	"智慧苏州"公共展示平台主要包括"苏州智慧化进程展示区""智慧苏州成果体验区""高新科技体验区"。通过平台的建设，全面展示"智慧苏州"建设中涉及城市公共信息、城市管理基础信息、行业信息等各方面的成功案例和科研成果，通过实际应用系统及产品的演示、操作，结合图、表、文字、实物、模型、多媒体等展示手段，以最直观的方式让观众切身体验到信息技术的发展给生产、生活带来的进步，营造全社会信息化应用氛围。平台同时提供智能化产品（云平台、智能社区、智能家居、智慧商务、远程医疗、远程教学等）、两化深度融合产品、4G-LTE高速无线互联网等新产品和新技术体验，生动展示"智慧城市""智慧家庭"的未来发展前景	苏州市经济和信息化委员会；中国联通苏州分公司
23	广电信息化全方位智慧平台	以NGB为着力点，打造广电高性能宽带信息网，构建下一代广播电视网络，结合无线城市建设以及新型终端的部署，推进苏州下一代互联网示范城市的建设。主要建设内容包括：①加强NGB建设，推进苏州下一代互联网示范城市的建设；②推进对"高清互动示范区"的推介力度，探索建设"高清互动示范社区（村）"的新模式、新业务；③发挥"智慧社区"信息发布中心基层宣传阵地作用，推进"智慧苏州"建设；④加快无线城市建设以及新型终端的部署，充分发挥视频宣传及资讯服务优势，强化智慧苏州的开发，推广具有广电特色的无线应用及无线覆盖项目	江苏有线苏州分公司

（四）"智慧苏州"的发展与经验做法

苏州市智慧城市建设从 2010 年开始起步，《"智慧苏州"规划纲要》以打破信息孤岛、整合信息资源、提升智慧服务为出发点，以信息化构建宜居、宜业、宜商的智慧城市为目标，在"数字苏州"建设的基础上，转型建设"智慧苏州"。通过"369"顶层设计，以智慧基础设施建设、智慧产业建设、智慧政府建设、智慧人文建设为突破口，构建了当前国内基础设施智能化、生活环境宜居化程度最高的智慧城市系统，提供全方位的便民和惠企服务。"苏州特色"智慧城市发展实践已经落地，发展水平居全国前列。

"苏州特色"采取"搭积木"方式，但并非简单地堆叠，而是通过顶层设计，统一规划和部署，各个智能化系统按照一体化架构进行构建，试点先行、有序推进、良性循环、积微成著；市政府每年财政投入 7 亿～ 9 亿元，用于 20 个左右的智慧项目建设，种下"智慧树"，收获"智慧果实"；长成参天"智慧大树"，建成"摩天智慧大厦"。其主要绩效表现在以下三个方面。

1. 有力支撑了苏州市信息化水平提升

经过几年来的建设，苏州城市信息化发展从数字化到网络化并逐步过渡到智慧化阶段，以物联网、云计算、3G/4G、大数据为基础的信息基础设施能力明显提升，以电子政务为基础的服务型政府基本建成，信息化和工业化融合向纵深推进。信息化对社会事业的促进作用显著增强，信息产业成为经济增长的重要引擎。"智慧苏州"基本框架已形成，不但为城市在发展中遇到的问题提供解决之道，特别是老百姓最关心的诸如"衣食住行安"中的难题，而且为苏州市信息化水平提升做出了重要贡献。与全国其他城市相比，苏州信息化发展总体水平在北京、上海、深圳、杭州等之后，居全国第一发展方阵，在江苏省地级市中居于首位。

2. 呈现了许多振奋人心的创新亮点

"智慧苏州"以加快信息基础设施建设、实施重点行业的重要示范项目、推动公共服务平台建设为主要任务，三年来共投资约 25 亿元，安排了 65 个重点推进项目。这些项目在民生及社会服务、产业转型升级、协作与资源共享、城市精细管理和宜居宜商等方面都取得了良好的成效。物联网公众服务、智慧旅游、教育信息技术协同创新中心应用创新示范、苏州智慧税务的创新咨询服务、公众智慧化新技术新生活新体验等，都已成为国内智慧城市建设创新亮点。

3. 展示了智慧城市建设的宝贵经验

"智慧苏州"建设经验做法可以概括为以下几个方面。

（1）组织开展年度智慧城市试点和推进项目的申报和评审。按照"急用先行、重点先行"的原则进行评选。2014年项目汰选率达47%。

（2）不断深化"智慧苏州"创建工作过程的监督管理。通过年度重点推进项目评估报告的方式，定期评估和公布重点任务完成进展情况，总结典型创建管理经验和模式，开展经验交流和培训。

（3）探索建立政府、融资机构、企业间良性共赢的合作机制和智慧城市建设和运营的商业模式。政府通过财政补贴的方式引导各部门、企业进行相关开发建设，提高了项目的执行效率。

（4）强化智慧城市绩效成果创建与应用。通过设立三个"智慧苏州"成果展示平台展现建设成效，引导创建城市更加注重机制体制创新。

（5）从家庭、社区、园区、新区、城镇单元功能智慧化入手，以点带面，提升城市品质。引导行业业务与创建智慧城市的深度融合。

（6）完善创新支撑体系建设，倡导三网、水务、地下空间、地下管网、绿色建筑等涉及民生、城市基础设施等的数字化应用与智慧城市有机结合，推动智慧城市标志性成果形成。引导重点项目科研成果在"智慧苏州"创建工作中应用推广。

4. 智启了未来生活模式转变

不知不觉中，"智慧苏州"的不少智慧应用已经悄无声息落地诞生在苏州市民身边。苏州居民不仅可以享受物联网、云计算、大数据带来的智慧生活，还可以与社区、城市进行智慧连通互动。点击手机中的智能终端，就可以选择睡眠、白天、出行、活动等各种情景模式。数据中心平台涵盖了老百姓需要的政策资讯、医疗、教育、体育、交通、文化、就业、物价、公安、天气、举报投诉、婚姻、养老、生活、旅游等多个领域的智慧民生服务内容，实现了一站式咨询服务。

随着社会和信息化的发展，城市的内涵在不断发生变化，影响城市发展的因素也在不断增多。下一步深化"智慧苏州"建设，要关注国际国内最新发展趋势，特别是理解智慧城市3.0的内涵，关键要注重绩效成果创建与应用，注意探索智慧城市可持续发展路线，力争为全国提供可复制、可推广的经验和模式。

（五）"智慧苏州"重点推进项目建设成效（2013 年度）（如表 12.5 所示）

表 12.5　2013 年"智慧苏州"重点推进项目及 2014 年度待建内容汇总

序号	所属体系	项目名称	责任单位	2013年度建设成效	2014年度待建内容
1	工程体系建设——智慧民生	市民卡拓展功能综合应用服务平台（二期工程）	苏州市经济和信息化委员会；苏州市城市信息化建设有限公司	1. 在线充值平台系统已于2013年1月上线； 2. 公共自行车：已完成技术改造，等待主管部门统一各区政策后加载，已于2013年9月完成； 3. 旅游年卡：已确定实施方案，2013年7月份签订合作协议，已于2013年9月开始发行； 4. 市民卡自助售卡充值服务终端：确定技术方案，正在进行系统开发和测试，已于2013年12月上线	1. 图书馆：已确定技术方案，等待主管部门确定改造和上线时间，预计在2014年下半年完成； 2. 医院自助挂号和缴费：完成需求调研、方案设计，计划在2014年下半年完成改造和上线； 3. 道路停车收费管理：等待主管部门确认需求后启动，预计在2014年完成
2	工程体系建设——智慧民生	苏州市城乡社区综合管理和服务信息平台	苏州市民政局	本项目目前由"市城乡和谐社区建设工作领导小组"及其办公室牵头负责实施，已完成部分市级机关的调研。计划2013年2月上旬完成调研，并提交建设方案规划	1.通过考察调研，制定完成《苏州市城乡社区综合管理和服务信息平台规划方案》； 2.制定《苏州市城乡社区综合管理和服务信息平台技术规范》； 3.与发改委的市级部门数据共享交换平台对接，实现对延伸到社区的各部门业务系统"一站式受理"； 4.与试点的姑苏区分级共建
3	工程体系建设——智慧民生	苏州市生态文明建设地理信息及环境质量监测集成平台	苏州市环境保护局	完成智慧环保规划论证、需求调研及建设方案编写	本项目原计划在2014年开展具体实施，但由于苏州市政府关于生态红线区域保护规划的文件迟迟未能下发，该项目尚未具体落实。目前该项目的需求调研已经完善，也形成了具体的需求文档和建设方案。待苏州市政府关于生态红线区域保护规划的文件正式下发，即可全面开展建设工作。按估算时间，预计2014年上半年完成建设

续表

序号	所属体系	项目名称	责任单位	2013年度建设成效	2014年度待建内容
4	工程体系建设——智慧民生	苏州市家庭信息化（云媒体电视）推广应用	苏州市经济和信息化委员会；江苏省广播电视信息网络股份有限公司苏州分公司	1. 提高了用户普及率，扩大项目受众群体，2013年高清互动用户已达到36万户； 2. 升级云媒体软件，云媒体电视用户已达到40万户； 3. 不断完善现有平台功能服务，"苏州群文"新增广场舞、戏曲节等栏目，"交警直通车"新增违章图片查询功能； 4. 新增"苏州学堂"、"青剑湖社区"等版块。"苏州学堂"是苏州本地教育类数字频道，主要内容包含中小学课堂教学视频、课外培训机构教学视频、专家讲座、校园以及社会教育资讯，涉及教育、人文、资讯等多种节目类型。"青剑湖社区"面向苏州青剑湖用户，提供通知公告、一站式服务、办事指南等一系列便民信息资讯服务	2014年本项目以宣传普及为抓手，在市区大面积推广。主要建设内容分为以下几方面： 1. 加大基础设施建设，保障网络传输质量，进一步加大网络双向化改造，特别是农村网络双向化改造； 2. 提高用户普及率，扩大项目受众群体，2014年高清互动用户再发展10万户，达到50万户，进一步提高云媒体电视的普及率； 3. 进一步完善平台建设，提升服务能力，使用户在看电视的同时享受到各种服务； 4. 延伸到五县市，通过整合网络，逐步连成一张贯通市、县的全程全网、无缝连接的有线电视网络，搭建一个规模化的大平台，实现"政务民生资讯超市"，惠泽百姓，促进和谐
5	工程体系建设——智慧民生	姑苏区农贸市场信息化系统建设工程（一期）	苏州市姑苏区人民政府	1. 部分市场已建设信息基础设施平台，包括网络基础设施、电子监控等； 2. 部分市场已建设信息采集发布展示平台，包括LED显示屏、触摸屏等；	结合项目特点及实务需求，计划在2014年开始二期建设，通过科技技术"智慧集贸"达到如下三方面需求。 ●服务社会和百姓部分： 1. 农贸市场在线便民网，含查询、订购、比价、比质和投诉； 2. 食品安全全方位的体现和追溯； 3. 市民卡买菜支付平台； 4. 手机服务平台的建设。

序号	所属体系	项目名称	责任单位	2013年度建设成效	2014年度待建内容
5	工程体系建——智慧民生	姑苏区农贸市场信息化系统建设工程（一期）	苏州市姑苏区人民政府	3. 批发市场信息化系统已建设完成，包括如下四个方面内容：统一电子结算软件，档位管理软件，信息发布平台软件，市场公共区域的监控覆盖，结算区域重点布防，市场公共区域的广播覆盖，含背景音乐及应急广播建设，中央机房，监控中心，UPS不间断电源，实现市场信息化集中控制与管理等，电子商务交易平台软件，实现农产品网上交易，搭建供应商及客户管理的交互式平台，物流平台管理系统预算，实现线上交易线下配送的管理统一管理平台，新型物流车辆及现代化跟踪配送体系；农产品信息追溯系统预算，实现农产品交易追溯体系，打通农产品物流链条，保障食品安全； 4. 零售农贸市场信息化系统已建设完成，包括：农贸市场的信息化管理系统和中央机房系统、农贸市场电子秤电子结算系统和感应辨识系统、农贸市场广播和互动电子信息系统、零售农贸市场网上交易配送系统、零售农贸市场与批发农贸市场信息对接和追溯系统	●服务经营户方面： 1. 通过技术平台有效优化菜源； 2. 让经营户在市场内就能做到市场外的生意； 3. 经营户手机平台建设，通过数据后台支持让经营户了解及把握个人经营情况并实时调整。 ●其他部分： 1. 全面、直观、真实的数据实时统计和在线上报； 2. 通过系统大数据的整合，提供主管部门有关消费水平和特点、消费品来源、需求量值、物价节点分析及居民购买力等的综合数据； 3. 完善食品供给方式； 4. 平台交叉数据节约社会成本，一步到位； 5. 通过信息实时共享整合食品安全监督，提升苏城民众食品安全信心指数； 6. 提供购买安全食品的渠道，提高政府公信力； 7. 系统整合完善后，将成为行业标准及标杆

续表

序号	所属体系	项目名称	责任单位	2013年度建设成效	2014年度待建内容
6	工程体系建设——智慧旅游	苏州市地理信息三维街景服务平台	苏州市规划局	1. 前端发布应用展示系统的建设内容覆盖街景图层控制、街景地图定位、街景地图导航、街景浏览、街景展示应用等，实现在苏州市地理信息三维街景服务平台中形象化地展示三维城市街景数据； 2. 后台街景数据库管理系统的建设内容覆盖街景可视化资源管理、权限管理、标识管理、Web服务接口管理、应用服务接口管理、日志管理等，实现分配已经采集并处理好的街景数据，通过为不同权限的机构用户分配不同的访问数据，为前端发布应用展示系统提供准备； 3. 街景服务接口系统的建设内容覆盖街景数据展示接口、街景数据量测接口、街景数据比对接口、街景数据纹理添加接口、街景数据标注添加接口、街景数据3D模型添加接口等，实现同二维地理信息地理共享服务平台、三维地理信息共享服务平台无缝拼接，同时在二、三维地理信息共享服务平台的基础上，提供街景调研接口服务，方便其他共享单位以接口的形式调用街景服务；	无

序号	所属体系	项目名称	责任单位	2013年度建设成效	2014年度待建内容
6	工程体系建设——智慧旅游	苏州市地理信息三维街景服务平台	苏州市规划局	4. 街景数据管理工具的建设内容覆盖街景数据采集工具、街景数据生成工具、街景数据预处理工具、街景数据上传工具、街景数据共享工具等，实现通过共享平台来控制数据的定向发布和功能服务	无
7	工程体系建设——智慧旅游	姑苏区智慧旅游服务平台	苏州市旅游局	1. 建成旅游公共基础信息资源库； 2. 建成智慧旅游管理、智慧旅游营销、智慧旅游服务三大体系，构建完善的智慧旅游信息化综合体系； 3. 完成姑苏区智慧旅游服务平台的基础设施建设，主要包括完成项目调研报告、数据采集及数据库建设、系统建设、网络集成等； 4. 完成动态监管、景区实时信息、旅游电子合同、移动用户互动系统等应用系统建设； 5. 整合信息资源，实现不同业务、不同业态之间的信息互联互通； 6. 为服务对象提供一站式服务	无
8	工程体系建设——智慧教育	苏州教育基础信息库和资源中心建设及应用	苏州市教育局	目前已经完成学生基础信息库建设，正在建设教师工作信息数据库、教育问卷调研系统和大数据决策分析系统	1. 教师工作信息数据库：2014年3月完成； 2. 数据交换平台：2014年6月完成数据交换平台项目一期，实现与主要教育业务系统数据的交换。年底完成二期，实现与市人口基础库、信用库等数据库的对接，实现与县（市、区）数据库的对接与交换

续表

序号	所属体系	项目名称	责任单位	2013年度建设成效	2014年度待建内容
9	工程体系建设——智慧城管	数字城管三期项目	苏州市市容市政管理局	实现"数字城管"在市城管委成员单位的全覆盖协同，完成市、区两级平台的数据交换及系统对接，并试行向街道社区的延伸扩展；通过流程再造，为区、街道、社区提供业务应用支撑，提高基层办事效率，建立市、区、街道、社区整体联动的四级城市管理监督指挥系统示范，实现网格化、精细化、绩效化管理	目前处于试运行阶段，计划于2014年2月进行验收
10	工程体系建设——智慧农业	苏州市农产品质量安全监测监管平台	苏州市农业委员会	已完成平台项目实施方案的制定	●质量监管子系统重点建设工作： 1. 着手归集"三品一标"生产企业名录，便于后续查询展示统计； 2. 逐步建立起完善的农产品质量安全预警体系，该体系将作为农产品质量监管的核心依据对各类信息进行分析预警； 3. 深入调研，逐步建立生产企业等级评定规则，实现生产企业的信用动态监管及在该规则基准上支撑起等级评定工作。 ●质量控制子系统重点建设工作： 1. 归集生产管理中农事操作节点，并建立起各节点预警提醒体系； 2. 逐步完善确立农资管理涉及的种子、肥料、农药等信息展示方式。 ●质量追溯子系统重点建设工作： 1. 建立完善的农产品追溯码的生成规则，该追溯码需要具有一定的辨识度，便于后续数据维护；

序号	所属体系	项目名称	责任单位	2013年度建设成效	2014年度待建内容
10	工程体系建设——智慧农业	苏州市农产品质量安全监测监管平台	苏州市农业委员会	已完成平台项目实施方案的制定	2. 深入调研，完善不同种类的农产品追溯信息的采集； 3. 开发创新便捷的农产品信息追溯方式
11	工程体系建设——智慧卫生	苏州市市民卡便民诊疗服务工程	苏州市卫生局	经过一年的努力，通过实施苏州市市民卡便民诊疗服务系统，我市建立了市民卡的应用接入管理平台，并完成了医院自行进行相关系统的应用改造，完成了自助服务机兼容银联支付功能的升级改造，建立了以市民卡为主体的卫生系统市民卡应用平台，实现了市民卡的身份识别、社会保障、银行金融、小额脱机支付等功能在医疗卫生系统中落地应用。通过实施该项工程，对我市医疗卫生系统的门诊挂号流程、医生诊断流程、收费缴费流程、检查检验流程和住院缴费流程等全面的应用流程进行了全面再造，提高了市民在医疗卫生服务中自助看病、自助缴费、自助打印检验检查报告单等的自助服务。现已开通附一院、市立医院本部、东区、北区以及中医院的应用服务	市民卡小额支付功能在医疗卫生领域以及医院自助服务机上的嵌入应用。计划于2014年上半年完成
12	工程体系建设——智慧电网	苏州市电力需求侧管理（国家试点）公共服务平台	苏州市经济和信息化委员会；江苏省电力公司苏州供电公司	1. 构建了符合国家、省平台接入要求，实现DSM（需求侧管理）数据互联互通的市级平台；	无

续表

序号	所属体系	项目名称	责任单位	2013年度建设成效	2014年度待建内容
12	工程体系建设——智慧电网	苏州市电力需求侧管理（国家试点）公共服务平台	苏州市经济和信息化委员会；江苏省电力公司苏州供电公司	2．集成了苏州市各重点企业电力DSM系统的软、硬件设备，利用公共数据平台建成信息数据处理、存储、数据库系统，应用支撑系统等基础设施； 3．建成了重点DSM信息数据库，通过电力需求响应、双蓄工程建设、能效电厂建设、功率因素补偿、优化工商业用电等方式来落实试点方案，为全面完成DSM城市综合试点目标任务发挥支撑作用； 4．通过对企业低压端和终端设备电能数据采集，实现了对重要企业（三年目标3000家以上）用电动态监控和电能可视化，规范电能服务企业行为标准和服务水平，培育电能服务产业，切实推动现代电能服务产业，进而提升用户侧电力需求侧管理水平和区域电能管理水平； 5．在实现区域及企业内部有序用电功能上发挥了作用； 6．借助并运用电力负控数据信息及企业内部电能数据信息，实现了对重点企业、重要行业经济运行的监测分析	无

序号	所属体系	项目名称	责任单位	2013年度建设成效	2014年度待建内容
13	工程体系建设——智慧交通	工业园区"智慧出行"综合项目	苏州工业园区管理委员会	1. 智能交通管控：完成项目一期一阶段终验，建成初具规模的智能交通体系，覆盖两纵两横主干道70多个路口智能化管控，每天实时采集数据60多万条，实现停车次数、路口延误、行程时间下降15%目标，建成全路网监控，以及监测和采集车速、流量、车牌辨识等核心数据，已启动项目一期二阶段的方案设计和设备选型工作，着手扩展园区智能交通覆盖范围，优化道路数据分析能力，提升信息深度与利用程度，提高交通管控服务社会公众的能力； 2. 智能公交：完成150座电子站牌建设，建成基础信息服务平台、运营动态监控分析平台、智能调度与安全管理平台、便民引导服务平台、协同办公平台五大平台29个应用子系统，完成200套车载智能设备的采购与联调、29座电子站牌建设安装，实现电子站牌覆盖率达到40%，累计装备38条公交线路700多辆车辆的定位设备终端、视频监控、智能投币机、电子量油等设备，智能车辆设备覆盖率保持100%； 3. 停车诱导：正在开展调研咨询等前期准备工作；	无

续表

序号	所属体系	项目名称	责任单位	2013年度建设成效	2014年度待建内容
13	工程体系建设——智慧交通	工业园区"智慧出行"综合项目	苏州工业园区管理委员会	4.综合数据交通：完成项目一期的前期准备工作，着手筹建园区统一综合交通数据库、法定交通模型及仿真分析平台	无
14	工程体系建设——智慧水利	苏州市水利水务综合服务基础平台及应用系统	苏州市水利(水务)局	已完成标准规范制定，基本建成GIS地图、数据中心、数据交换管理平台、公共服务管理平台	作为政务网信息门户基础的苏州市水利工程建设管理信息平台已开始试运行，水利水务公众服务信息门户网站正在建设中
15	工程体系建设——智慧金融	中小微企业中银"智慧网贷"网络平台项目	苏州市人民政府金融工作办公室；中国银行股份有限公司苏州分公司	按照年初制定的项目实施计划，逐步有序完成了如下内容：1.制定和完善项目需求调研、汇总分析、总体设计、详细设计、系统开发等工作；2.完成服务器采购、网络布设、系统安全性测试等基础设施建设与第三方商讨合作模式和内容；3.系统功能测试，包括SIT测试和UAT测试；4.涉及本网络平台的业务人员操作培训；5.正式上线运行，以及使用推广	无
16	平台体系建设	苏州市公共信用信息基础数据库和信息服务平台	苏州市经济和信息化委员会	1.建设完成全市公共信用基础数据库和信息服务平台，并完成对该平台系统优化；2.已归集全市32家政府部门1200万条信用信息并签订信用信息归集协议，构建政府、企业、个人信用信息基础数据库；3.实现市信用系统与省公共信用信息平台的对接；	专家验收评审会

序号	所属体系	项目名称	责任单位	2013年度建设成效	2014年度待建内容
16	平台体系建设	苏州市公共信用信息基础数据库和信息服务平台	苏州市经济和信息化委员会	4. 实现与苏州市人口基础数据库对接，完成个人信用信息基础数据库基础性建设。建设完成工程建设领域工程项目相关责任人信用信息库； 5. 建设"诚信苏州网"，依法按章已向社会提供企业信用信息服务； 6.《苏州市2013年社会信用体系建设工作任务分解》、《苏州市级部门社会信用体系建设工作考核办法》、《苏州市辖区社会信用体系建设工作考核办法》，已进入发文流程	专家验收评审会
17	平台体系建设	苏州市电子政务数据中心建设	苏州市发展和改革委员会	目前，按照A级机房标准，已经基本完成主数据中心机房建设，主数据中心主机房使用面积约1200平方米，放置160个机柜；主数据中心网络平台、计算平台、存储平台、安全体系等IT系统和设备已全部完成招标	2014年3月底前，完成IT系统和设备安装调试工作；2014年5月底前，一期项目试运行，完成系统迁移工作
18	平台体系建设	苏州市人口基础信息数据库建设	苏州市公安局	1. 完成项目建设方案规划设计； 2. 完成一期17家成员单位建设阶段需求调研； 3. 完成项目一期应用系统开发，包括数据中心前置子系统、数据清洗整合子系统、智能分析系统、人口信息政务服务系统、人口信息社会公众服务系统、人口基础信息库数据库体系建设、公共应用接口开发；	1. 计划2014年1月下旬前完成运维管理制度建设；

续表

序号	所属体系	项目名称	责任单位	2013年度建设成效	2014年度待建内容
18	平台体系建设	苏州市人口基础信息数据库建设	苏州市公安局	4. 完成项目支撑平台软硬件采购及安装部署； 5. 完成一期各成员单位前置系统改造及数据集成； 6. 完成系统实施，包括应用系统安装部署、系统软硬件环境运行调试等总体系统集成，系统培训； 7. 完成标准规范建设，包括数据标准的规范、数据更新的机制、运维管理制度建设等	2. 计划2014年1月15日前完成系统试运行期间问题完善及系统性能测试
19	平台体系建设	数字苏州地理空间框架建设	苏州市国土局	1. 2013年1—3月，会同市规划局共同制定了《数字苏州地理空间框架建设工作实施方案》，并由市政府于2013年3月印发了此方案； 2. 2013年4—6月，还会同市规划局、市财政局召开会议，讨论项目资金的申请及落实问题。联合市规划局向市财政局提出项目资金的申请； 3. 2013年7月，项目设计书报省测绘地理信息局评审并批准启动项目建设； 4. 2013年8月—11月，项目全面建设阶段，其间主要进行相关标准规范制订，各类地理空间数据的采集整理与建库，"天地图·苏州"市级节点建设，应用示范系统建设和运行支撑系统建设等；	主要需要完成各项数据的整理建库，数字苏州政务版和公众版（"天地图·苏州"）平台的建设，示范应用系统的建设以及与数字苏州政务版的对接，系统试运行和项目验收。 1. 2014年1月，完成苏州市测绘基准体系成果整理工作； 2. 2014年2月，完成"天地图·苏州"数据整理工作； 3. 2014年1月至2月，系统硬件服务器采购到位、系统安装、集成调试、项目培训等； 4. 2014年1月至3月，完成各类地理空间数据采集、整理与建库。完成"天地图·苏州"建设并报省测绘地理信息局和国家测绘地理信息局审核； 5. 2014年3月底，完成数字苏州政务版地理信息公共平台开发及集成、示范应用系统建设。主要完成政务版的地理信息公共平台软件及"规划一张图"信息系统、掌上规划地理信息系统、数字生活服务圈系统三个示范应用建设，完成"国土一张图"和"四个百万亩"与数字苏州政务版的对接；

序号	所属体系	项目名称	责任单位	2013年度建设成效	2014年度待建内容
19	平台体系建设	数字苏州地理空间框架建设	苏州市国土局	5. 2013年12月—2014年1月，进入竣工验收阶段，分预验收、试运行、竣工验收及成果归档	6. 2014年4月初，完成系统试运行，并对各系统进行优化完善，准备项目验收提交成果材料（包括文档成果、数据成果、软件研发成果等），"天地图·苏州"与省级节点对接； 7. 2014年4月，完成项目验收，系统正式运行
20	平台体系建设	"无线苏州"城市信息手机终端应用集成平台	苏州市广播电视总台	"无线苏州"城市信息手机终端应用集成平台，结合了城市信息化基础，融合了城市运营理念，利用LBS和LOCAL属性，通过搜索、查询、引导、提醒、互动和分享服务，实现了市民对城市信息的全方位感知，"无线苏州"为市民民生、公共服务、文化产业等提供了随时、随意、随心、随需的便捷化服务。根据项目实施计划进度规划，2013年上半年主要建设内容有： 1. 文化资讯传播平台 ①完成了电视、电台全球同步直播系统的开发； ②增加了《美丽苏州园林大城》《古城保护苏州模式让城市名片熠熠生辉》和《提升城市形象建设美丽姑苏》三大形象类、文化类专题栏目； ③完成了应急信息发布平台的打造，实现了客户端点对点快速推送	根据年初制定的项目建设规划，总台与市经信委、卫生、教育、公安、交通、市容市政、自来水、电力等政府部门，进行了信息交流、平台合作、数据对接、APP建设方案提报等工作。经过全年的努力，"无线苏州"城市信息手机终端应用集成平台已完成了绝大部分的功能建设，但因信息化建设成果差异、政府部门项目进度差异等原因，有三个功能未完全完成，未完成情况及具体计划为： 1. 市民生活信息服务 ①燃、公积金、社保查询：因为天然气、公积金、社保在全市有多个或分为市区、园区两种口径，因此暂未整合数据； ②智能停车诱导功能，从节约资本、避免重复投资的角度出发，平台将与政府部门合作，利用政府部门或区域性智慧停车资源，来丰富平台的停车功能，根据此项目的信息化推进，预计在2014年开展；

续表

序号	所属体系	项目名称	责任单位	2013年度建设成效	2014年度待建内容
20	平台体系建设	"无线苏州"城市信息手机终端应用集成平台	苏州市广播电视总台	2. 城市公共资源平台 ①完成了苏州智慧大交通模块的建设，包括实时公交查询、公交换乘查询、地铁查询、公共自行车点位查询，并与苏州市交通管理局合作，在全国范围内推出了首个有官方信息的权威打车应用； ②通过2013年上半年的研发工作，"无线苏州"与苏州公安交通巡逻警察支队合作的"违章查询"应用于6月正式上线，该应用在全国率先实现了"违章图片查询"功能； ③苏州市广播电视总台与苏州公安交巡警支队共建的"智能交通直播平台"也于2013年上半年正式启动，基于该平台功能，"无线苏州"完善了路况实时播报功能，并在全国首创"城市交通预报"服务，为全市的车友提供了更为完善和立体化的路况服务； ④"无线苏州"完成了智慧电力模块的一期建设，实现了市民用电查询、电力资讯发布、停电公告和缴费网点提示等功能	③2014年下半年开始，无线苏州重点建设了电影、客运、彩票等市民生活类的票务服务功能，目前功能已开发完毕，因需要在"无线苏州"中融合体现，正式上线时间预计在2014年1月下旬。 2. 城市公共资源平台 ①手机挂号功能暂未上线。2014年下半年开始，"无线苏州"重点推进了与苏州市卫生局的项目合作，并签订了战略合作协议，对双方合作确立了一期项目和二期项目的方式，考虑到目前信息中心平台的优化和手机挂号应用开发的稳定性，双方确定"智慧卫生信息"应用的一期建设（手机挂号）以及号源查询等功能，在2014年上半年完成； ②事故快速处理功能暂未上线。2013年，"无线苏州"与苏州公安交巡警支队合作打造的"智能交通直播平台"正式启动，双方基于2013年成功开发的"违章查询"项目，敲定了2014年"路况语音播报""路况视频实时直播""轻微交通事故快速处理平台"三大项目
21	平台体系建设	"智慧苏州"建设成果体验展示公共平台	中国联合网络通信有限公司；苏州市分公司	1. 已完成展厅建设所需房屋的购置及基础装修； 2. 通过与多家在展厅建设领域有实力的公司进行交流、沟通，明确了展厅建设的理念、内容、布局、表现形式等方面的规划；	1. 2014年1—2月，完成建设方案的深化设计、审核，进行项目立项； 2. 2014年2—10月，进行展示平台建设，包括基础装修、软装修、硬件设备采购及安装、软件开发、影像资料制作、系统联调、讲解人员培训等；

序号	所属体系	项目名称	责任单位	2013年度建设成效	2014年度待建内容
21	平台体系建设	"智慧苏州"建设成果体验展示公共平台	中国联合网络通信有限公司；苏州市分公司	3. 已确定设计、建设单位的选择范围； 4. 完成总体建设方案的设计，并报市经信委审核； 5. 确定政府部门接入的网络架构及应用系统	3. 2014年10—11月，完成建设工作，"智慧苏州"公共展示平台开始试运行
22	信息基础设施体系建设	智慧苏州无线局域网（Wi-Fi）建设项目	中国电信股份有限公司苏州分公司	截至2013年年底，在20个公共区域共计新增热点AP3075个，其中苏州市区990个，投资约6100万元。已完成全年建设计划	无
23	信息基础设施体系建设	"感知中国"应用中心——苏州项目示范应用	中国移动通信集团江苏有限公司；苏州分公司	1. 完成工业园区TD-LTE4G试验网建设，在"5·17"开通215路公交WiFi高速上网服务，乘客反响热烈，同时，在姑苏区部分站台提供Wi-Fi高速上网服务。公交Wi-Fi高速上网服务覆盖扩大至50条左右公交线路，站台Wi-Fi服务扩大至高新区等其他区域； 2. 完成"手机市民卡"空中圈存平台立项，平台正在开发，已上线为市民服务； 3. 电瓶车定位防盗应用正在工业园区等推广，同时与本地电动车生产厂家开展前装合作，助力企业产品升级； 4. 结合社区服务，正与多个街道、社区及本地企业合作，探索健康管理和服务体系； 5. 与1~2家电动车生产厂家开展前装合作	无

二、智慧宁波时空信息云平台

2013 年 9 月，国家测绘地理信息局批复宁波市为智慧城市时空信息云平台建设试点，正式启动智慧宁波时空信息云平台设计与建设工作。

（一）总体目标

智慧宁波时空信息云平台建设的总体目标是在数字宁波地理空间框架建设成果的基础上，根据智慧宁波建设的总体要求，基于宁波市政务云计算中心提供的 IaaS 层云服务，通过基础地理数据的完善及对现有基础地理空间数据的提取、扩充、重组、增添时间字段等处理，按"大数据"标准建立现势性强的时空信息数据库与物联网节点地址数据库，并开发时空数据管理系统；在时空信息数据库和物联网节点地址数据库的基础上，依托市电子政务网络，建立时空信息云平台建设、管理、维护和应用的组织保障机制，从管理模式、软件架构、应用模式、服务内容、服务能力等方面进行提升，为政府宏观决策、应急管理、社会公益服务提供在线时空信息服务，构建时空信息大数据框架，为宁波市政务大数据的形成提供技术支撑，对宁波市共享服务软件体系进行智能化服务能力的提升，为宁波市智慧化应用奠定基础，全面深化智慧宁波环境下时空信息公共服务能力。建设目标可以分为：

（1）基础设施层建设：基于宁波市政务云计算中心 IaaS 平台，建设满足时空信息云平台的软硬件支撑环境，本项目不再单独采购硬件网络设备。

（2）时空数据层建设：通过对已有基础地理信息数据的扩展、时空化改造和全面整合来自物联网的传感器数据，建设"智慧宁波"时空信息数据库和物联网节点地址数据库。

（3）开发接口层建设：基于时空数据和地理知识库，开发接口层对外提供的丰富功能，对第三方用户提供标准的、基于 Web Service 或 Restful 服务的 API，让第三方应用能够充分访问和调用平台提供的智慧化时空信息及物联网节点地址服务。

（4）软件功能层建设：在原有框架平台的各类地图服务、检索服务、注册服务的基础上，通过对海量时空数据的挖掘与可视化，从大数据中寻找出模式和规律来为决策服务，使现有的空间信息服务平台升级为智慧时空信息服务平台；同时在时空数据管理上，还需要在原有地理空间框架数据管理系统的基础上进行改造，实现对时空数据的存储与管理，其功能包括数据输入输出、数据处理、数据可视化、查询统计、数据分析和动态更新等功能。

（5）泛在应用层建设：海量实时数据和数据挖掘成果将促使共享平台现有的"共享型"应用向"智慧型"应用转变，这些应用将通过接入智慧宁波时空信息云平台提供的多维时空数据和服务，为用户提供数据与信息，以及来自云平台的决策与分析结果，更好地支持各类型用户的业务应用需求。

除此以外，项目还将通过智慧宁波时空信息云平台的建设，研究"智慧城市"时空信息云平台建设、共享和服务模式的关键技术，凝练工艺流程，建立配套的组织保障机制，促进制定相应的政策法规和标准规范，形成良好的发展环境。

（二）总体架构

智慧宁波时空信息云平台的总体架构（如图 12.2 所示）可分为四层，即基础设施层、时空信息数据中心、时空信息智能服务平台及业务应用层。

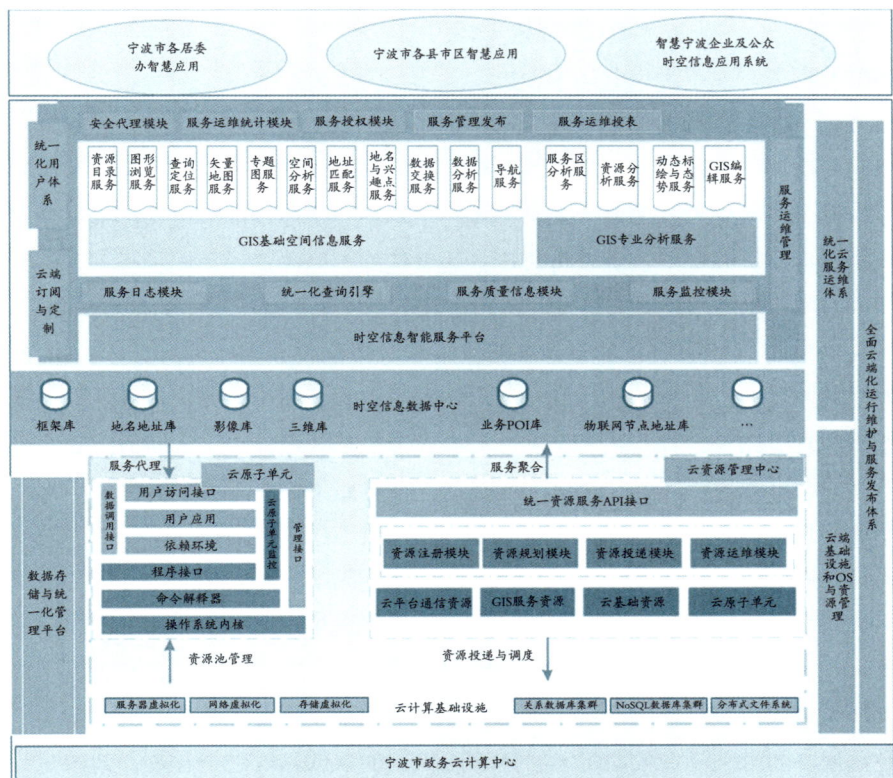

图 12.2　智慧宁波时空信息云平台总体架构

● 基础设施层由宁波市政务云计算中心提供的云化的服务器、存储设备、网络设备等组成。

● 时空信息数据中心为基于基础设施层的时空数据及物联网节点地址数据的存储、管理、挖掘和分析平台。

● 时空信息智能服务平台是基于时空信息数据中心，为用户提供各类型时空信息、物联网节点地址信息及其它智能服务信息的软件平台。此外，它还提供了完整的用户权限管理系统。

● 业务应用层包括使用时空信息云平台的各类"智慧宁波"行业应用。

下面主要介绍时空信息数据中心和时空信息智能服务平台建设路线，作为时空信息云平台建设案例。

（三）时空信息数据中心

时空信息数据中心是智慧宁波时空信息云平台的数据层，其建设包括三部分：①时空数据库结构设计建设；②时空数据内容建设；③时空数据管理信息系统建设。

1. 时空信息数据中心技术框架

时空信息既包含了地物要素的空间位置，也包含了时间标识；在智慧宁波时空信息云平台中，其采集和应用的数据是天然的"大数据"。时空信息至少应该具备历史性、关联性和动态性三个特征。历史性即时空数据能够增量更新与存储，确保可追溯及可对比；关联性即不同来源、不同种类、不同时序的空间数据必须建立有机关联；动态性即要记录实时、动态的位置信息。

时空信息数据中心基于大数据原则来对数据中心库体进行设计和建设。针对所涉及时空数据的结构和特点，开展时空数据库设计与建设，主要包括逻辑设计、结构设计、物理设计、关系设计和部署设计，引入时间因素实现空间对象在位置、属性、时态上的描述，通过版本控制以不同的时间标记出空间对象的变化，并在统一的时空数据模型中完成对象的时空运算、度量、拓扑和历史数据管理等功能，实现动态空间数据的追踪与分析。

时空信息数据中心技术框架如图12.3所示。时空信息数据中心基于云架构设计，它通过数据总线技术将大数据存储及应用所需要的SQL数据库和NoSQL数据库进行整合。不同类型的数据库将用于存储和检索不同类型的时空数据，如时空矢量数据将采用基于Oracle的RDBMS进行存储，地图瓦片数据及影像数据将采用Hadoop的HDFS进行存储，海量物联网节点地址数据将采用HBase进行存储。SQL和NoSQL数据库将通过数据总线提供统一的控制服务和检索服务。在数据总线之上，是时空信息数据中心提供的各种时空大数据运维、挖掘和管理组件，它们将负责提供细粒度 API，以对外发布数据中心的管理功能。

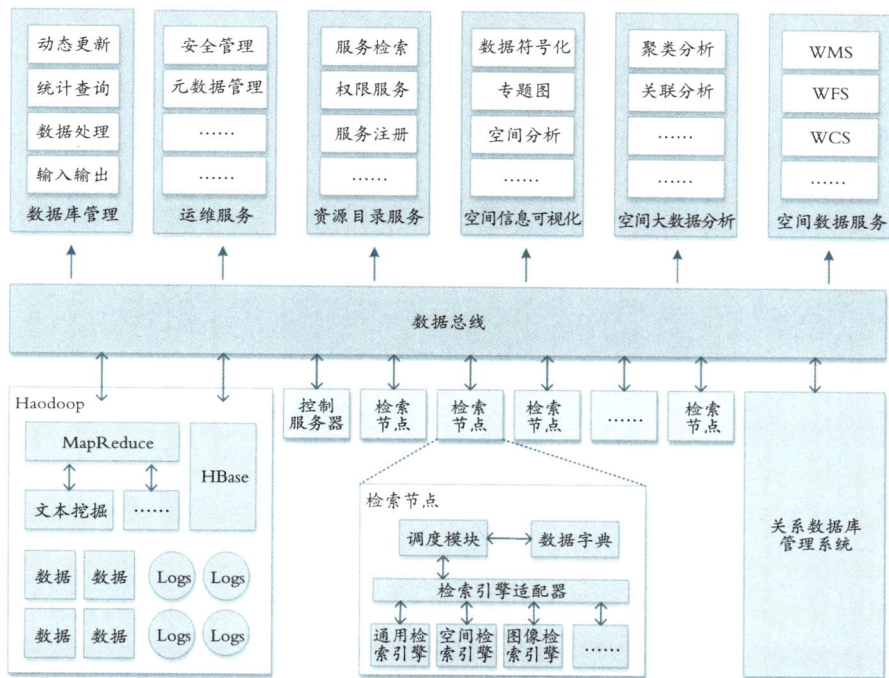

图 12.3 时空信息数据中心技术框架

2. 时空数据内容建设

智慧宁波时空信息云平台的时空数据建设内容分为公共基础数据和业务专题数据。公共基础数据由各种类型的公共基础地理信息数据组成，业务专题数据由规划、国土、交通、城管等专题数据组成。公共基础数据是基础且变化频率相对较低的信息资源，是城市公共数据的"纲"；公共业务数据由根据业务应用需要而扩展的各类指标项构成，是一种动态的、不断扩充的业务数据模式，是城市公共数据的"目"。

智慧宁波时空信息云平台的数据将统一采用 CGCS2000 国家大地坐标系为空间参考系，并提供至宁波地方坐标系、1954 年北京坐标系和 1980 年西安坐标系的转换功能。

智慧宁波时空信息云平台时空信息数据中心的数据流如图 12.4 所示。数据中心管理系统是城市公共数据的进出通道，实现城市公共数据的交换、清洗、整合和加工，实现城市公共数据的组织、编目、管理以及应用绩效评估，实现城市公共数据的共享服务，为城市政府专网和公共网络上的各类智慧应用提供基于城市公共数据库的数据服务、时空信息承载服务、基于数据挖掘的决策知识服务等。

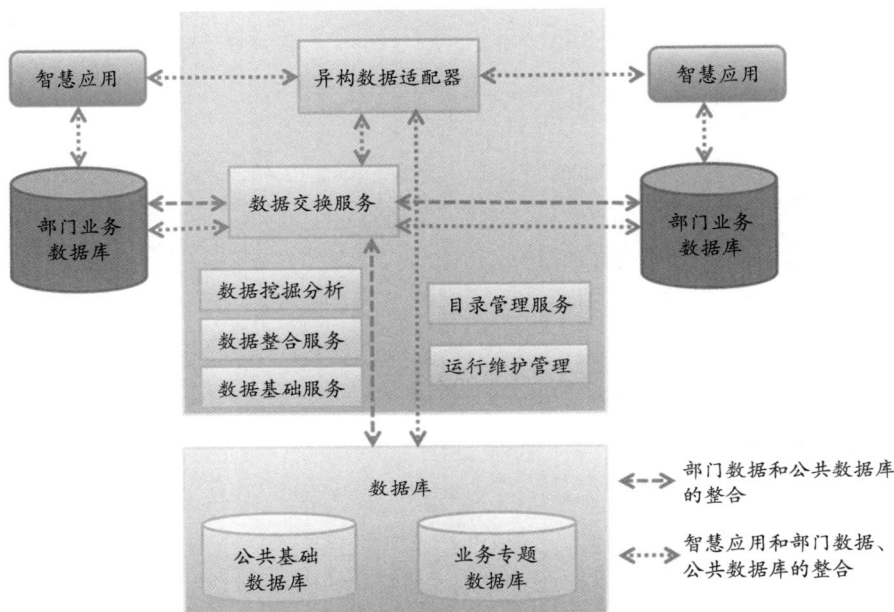

图12.4 平台数据层的数据流设计

3. 时空数据管理信息系统建设

时空数据管理信息系统是时空信息数据中心运维管理时空数据的后台支撑系统，是保障数据中心稳定、安全运行的服务平台，负责对数据采集、数据存储、数据维护、数据更新等相关的数据后台维护管理。其主要系统功能涵盖如下内容。

（1）时空数据库管理模块：包括数据更新、数据库查询、输入输出、数据库管理等模块。其中有些模块可以集成已有的软件系统，如针对 GIS 数据的数据库管理工具等。

（2）数据采集模块：为用户需要绘制的图形提供采集编辑功能，包含图形的绘制、图形的修改、采集数据属性编辑等。

（3）数据更新模块：实现对数据库中的数据进行批量更新、外部数据导入处理等功能。包括各种类型数据的加工处理。

（4）数据输入输出模块：按照各种标准和规范输出各种图件或者输出各种报表，同时还包括与各种 GIS 平台格式的数据转换导入导出。

（5）元数据管理模块：对数据库中各个图层元数据的维护操作，如建立元数据、修改元数据、删除元数据、发布元数据。元数据的字段内容主要参考 FGDC、ISO 以及核心元数据等标准。

（6）多源异构数据集成模块：对关系数据、空间数据、实时数据、多媒体数据、文本、知识等多源异构数据实现合理的集成功能。对关系数据、空间数据、实时数据、多媒体数据、文本、知识等多源异构数据实现适配融合处理，并转换建立统一数据模型。

（7）交换管理模块：能够支撑地理信息、人口、法人等基础信息资源目录，以及应急指挥、领导决策、执法信息共享、个人信息共享等主题目录的注册服务，实现跨部门、跨层级信息的共享交换工作。

（8）查询统计模块：提供交换与整合信息资源的查询和统计功能，主要包括交换数据查询、整合数据查询、系统信息查询和交换数据统计。

（四）时空信息智能服务平台

智慧宁波时空信息云平台建设项目的软件部分，即时空信息智能服务平台系统，将数字宁波地理空间框架的建设成果——地理信息共享服务平台进行改造升级，其总体框架将在管理模式、软件体系架构、应用服务模式和服务内容等四个方面实现（如图 12.5 所示）。

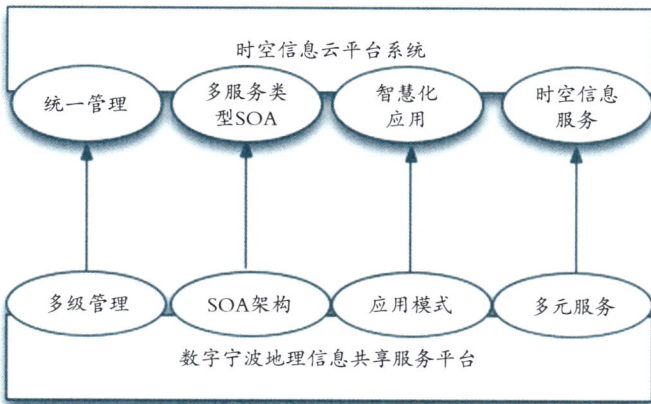

图 12.5　时空信息云平台升级内容

（1）管理模式升级：在管理模式上，时空信息智能服务平台将不再建设物理分离的市、县（区）两级平台，而是以云计算的"多租户"概念为支撑，搭建一个物理上统一，逻辑上分层次维护和管理的运维服务管理模式。

（2）软件体系升级：SOA 架构是共享平台的基础。在地理信息共享服务平台中，SOA 架构是采用 XML 格式的 Web Service 来实现的。但在此次升级中，时空信息智能服务平台将提供更多类型的 SOA 服务，包括基于 JSON 格式的 Restful 服务等。

（3）应用模式改造：应用服务模式的升级是将共享服务平台的多级应用进行进一步调整，搭建一站式、综合化应用服务中心，进一步优化服务调用与接入的技术流程。

（4）服务内容扩充：将进一步添加具有时间维度的地理信息服务、地理知识服务和物联网节点地址数据服务等内容，并提供相关数据挖掘分析服务，为用户提供多源、实时的宁波市时空数据支撑。

1. 总体结构

时空信息智能服务平台的软件功能体系结构是以 SOA 服务为中心，将各种空间资源包装成空间信息服务，从而屏蔽了资源的异构性，以空间信息服务这种统一的软件实体对外提供接口。时空信息云平台建设是基于宁波市政务云计算中心建构的云计算基础环境之上的。

（1）云计算基础环境总体结构

云计算基础平台在逻辑上采用三层架构，分为基础设施层、数据管理层、平台管理层，在云计算平台基础上可根据需求构建定制化的业务应用系统和公众服务系统，开发一系列的智慧应用，其总体结构如图 12.6 所示。

● 基础设施层。基础设施层以虚拟化为核心技术，采用池化资源管理模式，对所有计算、存储和网络资源采用资源池化管理模式进行统一管理；通过设施虚拟化管理平台对存储资源、服务器资源、网络资源、计算资源等多种池化资源进行管理、智能分配、调度和监控，实现池中资源的动态负载均衡；通过运维管理系统实现服务目录，资源自动化发放和业务自动部署，以及集中运维管理等功能。基础设施层为上层应用提供统一的设施资源访问接口，同时提供了按需分配资源的引擎，通过调用基础设施层 API 功能函数，能主动对物理资源进行调度配置。

● 数据管理层。云数据库基于 Hadoop 架构，采用 MapReduce 编程模型和分布式文件系统，实现海量多源异构数据的快速存取。它还可以兼容多种关系型数据库（DB2、Oracle 等）和非关系型数据库（MongoDB、HBase 等）。云数据库利用并行计算模型和异构数据适配器，可以实现对不同类型数据的并行计算处理。通过数据仓库，可以对数据进行深度的挖掘分析，提升数据的价值；对外部提供访问接口，用户根据各自的权限通过接口调用相应的数据，实现公共数据的共享服务。

● 平台管理层。平台管理层基于 SOA 架构的服务总线构建功能服务和数据服务的标准体系，能够消除不同应用之间的技术差异，让不同的应用服务器协调运作。平台管理层由服务总线运行系统、服务运维管理系统、服务发布与管理系统和服务资源中心组成，同时将各层的服务进行统一接入管理，并支持第三方服务注册及调用。

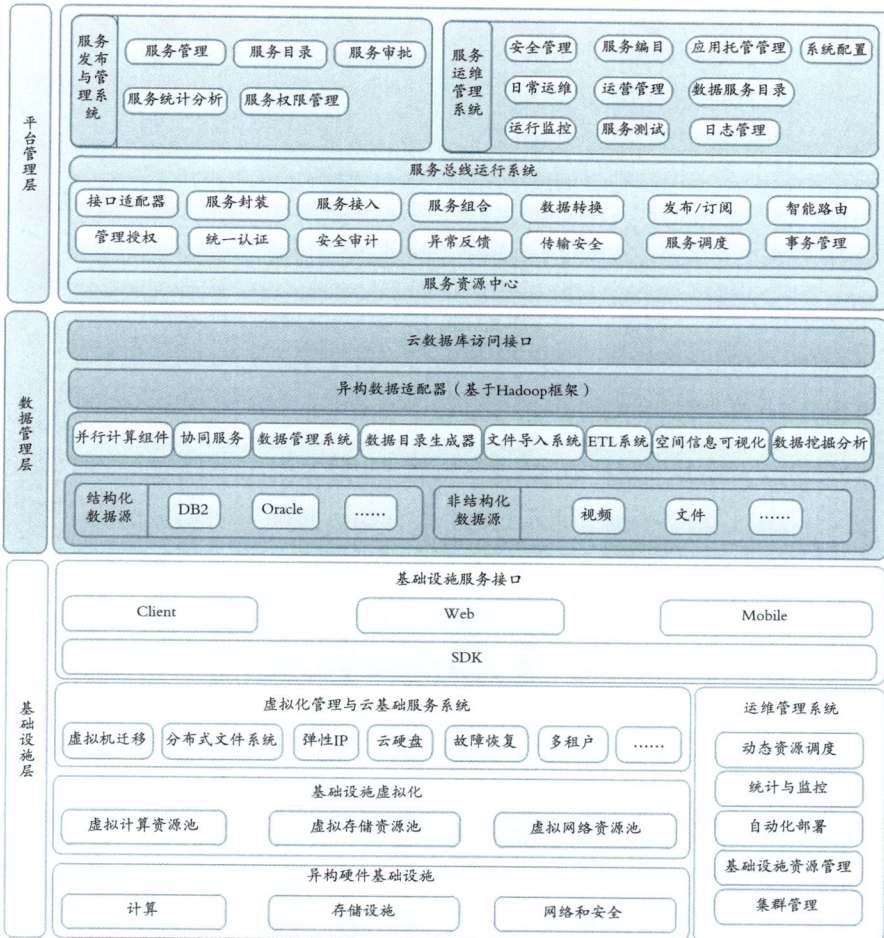

图 12.6　云计算基础环境结构

（2）时空信息智能服务平台总体结构

平台功能组成主要包括：空间信息服务系统、服务运维管理系统、资源展示门户、二次开发接口库。平台功能结构体系如图 12.7 所示。

服务运维管理系统包括平台管理系统、资源目录管理系统和数据交换系统三部分。平台管理系统为整个智能服务平台提供运行维护支撑，还提供统一认证、用户管理、服务调度、安全管理、运行监控等服务。通过安全网关和用户管理保障了平台数据资源的使用安全，通过平台的服务调度、运行监控保障了系统资源的合理利用。资源目录管理系统提供了平台资源目录的管理、搜索、展示等功能，有效提高了数据及服务资源的归类管理，为资源信息的调度和共享交换提供了便利。数据交换系统的作用在于实现数据资源的管理和统一交换，通过数据管理实现数据的查询、统计和管理，为数据的使用提供保障；通过数据的委托发布和订阅等交换方式，实现政务、民生、产业等信息资源的同步更新。

图12.7　智能服务平台功能结构体系

平台服务系统提供了空间信息资源目录服务、高精度定位服务、空间信息数据服务、空间信息表达服务、空间信息处理功能服务、空间信息综合分

析服务等，并可以实现服务的聚合与管理。

二次开发接口库提供了对接外部平台的接口、应用系统开发接口、Web端和移动端的开发接口等，实现各类应用的开发和第三方平台的接入。

资源展示门户是用户登录、访问数据和调用服务的入口。平台通过门户网站实现单点登录和"一站式"服务。平台的主要功能也是通过门户网站集中展示，包括用户管理、目录管理、数据和服务查询等。各专业应用系统通过调用平台的服务，实现共享数据、服务和资源的在线利用。

2. 平台服务建设内容

（1）数据挖掘分析服务

时空信息数据中心可提供大数据挖掘分析服务，搜集从不同部门、不同渠道获取所有与业务对象相关的空间和属性信息，并在数据筛选、预处理、格式转换等准备工作完成后，采用多种不同的数据挖掘分析算法挖掘出各部门所需的特定专题数据。

（2）时空知识管理服务

提供从大量时空数据中得到那些隐含的但确实存在的模型。在空间数据挖掘系统的开发过程中，需要综合运用各种方法技术，如统计方法、机器学习、可视化技术等对时空数据库中的数据进行综合分析。将模型及知识以三元组形式进行存储，提供基于本体的知识推理服务功能。

（3）实时位置信息服务

接入具备空间定位能力的传感网，获取实时位置信息，提供地理信息实时定位服务。基于北斗/GPS 的连续运行卫星定位服务综合系统 CORS 系统并通过云平台提供可控和可授权的、基于有线网络和无线网络的 GPS 网络差分服务和 GPS 数据后差分服务。将对地观测系统纳入云平台，提供准实时影像数据服务，以及时空信息的动态更新服务。提供实时位置信息与公开地图正确匹配服务。

（4）时空数据存取服务

数据存取服务主要是指平台中地理信息上传/下载服务。地理信息上传服务基于 HTTP 协议构建，地理信息上传到智能服务平台的数据临时交换区中。当通过系统管理员的发布审批后，系统将数据存储到数据交换中心；同时，将共享数据服务信息发布到智能服务平台的门户网站中。

（5）物联网节点定位服务

智能服务平台提供的物联网节点定位服务，要准确定位实时信息发生地，拾取信息内容并与地理信息有机整合，辅助科学决策；要能提供物联网的节点地址、定位服务接口、对不同信息流的接口和对其他传感的实时解析分析。

提供服务及接口如下：

- 物联网节点的位置服务；
- 物联网节点的空间定位接口服务；
- 针对不同类型传感器、信息流拾取 API；
- 针对监控视频、RFID 等传感设备获取的实时信息，解译分析 API。

（6）元数据及目录服务

提供各种元数据的管理服务，可实现元数据的标准化、集中化，保证系统具有高质量的信息，并提供充分的扩展性，能满足新的信息需求和数据源增加；提供基础查询、自定义查询等多种形式的目录查询、管理、交互和统计分析服务，并以树形分层方式展示相关编目信息的详细内容。

（7）异构数据适配器

提供与开发语言和工具、操作系统、运行环境等无关的、开放的工业标准的异构数据适配器，实现对下层异构的数据库资源抽象处理，提供并行计算的统一模型，为上层应用忽略数据库之间的差异和海量数据扩展的复杂程度，将结构化数据（关系数据和 GIS 类型数据）、非结构化数据定义为对象数据库，提供统一的数据对象调用接口。这样访问者无需知道云中的数据以何种形式、存放在何种数据库中，只需要使用统一的异构适配器数据访问接口，就能访问对应的数据。

（8）系统门户

系统门户是用户了解并使用智慧宁波时空信息云平台数据中心的入口，也是平台所有数据资源和平台服务展示的窗口，通过建立单点登录系统为用户提供统一的信息资源认证访问入口。各政府部门和公众可根据需求和权限的不同，通过系统门户调取相应的数据。它采用一体化终端作为平台门户网站，通过权限控制及地图置换提供跨网络、跨部门、多用户的一体化展示服务；同时满足平台管理员、普通用户的需求，改变传统的多子系统频繁切换、多个门户的平台建设模式，真正实现一站式服务。政务一体化终端是基于面向服务架构（SOA）思想，采用"一体化框架 + 插件"多层式企业软件架构完成开发实现，并遵循国际 OGC、智慧城市、时空信息云平台、电子政务等相关标准，提供数据的共享交换，跨部门、跨行政等级、跨网络、跨平台的服务共享，具有各组成模块可插拔、界面风格可配置、数据交换个性化、服务定制个性化、运维管理可分层分级等特点。

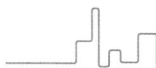

（9）二次开发服务

包括二次开发接口库和应用开发接口两种类型的服务。

二次开发接口库：为专业用户提供调用平台各类服务的浏览器端二次开发接口，实现对地理信息各类服务资源和功能的调用。二次开发接口须支持现有比较成熟的开源 JavaScript 接口库，与目前常用的浏览器端开发接口库兼容。除了面向互联网、政务网的接口外，还应尽可能提供面向移动网的接口。

浏览器端应用开发接口：基于瘦客户端架构和主流富客户端架构的应用开发需求，提供 JavaScript API、Flex API。

移动应用开发接口：提供主流的 iOS API 以及 Android API。

三、"智慧老河口"

（一）总体目标

智慧老河口建设，坚持可持续发展战略，坚持"工业立市、三产活市、科教兴市、富民强市"战略，遵循经济快发展协同城市保生态的建设理念，突出三大支柱产业（装备制造及汽车零部件、农产品深加工、循环经济）、三大传统产业（精细化工、纺织服装、冶金建材）以及三大新兴产业（新能源、新材料、光电子）等产业特色，落实《老河口市经济与社会发展第十二个五年发展规划》发展目标，发挥"河谷组群发展的大城市、都市襄阳的副中心城市、汉江经济带的明星城市"的优势作用，推进工业化与信息化融合、物联网与互联网融合，统筹规划、分步实施，有步骤地推进"智慧老河口"建设，促进"新四化"、推进"三持续"，将老河口建设成为基础设施完善、经济实力雄厚、科学教育发达、产业结构优化、社会就业充分、服务体系先进、空间布局合理、生态环境良好的现代化城市。

具体包括：

（1）建成全市电子政务总体框架。建成以统一规范、先进可靠的电子政务网络平台为基础，以网上办公、网上服务和信息共享为重点的全市电子政务总体框架。

（2）建成电子政务专网。在基础设施建设上，按照统一规范和标准，建好各部门内部的办公业务网，建成联结各乡镇办和有关部门的政务专用网，建设以"老河口市人民政府网上政务大厅"为代表的政府网上服务统一平台，形成全市政府系统共建共享的电子信息资源库。

（3）提升政务信息化水平。在政务信息化应用上，结合行政运行机制改革，以核心政务电子化为重点，基本实现网上办公；结合政务公开和廉政建设，以在线服务为突破口，初步实现网上服务；结合资源整合，以信息共享为目标，建设综合信息资源库；围绕提高决策、监管和服务水平，积极开发业务应用系统，有力提高网络应用水平。

（4）电子政务体系完备和应用普及。全市统一的电子政务网络形成并不断向基层延伸，为加强和创新社会管理提供支撑。基于云计算的电子政务信息共享和业务协同框架建成，信息资源得到有效利用，电子政务支撑政府科学决策、依法行政、公共服务和应急指挥救援的能力得到大幅提升。政府网站在线服务能力明显增强，信息公开、在线办事、政民互动得到普及并富有成效。电子政务的公众认知度、使用率和满意度得到显著提高。

（5）建成覆盖老河口全市的地理信息产品体系和服务体系。一是形成满足全市经济社会发展要求的基础测绘产品体系和公共服务产品体系；二是建成老河口市唯一的、统一的、权威的地理信息公共服务平台，构建满足"数字老河口框架"各种社会应用需求的快速化、智能化、流程化和网络化的地理信息服务体系。

（6）新一代信息基础设施完备升级。全市城乡实现 3G/4G 网络覆盖，逐步实现无线网络全覆盖，有线广播电视网实现数字化，逐步实现双向化。

（7）农业农村信息化水平大幅提升。信息化与农业现代化融合向纵深领域推进，信息技术对现代农业决策、管理和服务的支撑能力明显提升。农村服务热线、农信通、供销通和信息田园等信息服务逐步覆盖全区全部乡镇，重要农产品逐步实现电子标签管理，农业农村信息化总体水平显著提高。林业和水利资源监管、灾害监测预警能力明显增强。

（8）民生和社会事业信息化水平显著提高。社会事业和公共服务各领域信息化服务体系基本建成，逐步实现办事出行"一卡通"、居家生活"一键通"、学习工作"一网通"、在线服务"一点通"。"大医保"系统建成，医疗保健卡、电子健康档案和电子病历逐步覆盖城乡居民。现代远程教育网络覆盖全市所有学校，"新农保"覆盖所有农业人口，全国统一的社会保障卡、惠民"一卡通"得到广泛应用。

（9）数字文化实现繁荣发展。数字文化资源共享平台建成，传统文化产业得到改造提升，新兴文化产业蓬勃发展，现代文化产业体系形成。一批公益性文化信息基础设施建成，形成覆盖广泛、技术先进的现代文化传播体系。

（二）阶段目标

1. 一期建设目标

初步建成全市电子政务总体框架，完成智慧老河口信息基础设施建设，完成老河口市基础地理空间数据库，逐步建设老河口市电子政务四大库，建成覆盖老河口全市的地理信息产品体系，建成智慧老河口市唯一的、统一的、权威的地理信息公共服务平台，构建满足"数字老河口框架"各种社会应用需求的快速化、智能化、流程化和网络化的地理信息服务体系，建成智慧规划、智慧城管、智慧社管、智慧消防四个智慧老河口应用示范工程，连接规划（测绘）、城管、社管、消防四个单位的电子政务网建设，完成数字老河口向智慧老河口过渡。

2. 二期建设目标

建立健全的安全、政策、标准等保障体系，全力推进感知、通信网络、云平台等深层次信息基础设施建设，支撑智慧老河口建设的信息基础设施日臻完善，整合政务人口数据库、法人数据库、自然资源数据库与宏观经济数据库，完成智慧政务、智慧农业和智慧旅游等应用。

3. 三期建设目标

形成基础网络发达、基础设施集约建设、信息资源充分共享、信息安全体系充分保障、信息技术普遍应用的信息化整体格局，实现公共服务及管理信息化建设工作取得突破性进展，并形成良好的运营模式；市民生活质量明显提升，数字化、网络化、智能化成为市民的主要生活方式；信息技术普遍使用，智慧的产业经济成为经济增长的重要引擎；政府行政由管制型向服务型转变，促进高效透明、无缝服务的政府建设，达成政府各部门之间的资源共享，业务协同。将老河口市建设成为生态绿色宜居、城市管理睿智、公共服务便捷、产业新兴发达的文化智慧名城，实现政府、企业、市民之间的有机融合、动态和谐，使老河口市成为湖北省内具有特色的小城市智慧化建设典范。

（三）总体建设任务

建设智慧老河口，是把握新一代信息技术变革机遇，加快向信息社会转型发展的必然要求。从目前的情况看，城市化进程不断加快，城市管理和居民生活要求进一步提高，产业升级不断深化，老河口市既面临着再造一个新老河口的发展机遇，也面临着环境资源、产业发展、城市管理、居民就业等方面越来越严峻的挑战。建设智慧城市，对于应对这些挑战，加快经济转型升级、提升公共服务管理水平、打造高品质生活城市、推进生态文明建设、实现城市创新发展等都具有十分重要的作用。

智慧老河口的建设内容主要包括以下几个方面：

（1）建立全市电子政务框架体系，加快推进电子政务建设；

（2）加快老河口范围内的信息基础设施建设，不断建设和完善感知基础设施、网络基础设施；

（3）建设智慧老河口地理空间框架，采集老河口市范围内满足各行业各领域建设需要的多尺度、多要素、多类型、多时相的基础地理信息数据，构建老河口市多比例尺多分辨率的空间数据库；

（4）建设智慧老河口的数据中心，集中机房、服务器、网络设备、存储和备份设备等基础设施，实现老河口市信息资源的统一管理和分配以及规划；

（5）建立智慧老河口云计算中心，实现资源的分布式多租户应用；

（6）建设智慧老河口时空信息云平台，为智慧老河口的各个智慧应用提供实时、准确的地理信息服务；

（7）开发建设重点领域的智慧信息应用系统，以行业信息化发展拉动社会产业化发展；

（8）建设信息化政策法规环境，有效管理信息资源，制定投融资政策；

（9）建设智慧城市人才队伍，普及信息化知识，提高全社会的信息化和信息技术技能。

（四）总体架构设计

1. 体系架构

相对传统的人为行政管理和决策手段，智慧老河口所提供的智慧化的城市服务手段，可大大提升公共服务部门的行政效率和决策水平，有助于实现城市政府从管理到服务，从治理到运营，从零碎分割的局部应用到协同一体的平台服务的三大跨越。

项目总体体系架构划分为感知层、基础实施层（含数据资源中心层）、一级平台层和智慧应用层等五个层次（如图 12.8 所示）。

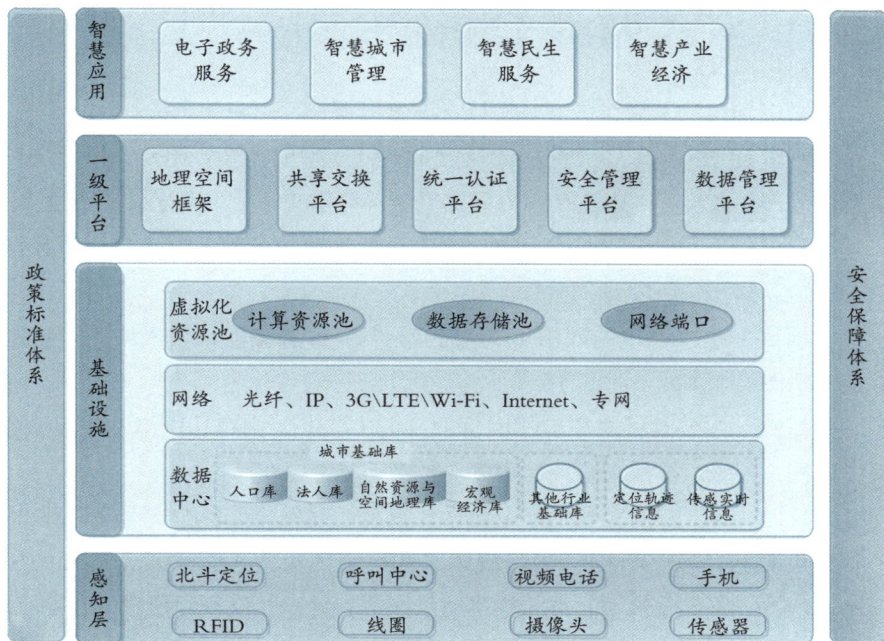

图 12.8　智慧老河口总体体系架构

（1）感知层

感知层是智慧老河口实现其"智慧"的基本条件。感知层具有环境感知能力和智能性，通过 RFID、传感器、传感网等物联网技术实现对城市范围内基础设施、环境、建筑、安全等的监测和控制，为个人和社会提供无处不在的、无所不能的信息服务和应用。

智慧老河口中的感知层包括了感知对象子层、感知单位、传感网络和接入网关子层。

（2）基础设施层

主要包括网络、服务器集群、存储备份、计算机机房环境等，由一定规模同构或异构的基础设施资源组成的。资源不仅包括主机、存储、网络及其他硬件设备，同时也包括操作系统、数据库、中间件、基础软件等软件。

基础设施层通过第三方成熟的虚拟化技术解决方案将资源池化，建立数据存储资源池、数据计算资源池、网络资源池。通过虚拟化技术将基础设施层的各种资源进行整合，形成一个整体，并通过一级平台，对外提供数据存储、数据计算等基础设施服务。

基础设施层在对基础设施资源进行有效监控、管理的基础上，结合自动化的管理技术，对外提供对资源的池化管理，并且通过对服务模型的抽取，提供自动化部署的功能。

智慧老河口的基础设施层具备以下配置资源：

● 计算能力。通过虚拟化技术实现的"云"中的计算资源池，以虚拟机实例的形式存在，可以以 API 的方式实现全自动化的调度，搭建服务器集群。

● 存储能力。具有高度可用性和自我故障转移及恢复，并支持海量数据的"云"存储。

● 网络。提供稳定的网络负载均衡器和 DNS 服务器以及网络安全控制等基础功能。

● 监控。主要是针对虚拟机实例的性能（CPU、内存、网络和磁盘 I/O 等）监控，还可以提供对应用层面的监控。

● 身份认证。建立完整的云平台认证机制，确保云平台的安全及管理。

● 度量和计费。可以对用户使用基础设施层资源进行度量，例如使用 CPU、内容、存储等资源，并根据度量结果进行计费，实现自服务。

● 日志。云平台记录了所有人员操作的日志及平台请求的日志，完整地记录平台的运行状况。

● 管理 API 和管理门户。为基础设施层运维管理人员提供灵活的管理功能。

● 普通用户使用门户。如平台级和应用级用户可以通过此门户自助获取搭建应用系统所需要的各种基础设施资源。

（3）数据资源中心层

数据资源中心的核心目的是让城市更加"智慧"。在智慧老河口的未来发展中，数据资源中心将成为老河口的战略性资源，因此构建智慧老河口的数据资源中心是非常重要的一环。数据资源中心主要的建设目标是通过数据关联、数据挖掘、数据活化等技术解决城市数据割裂、无法共享等问题。数据资源中心包括各行业、各部门、各企业的数据中心以及为实现数据共享、数据活化等建立的市一级的动态数据中心、数据仓库等。

（4）一级平台层

一级平台是依托网络及硬件服务器等基础设施、业务管理数据、地理空间数据和支撑数据库等各种数据资源，基于数据资源中心提供的可开发的平台。它利用数据资源中心数据层的资源，通过政务网、互联网、通信网等手段，以在线服务的方式，来满足政府部门、企事业单位以及公众对各种信息服务的基本需求，是能够实现各种服务功能的数据、软件以及支撑环境的总称。

一级平台的开发基于 SOA 的构架模型，采用分布式集中管理的模式，封装信息服务组件，为应用系统的搭建提供数据资源、信息服务以及功能开发接口，具有方便的移植性和改造的适应性，能够基于本平台快速地搭建上层应用系统。

（5）智慧应用层

应用层主要是指在感知层、基础设施层、数据资源中心层和一级平台层的基础上建立的各种应用系统。电子政务、智慧产业、智慧管理和智慧民生构成的智慧应用层，促进实现"产业发展、功能提升、民生幸福"的智慧城市。市民可以通过各种终端访问这些系统，亲自体验到城市生活的幸福与和谐。

2. 系统体系设计

（1）老河口市云计算中心

城市本身是典型的数据密集环境，城市的运行涵盖环境检测、城市交通、公共服务、居家生活、经济商务、健康管理、公共安全等诸多方面，海量的数据在不断被生产出来。更充分、更智能地发挥数据的作用是智慧老河口未来发展的必然趋势。因此智慧老河口的云计算中心是智慧老河口体系架构中的核心。

老河口云计算中心采用云计算的架构模式，体系结构主要分为三层：城市数据中心、城市基础库和城市的云服务（如图 12.9 所示）。

城市数据中心：数据中心作为未来智慧老河口的重要基础设施，主要包括计算机、存储设备、网络设施、数据库和软件等物理资源。数据中心利用虚拟化和云计算技术将大量相同类型的资源构成同构或接近同构的资源池。资源的虚拟化避免了硬件异构的特性，并被动态分配和动态调整。

城市基础库：城市基础库是智慧老河口中的基础的信息资源，是其他应用的基础数据。智慧老河口中经过授权的用户可以访问和共享这些数据。

城市云服务：主要为智慧老河口的各级用户提供包括政务云、行业云和公共云在内的云服务。城市云服务将以服务的形式为用户提供软件、应用和计算资源等。用户不再关心软件的购买、安装和升级维护，而是根据租用服务的实际使用情况进行付费。

（2）时空信息云平台

采用云计算的思想和 Web Service 技术，整合和更新全市基础地理信息和内容丰富的地理信息共享图层，对数字武汉地理信息公共平台进行优化、完善和升级，建立武汉市地理时空信息云平台，通过在线方式满足政府部

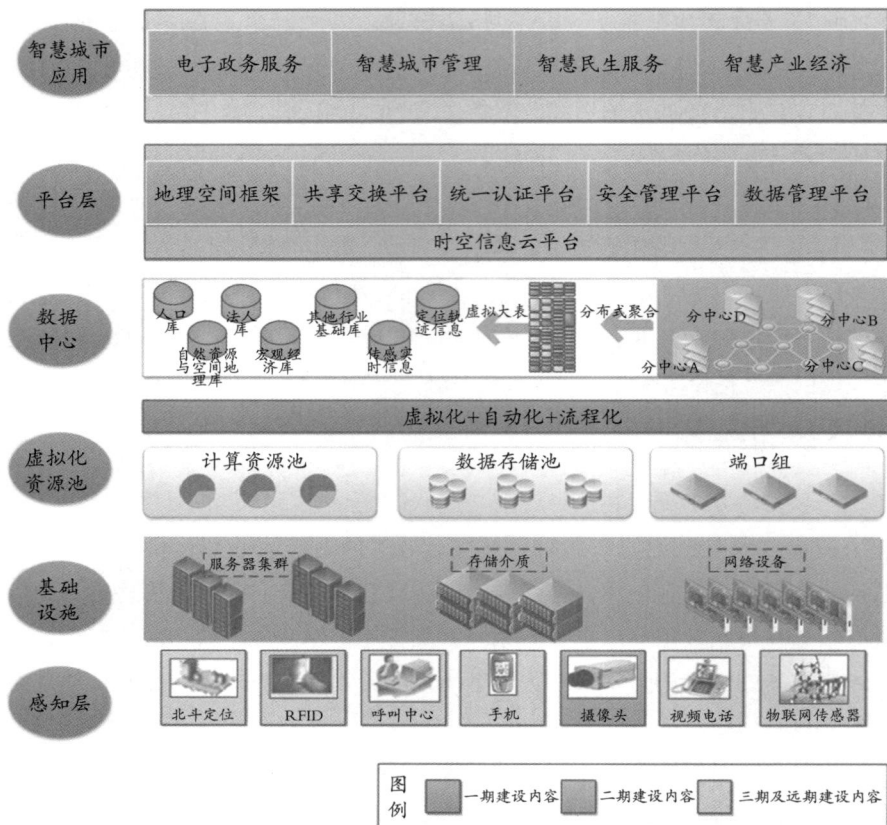

图 12.9 智慧老河口系统体系

门、企事业单位和社会公众对地理空间信息和相关功能的需求，实现基于服务的地理信息共享新模式。针对不同的网络，平台提供多种方式的地理信息服务。通过政务专网为市委、市政府和各委办局提供政务地理信息服务；通过互联网为社会公众提供公众信息服务；针对日益增长的移动应用的需求，提供移动信息服务。同时，开发地理信息服务接口，使得各个部门能够在客户端方便地调用系统集成的各种地理信息，实现地理专题信息与本地业务系统的快速集成。

建立多层次的安全管理机制，根据信息内容的安全级别和用户角色的身份认证来实现对地理空间信息平台的运行维护和安全管理。对地理空间信息资源内容进行分层分类，按照政府决策级、政务共享级、企业共享级和公众应用级四个层次组织地理空间信息共享图层，为不同应用级别的应用需求提供服务。

时空信息云平台建设采用云计算的思想，依托地理空间信息数据，通过在线方式满足政府部门、企事业单位和社会公众对地理空间信息和相关功能的需求。平台的总体架构，由基础设施层、基础设施即服务、平台即服务、数据即服务、软件即服务以及桌面虚拟化六个层组成。其中，软件即服务层提供通用的地图数据服务和功能服务，满足一般应用需求；平台即服务层提供系统运行环境、开发环境和 API，用户可进行定制和二次开发，满足某些行业和领域的专题功能；针对 GIS 领域中数据的重要性，通过数据即服务层发布各类空间数据、属性数据及相关信息；基础设施即服务层对硬件资源进行虚拟，但是不对外提供服务，仅供平台相关人员使用。

3. 智慧应用

智慧老河口的应用框架如图 12.10 所示。

电子政务服务	智慧城市管理	智慧民生服务	智慧产业经济

智慧电子政务
政府云计算中心
政府机关网上办公系统
网上政务大厅建设

城市大城管
监管数据无线采集子系统
监督中心呼叫受理子系统
协同工作子系统
大屏幕监督指挥子系统
综合评价子系统
应用维护子系统
基础数据资源管理子系统
地理编码子系统
数据交换子系统
领导移动督办子系统
视频监控子系统
户外广告管理子系统
违章建筑管理子系统
门前四包子系统
移动巡查执法子系统
全民城管子系统

图例
一期建设内容
二期建设内容
三期及远期建设内容

智慧城市规划
规划成果管理子系统
规划业务审批子系统
三维辅助决策子系统

城市应急指挥
基础数据资源管理子系统
大屏幕监督指挥子系统
视频监控子系统
综合应急指挥子系统
手机终端软件

城市公共安全

指挥环保
区域排放总量核算系统
环境质量综合评价系统
环境辅助决策系统
环境应急预测预警系统
水环境仿真系统

智慧市政
市政基础设施信息管理平台
市政基础设施监控与预警平台
老河口公益地图平台

智慧社管
实有人口服务管理子系统
实有房屋管理子系统
社会矛盾纠纷调处子系统
社会治安防控子系统
重点及特殊人群服务管理子系统
社区综合治理指挥子系统
分析评价子系统
社情民意受理子系统
移动社管通子系统
三维展示子系统
数据交换子系统

智慧医疗
救护车智能调度系统
医疗信息共享系统
医疗应急指挥系统
医疗卫生机构监管系统

智慧校园
智能课堂平台
电子书包
教师智能工作平台
网上学习社区
校园智慧安全管理平台

智慧社区
社区安保子系统
物业管理信息子系统
社区家政子系统

智慧食品药品安全
行政执法系统
检测与监控系统
公共服务系统
预警与应急指挥系统
手持执法终端应用

智慧社区
社区安保子系统
物业管理信息子系统
社区家政子系统

智慧旅游
一感知体系（指挥旅游感知体系）
二平台（智慧旅游公共服务平台、旅游行业管理平台）
三门户（旅游公共服务门户、政务门户、WAP门户）
N 服务渠道服务（手机、网站、自助导览等）

智慧农业
农产品种植环境在线监控系统
客户资源物流及商贸追溯系统
产品加工质量监控系统
仓储管理系统

......

图 12.10　智慧老河口应用

4. 标准体系设计

为了推进智慧老河口相关产业的快速、健康发展，必须有同一的技术和接口标准。智慧老河口不仅涉及一些基础性的关键技术，而且与应用密切相关，因此，智慧老河口的标准体系分为技术基础标准和应用标准两个部分（如图 12.11 所示）。

智慧城市标准体系						
技术基础标准体系						应用标准体系
通用规范	感知层	通信层	数据层	接口	测试规范	行业标准
名词术语	传感器接口标准	参考和引用电信行业相关国际、国家标准	云计算标准	中间件接口	一致性测试	交通行业标准
总体框架	组网标准		信息描述标准	数据接口	互操作测试	电力行业标准
需求分析	接入标准		信息存储标准	通信接口	通用规范	医疗行业标准
	统一标识		云安全标准	用户接口		物流行业标准
	感知层安全标准					……

图 12.11　智慧老河口标准体系

5. 评价体系设计

智慧老河口评价体系是由一套科学系统的评价指标构成的，是对智慧老河口建设成果进行量化计算、科学评测的方法体系，是检验智慧老河口成果的具体体系，将起到引领、监测指导、量化评估等作用。

智慧老河口的评价模型采用金字塔式的评价模型（如图 12.12 所示）。金字塔式评价模型把信息基础设施、智慧应用和支撑体系作为智慧老河口的评

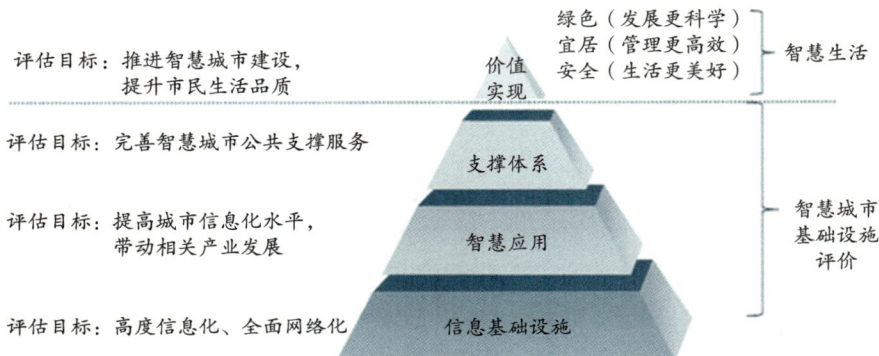

图 12.12　智慧老河口评价模型

价指标。其中，信息基础设施建设是实现智慧老河口这一目标的基础，海量的智慧应用开拓则是一条有效路径，而支撑体系是建设智慧老河口的重要保障。智慧老河口价值实现主要评价智慧老河口整体综合功能满足人与自然健康发展的程度，最终目标是实现城市资源能源清洁高效、自然环境健康宜人、基础设施完善舒适、社会环境和谐文明。

6. 信息安全体系设计

智慧老河口信息安全体系在安全基础设施的基础上，从技术和管理两方面为智慧老河口提供安全保障。在技术层面上，从物理与环境安全、系统安全、网络安全和数据与应用安全四个方向建立全面的安全防护体系，并针对智慧老河口的感知层、通信层、数据层、应用层上各自特有的安全隐患分别实施相应的解决方案，实现对智慧老河口的层层防控，借此保护智慧老河口整体建设体系，保障智慧城市的安全。图 12.13 为智慧老河口安全体系架构。

图 12.13　智慧老河口安全体系架构

四、城市地理信息服务模式案例

（一）武汉市

武汉市国土资源和规划信息中心（武汉市地理信息中心）承担着"全市

地理空间信息的共建共享及推广应用工作"，同时长期为政府部门、企业法人和社会公众提供地理信息服务。具体服务内容如下：

（1）地理信息数据处理。承接各类电子地图、遥感影像的数据处理，以及城市三维模型、规划管理、土地管理等地理数据建库工作。

（2）系统开发。开发各类专题地理信息系统，包括国土规划综合一张图系统、基于 iOS 和 Android 的移动版地理信息系统、三维数字地图系统等。

（3）通过电子政务网络向相关政府部门提供地理信息服务（web service）。在数字武汉地理信息公共平台的基础上，通过电子政务网络向武汉市相关政府部门提供地理信息服务，其内容囊括全市政务电子底图、影像、三维电子地图、专题兴趣点等各类地理信息服务。

（4）通过网站向公众免费提供地图查询服务。中心建立了基于 Internet 的"数字武汉地理信息网（www.digitalwuhan.gov.cn）"，通过该网站向公众推广地理信息有关的知识信息，免费提供学校、医院、公共自行车站点等公共服务设施的位置查询服务。

1. 智慧武汉的总体规划

2011 年 2 月，启动"武汉智慧城市概念设计"；2011 年 8 月，启动"武汉智慧城市总体规划与设计"，并于 2012 年经市政府常务会通过。武汉智慧城市建设总体规划可归纳为"一个总体目标，一套基础设施，三大核心体系"（如图 12.14 所示）。

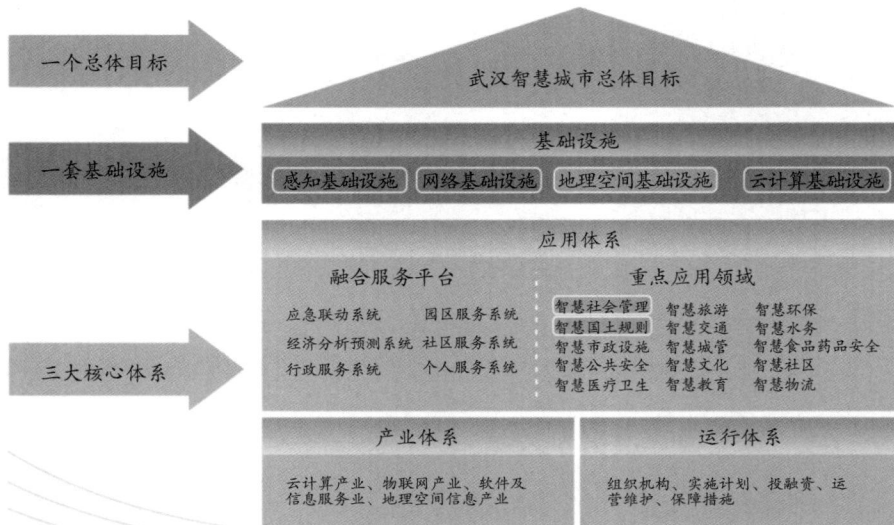

图 12.14　武汉智慧城市总体规划

其总体目标是：通过武汉智慧城市十年的建设，实现社会综合管理与服务、公共安全、物流、旅游、环保、食品安全、水利等重要领域的智慧化建设，形成较为完善的智慧城市政策支撑体系，全面实现城市信息的高效传递和智能响应。掌握 RFID 核心技术、物联网组网技术、深度互联技术、智慧终端技术等一批核心技术，初步形成辐射全国的高新技术产业链。智慧应用达到全国领先水平，使武汉成为"发展更科学，管理更高效，社会更和谐，生活更美好"的中部"智慧之都"。

在智慧武汉的总体规划中，规划了四大基础设施、三大体系。其中，四大基础设施为感知基础设施、网络基础设施、云计算基础设施和地理空间基础设施，凸显了武汉在地理空间信息方面的优势；三大体系为应用体系、产业体系和运行体系，并规划了 15 个重点应用领域，其中包括智慧社会管理和智慧国土规划（如图 12.15 所示）。

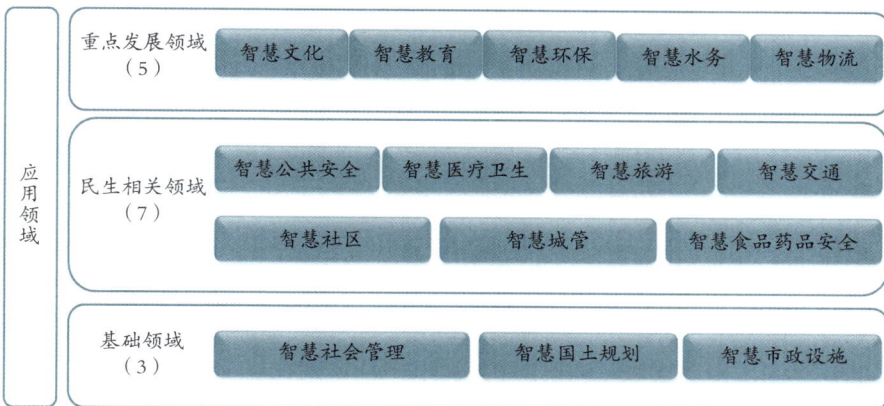

图 12.15　武汉智慧城市产业体系

2. 智慧武汉时空信息云平台

2011 年，武汉市建成地理空间框架，项目建立了全市权威、唯一、通用的地理信息公共平台，实现了在 60 多个政府部门的应用，取得了显著的经济社会效益。武汉市也被国家测绘地理信息局授予"全国数字城市建设示范市"称号。在 2012 年通过论证的《武汉智慧城市总体规划与设计》中，智慧地理空间信息基础设施被列为武汉智慧城市建设的四大基础设施之一。2012 年 12 月，国家测绘地理信息局下发《关于开展智慧城市时空信息云平台建设试点工作的通知》（国测国发〔2012〕122 号），通过智慧城市时空信息云平台建设推动智慧城市、智慧区域和智慧中国的建设。2013 年 3 月 12 日，国家测绘地理信息局下发《关于智慧武汉时空信息云平台建设试点项目立项的批复》(国测国发〔2013〕14 号),正式批复项目立项。

项目的建设内容是,在数字武汉地理空间框架建设成果的基础上,完善时空信息数据,建立时空信息数据库,构建时空信息云平台,开发典型应用示范系统建设,建立共建共享、更新完善和运行维护的长效机制。主要包括五个方面的内容:一是搭环境,即搭建地理信息云支撑环境;二是建中心,即建设城市的时空信息大数据中心;三是建平台,即研发时空信息云平台;四是促应用,即开展典型应用示范系统建设,包括智慧国土规划、智慧社会管理、智慧城管、智慧水务、智慧交通、公众服务等;五是建机制,建立运行维护的长效机制。项目的总体框架如图 12.16 所示。

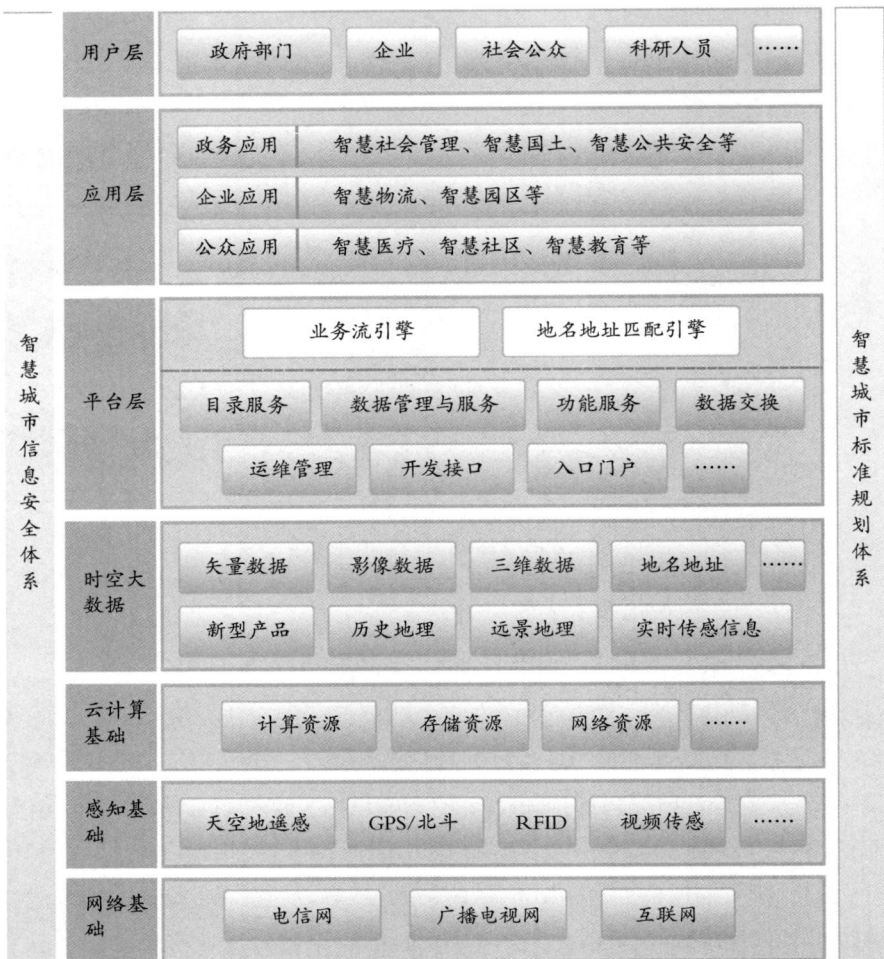

图 12.16　智慧武汉时空信息云平台总体框架

经过近三年的建设，平台已基本建成，数据内容不断丰富，服务能力显著增强，应用领域不断扩展，具备了服务政务和服务民生的全方位服务能力。实现了四个方面的升级：支撑环境的升级——从服务器集群向云环境升级；数据的升级——从静态地理信息向时空地理信息的升级；平台的升级——采用服务总线技术构建时空信息云平台；服务的升级——打造一站式自助服务。

（1）完成框架设计，初步构建时空信息大数据中心。数据类型不断丰富，创新发展了覆盖全市的政务电子地图和静态三维地图；数据范围不断拓展，2014 年实现 1∶2000 地形图全市域覆盖，三维模型覆盖范围不断延伸；开展时态信息和传感信息数据整合，构建了影像、人口、房屋等时空数据库，以及视频、位置、气象等多种传感器信息库。目前，全市地理信息数据中心资源已积聚至 10 大类 127 中类 1193 小类 1700 多层信息，包括：2000年以来历年遥感影像、主城区及新城区城关镇 800 km² 三维模型、全市 200多万条地名地址、350 万栋房屋、196 万部件，以及全市道路、地下管线、水系、山体等数据。在此基础上，融合了全市 1200 万人口、80 万工商企业以及多个部门的专题信息，初步构建了全市时空地理大数据中心。

（2）搭建了时空信息云平台。采用云计算技术构架，对基础软硬件支撑环境进行了全面升级，按照 IaaS 的建设要求，建立了统一的资源池和数据库集群，提升了多用户高并发条件下平台的弹性伸缩和服务能力；针对跨网络和跨部门应用的需要，建立了内网、政务网和互联网的数据汇聚和融合系统；软件平台建设方面，在原来地理信息公共平台的基础上，对底层核心软件进行了重构和优化，采用 SOA 架构和服务总线技术，搭建了时空信息云平台，提供各类标准的数据服务、功能服务、API 接口服务，以及地名地址匹配引擎、在线制图、数据分析工具等；搭建了两个门户（政务门户和"天地图 · 武汉"），作为统一入口提供一站式服务，实现以用户为主体的、多部门众源众筹的地理信息共享服务门户。此外，通过在线运维监控系统，实时掌握系统运行、资源注册和用户访问情况，为系统运维和优化提供量化依据。

（3）开展了规模化、跨部门的应用。在国土规划管理中，建立了资源中心、国土资源综合监管平台、国有土地上房屋征收与补偿管理信息系统、不动产登记管理信息系统，开展了人口与住宅、就业岗位、公共服务设施、停车场等空间分布及其关系的定量分析，有力地支撑了武汉市国土资源和规划局的总规修编和多规融合等重点工作。建立的社会管理与服务信息系统，整合人、房、组织、部件、事件等数据，融合公安、城管、工商、计生、民政、房管、人社等 20 多个部门信息，实现了"市—区—街—社区—网格"五级联动，成为武汉市创新社会管理的重要特色与亮点。建立的土地税源管理地理信息系统，实现了土地税源从土地征用到土地保有全过程的管理；通过系统应用，近两年来累计增加地方税收近 30 亿元。同时，基于地理国情普查成果，开展了城市圈生态环境资源与交通设施分布评价研究，项目成果开始突破武汉市域，服务城市圈。

在公众应用方面，"天地图·武汉"为武汉市政府数据公开服务（www. wuhandata.gov.cn）提供了权威的地理空间信息基础。建立的武汉市菜场公益地图、武汉市规划一张图（公众版）受到社会广泛关注。目前，应用部门达 100 多个，全市各政府部门开展应用系统建设，在云平台上搭建涉及地理信息的应用系统已成为常态。通过项目建设，进一步增强了平台的权威性，实现了地理信息的节约集约利用，产生了巨大的经济社会效益。相关成果获国家测绘科技进步一等奖、地理信息产业优秀工程金奖。

（4）积极推进标准规范和体制机制建设。总结提炼政务电子地图生产技术和方法，主编了湖北省地方标准《政务电子地图数据规范》（DB42/T909-2013）；在全市网格化管理工作的基础上，主持编制了武汉市地方标准《武汉市空间管理基础网格编码规范》（DB4201/T479-2015）。同时，还承担了国家测绘行业标准《城市政务电子地图技术标准》和国家标准委第一批试点项目"武汉市地理信息公共服务综合标准化试点"的编制。在机制建设方面，在《武汉市政务数据资源共享管理暂行办法》（武政办〔2015〕146 号）的基础上，起草了《武汉市政务地理空间信息资源共建共享服务管理实施细则》，对地理空间信息资源建设、维护、共享进行了规范。

3. 社会综合管理与服务信息系统

加强和创新社会管理是我国社会主义现代化总体布局的核心任务之一。2011 年，党中央做出关于加强和创新社会管理的重要决定，明确要求"加强社会管理信息化建设，提高社会管理效能和服务质量"。十八届三中全会决定也要求创新社会治理体制，以网格化管理、社会化服务为方向，健全基层综合服务管理平台，及时反映和协调人民群众各方面各层次利益诉求。武汉市委、市政府高度重视社会管理创新工作，把智慧社会管理工作摆在突出位置，要求建立全市统一的社会管理与服务平台。

在智慧武汉的总体框架下，武汉市社会管理创新以服务人为主线，提出了"一主、两新、五全"的管理理念，以智慧武汉时空信息云平台为基础，

依托时空大数据、云计算、物联网等科技手段，建立了武汉市社会服务与管理信息系统，实现了人、地、事、物、情各类社会管理要素的空间化集成调用和综合展现，形成了"市—区—街—社区—网格"五级联动机制，推进了信息资源共享，整合了社会管理资源，完善了社会管理机制，构建了一个全方位、宽领域、全覆盖、无缝衔接的社会管理与服务体系。

按照网格化管理的思想，运用时空大数据管理的分布式数据集、流式空间索引、MapReduce 技术等前沿技术方法，以实有人口实有房屋信息共享为基础，进一步整合公安、计生、民政、人社、卫生等部门的人口、法人和社会经济等信息，将各类资源纳入全市统一平台，创新社会管理体制，优化再造管理流程，以信息为先导来整合、引导和分配社会管理资源，建立全口径的城市社会管理与服务平台，为完善社会管理领导体制、建立健全社会矛盾调节机制、抓好社会防控体系建设提供新的技术手段。

武汉市社会服务与管理信息系统建设以"整合资源、统一规划，市区共建、以区为主，规范运作、分级管理"为原则，以数字武汉地理空间框架为支撑，依托智慧武汉时空信息云平台，充分利用现有系统数据和基础进行改造、升级、整合，建立"市—区—街道—社区—网格"五级联动的社会服务与管理信息系统，为网格化管理与服务提供信息支撑。主要内容包括：

（1）一套社会管理网格。根据人口密度将城市空间划分为一定大小的网格单元，形成市、区、街道、社区、网格的多级网格。以单元网格为基本单位，将网格内各种社会管理要素空间化，对各级网格单元实施全时段监控、监管互动，实现对全市分层、分级、全区域的无缝精细化管理，提供人性化服务。

（2）一个资源池，即武汉社会服务与管理一体化资源池。对社会服务与管理涉及的人口库、房屋库、法人库、城市管理单元信息库以及公安、计生、民政、人社、卫生、文化等信息进行整理、关联和比对，建立一体化的社会服务与管理资源池，作为武汉市智慧城市大数据的重要组成部分，实现社会经济数据与地理空间信息的融合，为社会服务与管理提供信息支撑。

（3）一个服务网络。建立市、区、街道、社区全覆盖的服务网络，形成链接政务专网、政务内网、政务外网、互联网和移动互联网的综合服务网络。通过政府门户网站、热线电话、电子邮件、短信、微信等形式为市民反馈和解决问题提供畅通便捷的渠道。

（4）一个服务平台。在智慧武汉时空信息云平台的基础上，整合城市网格化管理系统、实有人口实有房屋管理系统，建立社会服务与管理信息平台，提供城市各类信息的浏览、查询、分析、统计等功能，支持各类事件的采集、上报、核实、办理、回复等工作流程，为城市日常管理与服务提供信息化支撑。

（5）一个监督指挥中心。指挥中心是信息中心、通信中心、调度中心、监控中心的集合，为各类案件的指挥和调度提供视频监控、应急指挥、视频会议等支持；同时，通过链接各区、街道、社区的网络，能够保证全市范围内的事件"看得见、听得清、呼得出、信息准、反应快"，确保"指令下得去、信息上得来"。

（6）一套体制机制。建立健全一套完整的社会服务与管理的体制机制，具体包括：事件、部件分类标准，事件处理运行机制，社会矛盾化解机制，社会风险评估机制，绩效考评机制以及平台数据的更新维护机制等，从政策机制上保障平台安全、稳定、高效地运行。

平台建设采用多层开放式架构，主要由基础层、数据层、应用支撑层、应用层和服务层五个部分组成（如图 12.17 所示）。

为支持"市—区—街道—社区—网格"五级联动管理模式（如图 12.18 所示），平台提供市级、区级、街道级和社区级的运行能力。市级平台实现督办管理、统计分析、绩效考核等功能，并依托"一个数据中心"实现与市、区政府和各委办局的数据交换；区级平台实现矛盾化解、督办管理、统计分析、绩效管理等功能，全面整合区内公共服务平台、网格化系统、其他相关业务系统；街道级平台主要实现综合办公、矛盾化解、信息采集、社区人口基础信息采集录入和更新维护等功能；社区级平台整合社区 PSM、社区办公，充分发挥网格员的力量，排查和化解社会矛盾；网格员采用 PC 机或移动终端完成信息采集、更新等工作。

通过源头治理，实现了社会管理主要事务的实时处置和监督。建立了市、区两级平台，固化了"市—区—街—社区—网格"五级联动机制，实现了与现有的市长热线、城管网格化平台等指挥调度平台的对接以及 32 个联动部门的事件协同处置（如图 12.19 所示）。截至目前，全市联动累计处置了社会治安、民政救助、消防安全等 15 大类 161 小类矛盾案（事）件 300 万起，办结率为 99%。在此基础上，对海量信息进行敏感信息实时抓取，针对恶性、群体性事件，建立了全市敏感事件直报市、区级指挥平台推送机制，将重大事件控制在萌芽状态，为维稳事件的预报与防范提供实时情况通报。

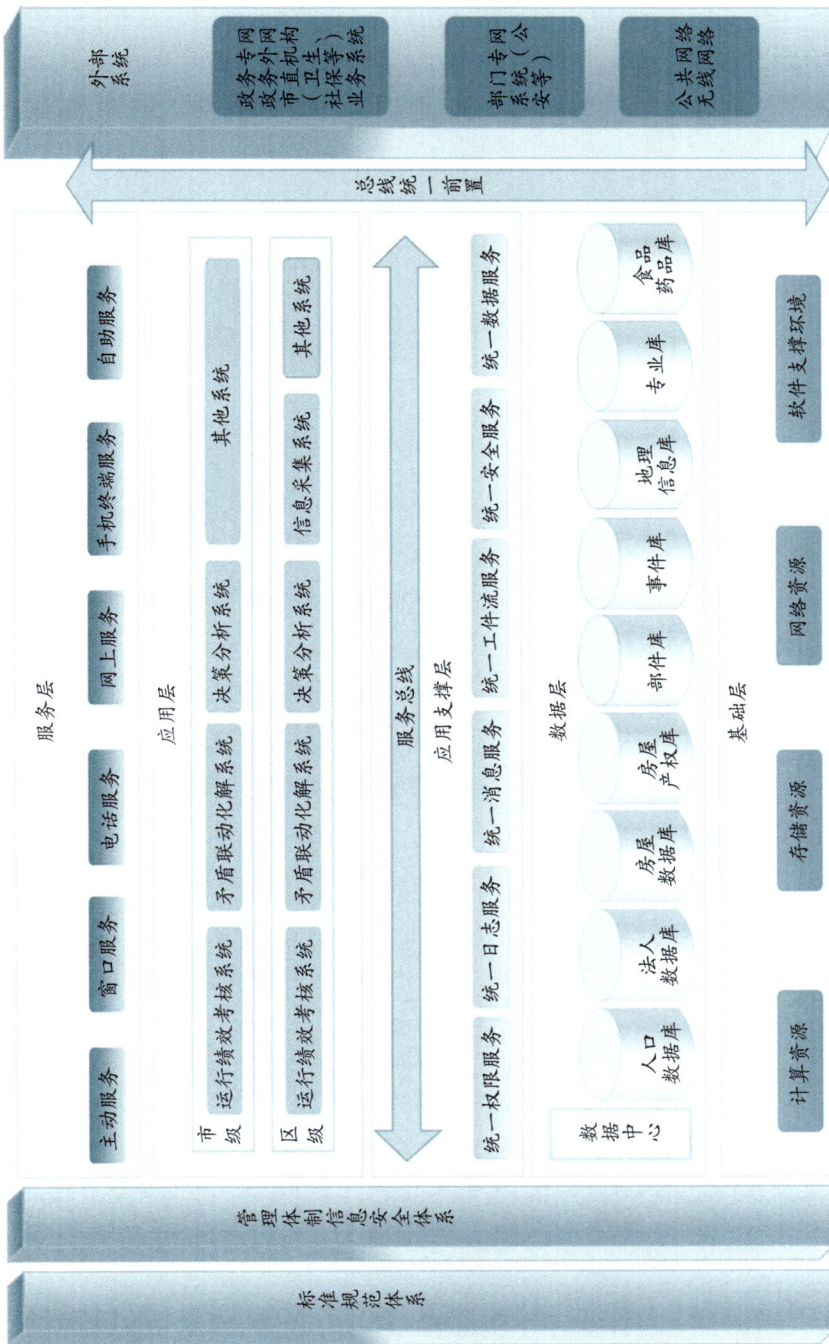

图 12.17　武汉市城市社会管理与服务平台总体框架

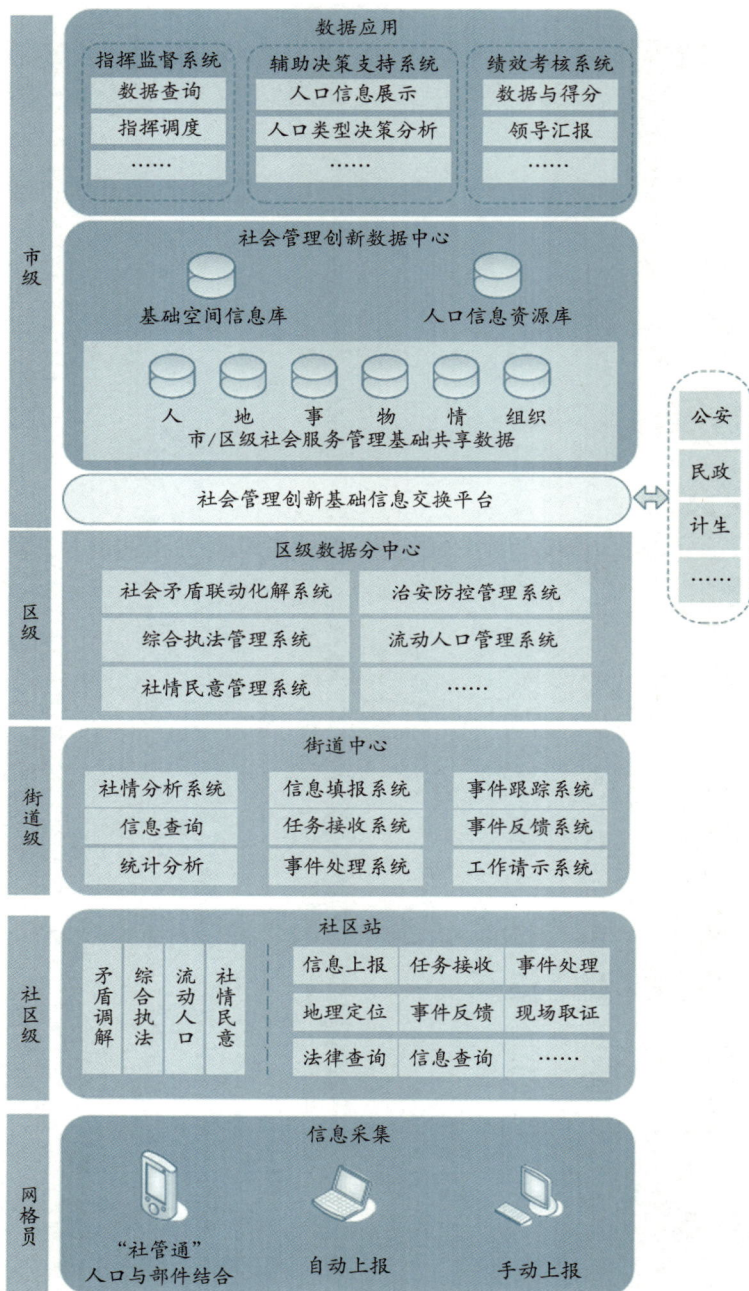

图 12.18 武汉市五级联动平台运行架构

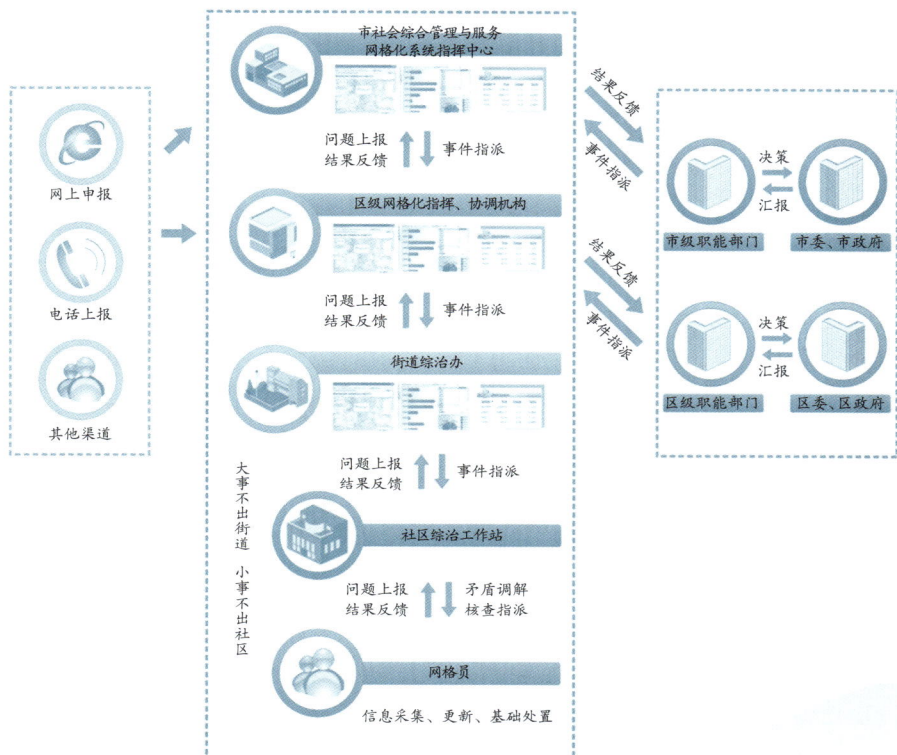

图 12.19　武汉市社会管理事务协同处理

在统一思想、充分调研的基础上，市委、市政府先后出台了《关于加快推进社会综合管理与服务网格化建设工作的意见》等系列文件，加强网格化工作顶层设计，要求全市在整合人力资源、信息资源、地理信息资源、网络资源等核心资源的基础上，开展武汉市的网格化管理建设工作，做到"一网打尽"。2015 年，武汉市委、市政府又出台了《关于进一步创新社会治理加强基层建设的意见》等"1+10"系列文件，进一步从制度上为武汉市社会管理与服务信息系统的建设提供了保障。

4. 土地税源地理信息系统

2013 年，根据《国家税务总局关于在全国范围内开展城镇土地使用税以地控税试点工作的通知》、《国家税务总局　国土资源部关于深化部门配合联合开展以地控税以税节地试点工作的通知》、《省地方税务局转发国家税务总局关于在全国范围内开展城镇土地使用税以地控税试点工作的通知》精神，武汉市国土规划局、地税局、财政局（市财源办）就利用国土地理信息系统建立武汉市全方位、全流程的土地税源管理地理信息系统进行了深入探讨。在全面调研分析的基础上，综合考虑武汉市信息化管理现状，确立以武汉市国土规划局的智慧武汉时空信息云平台为基础，综合采用虚拟化技术、计算机技术、网络技术、数据库技术、地理信息系统技术、全球定位系统技术和遥感技术等，以武汉市电子政务地理底图为载体，以城镇土地使用税为突破口和切入点，以土地自有及衍生税源为主要管理对象，依托武汉市电子政务专网，按照"一张图、一套库、一个平台、一套动态更新维护机制"的"四个一"体系架构进行设计，建立一个统一、完备、规范的武汉市土地税源管理地理信息系统，实现从土地征用（耕地占用税）、出让（契税、印花税）、转让（营业税、企业所得税、土地增值税、印花税）、开发（营业税、企业所得税、土地增值税、土地使用税、印花税）、保有（土地使用税）全过程的税收征管，实现了跨部门信息资源一体化整合和增值利用，全力构建打造武汉市"以地控税、以税节地"的税地合作管理新模式。该项目得到了武汉市人民政府领导的高度重视和支持，武汉市常务副市长贾耀斌在《市地税局关于利用国土部门地理信息建立我市"以地控税"土地税源管理系统的报告》上批示："建议很好！应抓紧实施。请市信产办牵头，市国土局、地税局、财政局参加，整合资源，快速推进。"2013年6月25日，《市人民政府办公厅关于印发武汉市财源信息共享平台建设工作方案的通知》（武政办〔2013〕93号）中明确了"以地控税地理信息系统"建设目标。

项目的建设目标是：以智慧武汉时空信息云平台和武汉市国土资源和规划一张图为基础，通过计算机、网络、数据库、"3S"等技术实现国土、地税部门业务联动，实现从土地征用、土地出让、土地转让、土地开发到土地保有全过程多税种的精细化、动态化、可视化和无缝化管理，达到"以地控税、以税节地"的目标，增加地方税收，最终实现税务征收的智慧化管理。

项目于2013年3月启动，同年8月获武汉市发改委立项批复，经过为期4个月的建设，于2014年1月开始在武汉市地税局试运行，3月7日在武汉市地税局管税信息平台上正式运行，项目建立了一张图、一套库、一个平台和一套更新维护机制。基于智慧武汉时空信息云平台，将税源登记信息、土地税源管理信息等与地理空间信息进行融合，形成了覆盖全市8569平方公里的税源管理"一张图"，实现税源管理从一维文本向二维空间的图文一体化管理的提升。通过将国土、地税部门的地理空间信息和业务信息进行清洗、关联、比对，形成了土地税源管理数据库。通过对国土部门70余万条涉税土地信息和地税部门60余万条税源登记信息进行清洗，实现了不同部门业务数据标准的统一、涉税土地信息与税源登记信息的融合，最终形成了支撑土地税源管理地理信息系统的税源管理数据库。在税源管理一张图和税源管理数据库的基础上，采用 SOA 架构和 B/S 开发模式，设计开发了土地税源管理地理信息系统，包括信息查询、空间分析、指标计算、税源管理等功能，为市地税部门提供了基础工作平台、指挥决策平台和综合监管平台。基于"集中管理、分布更新、实施反馈"的理念，建立了数据的动态更新和实施反馈机制，通过系统接口连接地税部门和国土部门的核心业务系统，将实时产生的业务信息通过政务专网在前置机实现共享交换，保证系统数据的现势性和准确性。并在多个方面进行了创新：①以智慧武汉时空信息云平台为基础，采用云计算技术实现了国土、地税部门核心业务数据交换与协同；融合土地税源信息与地理空间信息，首次实现了土地税源管理从土地征用、土地出让、土地转让、土地开发到土地保有全过程的税收监管，为与土地相关的耕地占用税、契税、土地使用税、印花税、土地增值税等多税种的征收和监管提供了技术和信息支撑，实现了"以地控税"的目标。②采用空间数据融合和分析技术，通过与土地等级、用地类型和土地税收政策等关联分析，实现了每宗土地税收的空间关联和自动计算，大幅提升了征管质效。③提出的宗地尺度下基于土地税收的土地利用绩效评价方法，能够有效地反推每宗土地的综合利用效率和整体使用情况，为"以税节地"和土地集约节约利用提供了技术和信息依据。

在项目建设过程中严格执行国家和地方相关标准体系，并在用户方和第三方管理机构的帮助下，不断完善项目的管理机制，保证工程的进度和质量。通过该系统建设实现了土地税源管理的精细化、动态化、可视化和无缝化，形成了"以地为基、全程跟踪、分类监控、一体管理"的税收管理机制。系统运行至今，稳定高效、功能全面，使得武汉市的土地税源管理水平和征管质量得到较大提高，具有良好的社会效益和明显的经济效益。项目建设是武汉市智慧城市建设的重要组成部分，通过项目建设，形成了"以地为基、全程跟踪、分类监控、一体管理"的税收管理机制，实现了土地税源管理从一维文本到二维空间管理的提升，征收范围从单一税源向多税种的扩大，信息资源从单一部门向多部门的一体化整合和增值利用，最终实现了土地税收管理从"人工管理"向"智慧管理"的转变，也形成了跨部门信息融合和增值利用的"税地"合作管理模式。这种跨部门信息融合、交互式管理的新模式也在社会综合管理、交通、水务、城管等领域展开了应用，促进了以地理空间信息为载体，将空间信息资源应用于国民经济建设，掀起了武汉市跨部门信息整合、信息增值利用的历史性变革。自项目建设以来，共计增加地方财政收入 27.88 亿元，为地方经济方式的转变做出了突出贡献。

（二）重庆市

重庆市地理信息服务主要由重庆市地理信息中心负责。重庆市地理信息中心是重庆市规划局的下属事业单位，于 2000 年 9 月成立，同时肩负重庆市遥感中心、重庆市测绘产品质检站、重庆市测绘成果档案馆职责，主要承担全市地理空间信息基础设施建设规划编制的具体工作、地理信息与遥感技术标准的编制和实施，负责全市地理信息及遥感资料的收集、管理和分发服务，地理信息数据库建设、管理、维护及信息共享平台建设，承担地理信息及遥感产品开发利用与技术推广，组织开展地理信息与遥感技术合作交流和人才培训。

重庆市地理信息中心在多次综合调研的基础上，提出了"基于统一的地理空间信息标准和规范，在一个公用的硬件和网络基础设施平台上，搭建统一的管理和整合公共基础性地理信息资源的平台和空间数据库，通过地理空间信息共享交换平台，实现公共基础性的地理信息资源与政府部门专业地理信息资源的整合"的建设思路。在此思路上，中心创新建设了"面向服务"的体系架构，集中加分布的共享架构，多级、多源服务聚合，纵向多级、横向多库，网络接入全覆盖、业务需求全覆盖、开发方式全覆盖的政务地理信息服务平台，并提出了在线、准在线、离线的服务模式，通过不同的服务模式为各部门提供全面的数据服务以及业务支撑系统服务，有效解决了"信息孤岛"难题，避免分头建设中容易出现的部门信息分割、重复投资、资源浪费等问题，为推动重庆市各部门地理空间信息共享交互，促进各类专业地理空间数据跨部门应用，提高政府工作效率奠定了良好基础。目前，基于这一服务模式，中心与市发改委、交委、水利局、环保局、商委、应急办、气象局等十余个政府部门达成共享模式，并基于此服务模式先后建设了重庆市一小时经济圈规划地理信息平台、重庆市三维地理信息系统、重庆市应急指挥系统等一大批应用系统，并在应急指挥、卫生救援、安监管理、生态环保等方面实现了地理信息的和谐共享，有效促进了全市经济社会又好又快发展。

重庆的地理信息事业发展被国家测绘地理信息局称为"重庆模式"，总体上可以概括为"行业管理总协调、事业支撑打平台、产业带动共发展"，具

体内容包含四个"三位一体"。①在重庆市地理信息建设发展过程中，重庆市规划局主管城乡规划、测绘、地理信息，这"三位一体"的体制优势，确保了全市地理信息的权威性与现势性，为重庆的地理信息发展奠定了坚实的基础。②重庆市地理信息中心、重庆市测绘产品质检站、重庆市测绘档案馆"三位一体"的机制优势，形成了测绘成果的质量检查、档案管理和地理信息平台数据更新的一体化模式，有效确保了重庆市基础地理信息动态更新、实时可靠。③重庆市地理信息三大平台的建设，创新了重庆市专业部门、政务管理、社会服务一体化的服务思路。④基于重庆市地理信息中心、重庆市遥感中心"两位一体"，结合重庆市 GPS（全球定位系统）综合服务系统建设与应用，形成了重庆市地理信息发展技术支撑"三位一体"的模式。

（三）青岛市

青岛市地理信息服务主要由青岛市勘察测绘研究院负责。青岛市勘察测绘研究院负责实施完成了数字青岛地理空间框架建设，市国土资源和房屋管理局负责组织，促进了基础地理信息和政务空间信息的共享和使用，依托政府金宏网为政府各部门建立专业地理信息系统提供在线地理信息服务。该平台的开通与应用，有效避免了重复投资，减少财政资金浪费。

（1）以"服务政府、服务社会、服务民生"为己任，全力为青岛市重点项目前期和应急测绘提供高效服务。在蓝色硅谷、西海岸经济新区、北部新城、铁路两侧环境整治、世园会、大沽河改造等工程项目中，中心投入大量人力物力，在任务重、工期紧、部分资金没到位的情况下，快速、准确地提供了规划建设所急需的地形图等各类基础测绘资料，并配合工程建设开展各种勘测服务，有力保障了项目建设顺利开展，得到了项目方的高度评价。

（2）主动推动地理信息广泛应用。自 2004 年就开展了地理信息共享平台的研究工作，先后建设了市南区空间地理信息服务平台、崂山区政务空间地理信息共享平台、高新区地理信息资源共享平台、数字青岛地理信息公共平台，在平台基础上开发了 60 多个业务应用系统，广泛应用于应急、税收、土地、规划、环保、重点项目、计生、社区综合管理等部门。例如，"青岛市重点项目信息管理系统"基于电子地图实现了市区两级重点项目的直观管理；"地理信息税收管理系统"开创了山东省"以地控税，信息管税"的新模式，该模式和系统得到了国家税务总局的高度关注，由国家税务总局发文向全国推广。

五、宁波市地理信息产业

（一）宁波市智能城市地理信息服务产业总体发展战略

随着地理信息数据资源的日益丰富，地理信息技术的飞速发展，社会需求的不断扩大，以及地理信息产业应用领域的不断拓展，应用层次的不断深入，地理信息产业的服务模式也越来越多。因此，地理信息服务为地理信息产业的发展提供了巨大的潜力，扩展了地理信息产业链，为产业发展提供了更广阔的市场空间；在全国智能城市建设热潮的推动下，结合目前宁波市地理信息服务产业建设现状，以地理信息公共服务平台和智慧位置为基础，向各地理信息开发商、电子商务及其他行业提供资源服务，推动了产业的发展。

1. 以地理信息共享服务平台为支撑

以地理信息共享服务平台为支撑，利用共享平台构建政务地理信息共享与应用的良好生态环境，形成数据共享、接口共享和信息服务共享的空间信息共享机制，全面推广面向政府部门的地理信息应用服务和数据服务，继续深入开展在公安、规划、国土、房产、城管、环保、统计、工商、税务、教育、租赁、市政、水务、劳动等政府部门及相关基础领域的 GIS 应用服务。结合应用推广，推动行业专题空间数据库的跨部门共建共享，健全探索自然资源和空间地理基础信息资源管理、整合、共享的机制。将共享平台软件成果免费推广至县（市、区），初步实现市、县（市、区）之间地理信息资源的互联互通。

2. 以智慧位置公共服务平台为重点

以智慧位置公共服务平台为重点，塑造和输出品牌，面向普通公众提供交通出行、旅游美食、地图导航、社交网络、日常消费、金融银行、智能停车等基于位置的服务，加强了空间信息行业的社会公众及市场化应用，提升服务能力和品质。

3. 以宁波云娱乐商业服务为龙头

以宁波云娱乐商业服务为龙头，云娱乐利用真三维场景和《阿拉图》游戏引擎，结合市场商业化运营模式，繁殖大量企业合作机会，孵化宁波区域娱乐产业，建立游戏动漫产业集群，塑造全新的互动娱乐产业服务。

（二）基础应用产业成果

宁波市地理信息开发商应用地理信息公共平台，为政府各职能部门与空间基础信息相关核心应用提供重要服务支持，例如在市政府、公安、规划、国土房产、城管、环保、统计、工商、税务、教育、租赁、市政、水务、劳动等部门，都有着不可替代的地位。目前，国土、海洋、林业等各个局委办已构建了满足其业务需求的 GIS 应用系统，取得了较好的经济和社会效益（表 12.6）。

表 12.6　宁波市各政府职能部门构建的应用系统

序号	单位	软件	应用系统
1	房产交易中心	ArcGIS9.3 Oracle	数字房产系统
2	国土资源局	SuperMap ArcGIS9.2 WebLogic	土地利用现状管理系统 电子政务管理系统 城镇地貌管理系统
3	林业局	ArcGIS9.2	森林防火地理信息系统
4	海洋与渔业局	SurperMap E盾管理软件	海域动态管理系统 海域管理信息系统 无居民海岛管理信息系统
5	公路管理信息中心	ArcGIS9.3	数字公路系统 公路地理信息系统
6	数字化城市管理指挥中心	MapGIS ArcGIS9.1	数字城管系统 供水管网信息系统
7	市政管理处	ArcGIS9.3 Oracle	宁波市市政设施管理 信息平台
8	海曙区人民政府	ArcGIS10	海曙区网景位置服务平台 E生活服务平台
9	住房和城乡建设委员会	ArcGIS10	现代都市在线服务平台

1. 宁波市海洋与渔业信息化综合管理平台

结合海洋与渔业管理需要，搭建宁波市海洋与渔业三维仿真应用系统，集成于宁波市海洋与渔业信息化综合管理平台（如图 12.20 所示），先期已经完成了对崇塈塘避风渔港、中国水产城、石浦渔港（部分）等重点区域的三维仿真应用，模拟防台避风预案的实际行进路线。目前正在对整个石浦镇、象山港避风锚地与渔港、渔山列岛、南韭山岛和花岙岛等具有重要海洋经济意义的关键海洋岛屿进行大规模三维重建和全景影像定点采集，辅以渔业管理数据库，可以逼真、直观地查询和展示重点区域的实际状况。同时与宁波市海洋与渔业局现有的雷达系统和监控系统紧密对接，实现了渔船实时定位、岸线水位监测、海面油污检测、视频实时联动等先进的多媒体、全实时、多方位功能。该信息化平台生动展现了宁波海洋与渔业的宏大蓝图，发挥海洋与渔业信息资源在经济和社会发展中的作用，使海洋与渔业信息化能力和水平更快更好地跟上宁波市海洋经济快速发展的脚步。

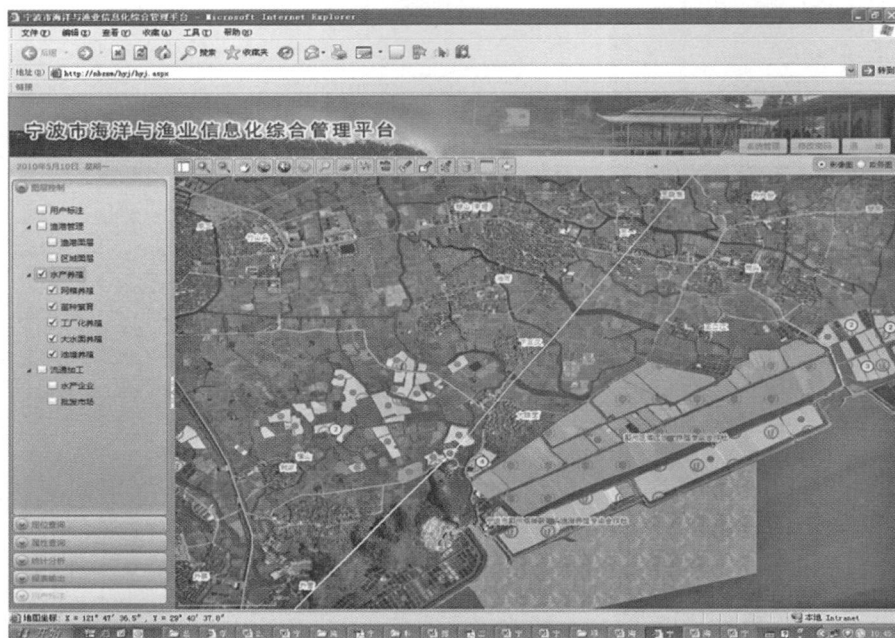

图12.20　宁波市海洋与渔业信息化综合管理平台

2. 北仑区规划一张图辅助决策系统

北仑区政府十分重视信息化建设，北仑区规划分局于2004年就开始建设北仑区基础地理信息系统。该系统作为"北仑数码港"的一个有机组成部分，建立了一个以数字化的基础测绘资料为主要内容的、以完善的基础地理空间数据管理体系和数据服务体系为主要结构的信息系统（如图12.21所示）。该系统为北仑区规划、建设、城市管理和社会各界提供了完善、优质和高效的地理空间数据服务，为北仑区的信息化建设，特别是与地理信息系统相关的综合应用提供了良好的基础和支持，并解决基础地理综合信息数据的更新问题，实现数据的共享，避免重复投资，提高城市建设、管理及服务部门的管理水平和政府的科学决策能力。

图 12.21　北仑区规划一张图辅助决策系统

3. 宁波现代都市在线服务平台

宁波市将"加快构筑现代都市"的目标细化为在全大市范围内建设 50 个重点功能区块和实施 100 个重大基础设施项目（"50100 工程"）的任务。

为了有效管理"50100 工程"建设，体现宁波现代都市建设成就，需建立一个简单、方便易用的信息系统，向市领导及社会各阶层展示现代都市建设的成就，提高老百姓对城市建设的参与度，增强社会各阶层的城市生活满意度，为宁波创建"中国最具幸福感城市"提供技术支持和宣传支撑。针对这一重大应用需求，宁波市住房和城乡建设委员会认真学习和贯彻落实科学发展观，做出了建设宁波现代都市在线服务平台的战略性决策。

通过建立完善的覆盖全市各区县的重大项目地理空间资源体系和重大项目实施进度管理体系，提供决策者关于重大项目实时进度了解、实施任务落实反馈、资金投资比例控制、工程进度报表统计等一系列辅助决策功能，以此推动决策部门和实施部门的沟通互动，为顺利开展和推动本市重大项目的选址、规划、建设发挥重要作用。具体目标有：

（1）建立覆盖全市区县的地理空间资源体系。采用先进的空间信息技术，实现包括对基础地理空间基础数据、遥感影像数据、电子政务图等数据库建设。

（2）建立覆盖全市区县的重大项目空间资源体系。根据各区县提供的重大项目建设情况，实现对这些项目的空间数据采集和空间资源建设。

（3）开发建设重大项目实施进度管理系统。在重大项目空间资源体系建立的基础上，通过各区县对各自重大项目的实施情况录入，监督部门对项目总体的控制和规划，有效地建立起一套项目控制管理体系，掌握项目推进情况，控制项目实施风险。

（4）开发建设智慧规划移动服务平台。顺应当前"移动社会"的趋势，初步建立起一套移动规划服务平台，丰富政府职能部门的管理手段。

（三）拓展服务产业

1. 生活资讯信息

生活资讯信息是智慧位置的重要组成部分，是对外提供服务的基础和保障。智慧位置信息覆盖范围广，在充分利用市规划局"智慧宁波"地理信息共享服务平台现有数据资源的基础上，还需收集整理、加工整合宁波市目前正在积极开展智能城市建设的政府系统各部门的信息资源；同时依托市规划局"智慧宁波"地理信息共享服务平台公众版网站基础地理数据库的优势，深入挖掘互联网上政府、企业面向社会公开的信息资源；丰富信息采集渠道，网罗与百姓生活息息相关的数据，满足社会和公众日益增长的空间信息服务需求。

针对公众需求，按照"循序渐进，稳步渗透"的原则，分步重点建设休闲娱乐、文教医疗等专题信息数据，为公众提供与生活息息相关的全方位的综合信息及服务。随着智慧宁波建设的持续推进，智慧位置应用服务将逐步丰富并完善生活资讯信息，不断满足公众生活需求。

（1）无障碍设施信息

为了保障残障人士出行安全，与宁波市残疾人联合会进行沟通衔接开展合作共建，从残疾人的愿望和需求出发，组建一支助残志愿者团队，负责采集整理宁波市域范围内盲道、餐饮美食、酒店住宿、银行、医院等无障碍场所信息，包括这些场所的地址、电话、楼层、坡道入口、门入口、地面滑度以及有无可供轮椅通行的缓坡、是否有无障碍厕所等信息。将采集到的无障碍信息进行进一步的整理、加工，形成专为残障人士设计的"无障碍信息资源库"，同步搭建基于位置的"爱心护航"平台，为残疾人的出行提供地图导航、位置播报、无障碍信息查询定位等多种便捷的服务，逐步实现交通无障碍和信息无障碍，为残障人士出行保驾护航。

无障碍设施信息包括：

- 无障碍公厕信息；
- 无障碍通道信息，如盲道、轮椅坡道等；
- 康复中心、培训机构等残疾人服务场所；
- 残疾人公交乘车卡申办流动服务点；
- 社区志愿者基本信息。

（2）81890 生活信息

随着社会的快速发展，市民的生活方式发生了很大变化，生活需求呈现多样化趋势。智慧位置与宁波 81890 求助服务中心形成资源的互补共享，为公众提供便捷全面的家政服务、设备维修、房屋工程、水电维修等公益性生活服务信息，帮助市民解决各种生活难题，最大限度地满足人们生活需求。

（3）交通出行信息

依托现有技术及资源优势，整合集成市城管局、市公安局、市交通委等各局委办面向公众公开的交通信息，建设公交、汽车租赁、公路、铁路、加油站、停车场等交通配套设施信息，并实时发布动态交通信息，诸如实时交通路况、实时交通管制信息等，满足公众出行前和出行中的不同需求，服务公众安全便捷出行。

交通出行信息包括：

- 停车场、加油站、4S 店等信息；
- 单行线、限速路段、单双号限行、信号灯、违法抓拍、禁左禁右等信息；
- 实时交通流量及交通管制信息；
- 公路、铁路、水路客运信息及航班信息；
- 公交线路及 IC 卡发售充值站点信息、出租车预约信息等；
- 易积水路段信息；
- 行车安全指数预报信息；
- 公共自行车服务网点。

（4）文体医疗信息

提高文化教育、医疗卫生服务水平是一项基础民生工程。需建设文化活动场所、学校、医院、高等院校、幼儿园、文化教育机构、社区卫生服务中心等信息数据，深化公众文化教育，提高医疗服务便捷性，提升民众幸福指数。

文体医疗信息包括：

- 幼儿园、小学、中学、大学、文化教育机构等教育设施信息；

● 医院、社区卫生服务中心、康复中心等医疗设施信息；

● 连锁健身中心、体育场馆、游泳场所、垂钓场所等体育设施信息。

（5）旅游服务信息

随着旅游大众化、个性化、散客化的发展趋势，公众出行旅游将更加注重旅游活动的自主性、灵活性和多样性，更加注重旅游品质和安全，对目的地旅游信息、旅游交通便捷服务、安全保障服务等的需求更多、要求更高。因此，为提升旅游公共服务水平，需建设旅游景点、文物古迹、历史遗址、旅游公共服务设施等信息，为公众提供最专业、最全面的旅游资讯，提供"快捷、多元、环保、高效"的旅游服务。

旅游服务信息包括：

● 全市旅游景点信息；

● 全市主要旅游服务设施信息，包括旅行社、旅游度假区、购物娱乐设施、景点周边美食住宿、旅游集散中心、旅游咨询中心等；

● 推荐旅游线路、行程安排；

● 滨海旅游信息。

（6）购物娱乐信息

随着市场经济的发展和生活水平的提高，人们的消费水平也大幅度提升。因此，需采集整理超市、商场、KTV等休闲购物场所信息，为公众提供多元化娱乐、购物、休闲选择，满足现代消费需求。

购物娱乐信息包括：

● 超市、商场、百货等综合性购物场所信息；

● 连锁中西餐、西点甜品信息；

● 知名KTV、美容美发店铺信息。

（7）门牌楼盘信息

安居乐业，历来是百姓追求的终极目标。毋庸置疑，安居工程是百姓关注的热点，需对市住建委房产交易中心和市公安局面向公众公开的信息资源进行加工、整理、分类，提供最全面、精确、权威的宁波保障性住房、二手房、学区房、新开楼盘、房产中介及门牌信息，托起百姓的"安居梦"。

门牌楼盘信息包括：

● 沿街商铺、居住小区门牌；

● 买房、租房信息；

● 年度新开楼盘信息；

● 房产中介机构信息；

● 安居指数排行。

（8）环境气象信息

空气质量、污染指数、气象灾害，这些环境气象信息与百姓生活息息相关。通过集成市环保局、市气象局信息发布接口，发布最新的环境气象信息，时刻关注百姓的生活环境。

环境气象信息包括：

● 全市及各大气监测站点分布及实时空气质量状况；

● 实时天气预报及气象观测数据；

● 气象灾害预警信息。

（9）重大民生项目信息

为提高政府公开透明度，拓宽政府信息公开渠道，搜集整理政府目前正在开展的重大项目，诸如宁波轨道交通在建情况、工程项目审批信息等，及时发布项目最新进度，方便公众及时查阅、获取政府信息。

重大民生项目信息主要包括"50100 工程"（即 50 个重点区块和 100 个重大项目）在建项目轨道交通工程。

2. 有车 e 族

将市公安局、市交通委、市城管局等各部门有关交通出行、汽车养护等的信息进行加工整合，打造基于位置的私家车出行及养护专家。主要功能包括：

● 违章查询：车主只需输入车辆信息，即可随时查看交通违章记录和扣分信息。

● 周边生活服务：提供全面的汽车养护信息，快捷查询周边加油站、停车场、4S 店、洗车店、维修美容、二手中介、车辆检测站，及汽车环保标志申领点等信息。

● 文明出行：发布单双号限行、单行线、电子警察、禁左禁右、信号灯等交管信息，让开车出行更踏实更安全。

● 温馨提醒：推送通知实时交通管制、桥梁道路施工养护、易积水路段信息、无标车和黄标车限行区域等，避免行车过程中可能遭遇的麻烦。

● 推荐路线：根据实时交通路况信息，推荐规划最佳出行路线。

● 天气预报：实时天气预报，发布实时的空气质量状况、行车指数等信息。

3. 门牌定位

依托市住建委房产交易中心的门楼牌信息，结合城管地名地址普查成果，打造精准的门牌定位服务，让"路盲"不再迷路。主要功能包括：

● 门牌搜索：通过输入门牌号、单位名称等关键词，一键搜索小区门牌、街面门牌，并在地图上精确定位显示。

● GPS 定位：实时确定用户所在位置，并在地图上显示出来。

● 周边环境：提供二维、2.5 维、360° 全景影像等多种形式的地图，真实直观地展现门牌周边环境。

● 小区导航：提供主要小区内部示意图，包括小区幢号、出入口位置及周边道路，根据用户位置，制定前往路线。

4. 安居在甬

基于位置的房源搜索应用，解决找房、买房、租房时遇到的种种困难。提供最全面、最权威的二手房、新开楼盘及房产中介信息，包括房源地图位置、价格、户型及安居指数等。主要功能包括：

● 房源搜索：提供最全面、最权威的二手房、新开楼盘等信息。并提供人性化的房源查询服务，可根据用户位置，快速定位出自己所在位置周边的房屋信息；也可设置地理范围，筛选出该区域范围内的房源信息。

● 我的收藏：收藏用户感兴趣的房源信息，提供房源的详细信息，包括房源地图位置、价格、户型及电话等。

● 安居 E 查：提供小区安居指数及排行，了解小区安全状况，为买房租房提供参考。

5. 图说宁波（宁波历史）

《图说宁波》是以《宁波市地图集》中历史部分内容为基础编辑而成，是一部以宁波历史为纲，以地图形式和地图语言直观再现宁波城市变迁和未来展望的专业工具书。它系统介绍宁波上下七千年的文明史，上起先秦，末至今日，并展望未来，概括体现了宁波城市演变、文化禀赋和改革开放所取得的巨大成就。智慧位置应用服务在《图说宁波》的基础上进行扩展和延伸，以平板电脑和智能手机为主要载体，推出移动版图说宁波，实现历史地理研究成果的数字化，为政府、企事业单位、社会公众提供历史地理信息服务。其功能包括：

● 地图浏览：以古地图的形式宏观展示各个历史时期的宁波风貌及变迁。

- 历史回顾：以文字、图片等多媒体形式介绍各个时期的重要历史人物、重大历史事件和地方历史文化。

- 朝代搜索：以列表的形式呈现所有朝代。同时设置快速入口，提供朝代搜索功能，快速定位用户感兴趣的朝代古地图，点击古地图，获取该朝代的详细历史信息。

6. 城事聚焦（民生项目）

为增加政务公开透明度，提高公众参与度，以"为民、便民、利民"为宗旨，以网站、移动终端等媒介为载体，结合位置服务，发布政府重大项目信息，提供便民服务。城事聚焦主要包括如下板块：

- 走进宁波：图文并茂全面介绍宁波地理、经济、文化、历史、社会等方方面面。

- 项目列表：将重大项目按类别、时间、行政区划等进行划分，并以列表的形式呈现所有重大项目。点击某一项目，可查看该项目的具体信息。同时提供地理定位功能，可在电子地图上查看该项目及基本信息（如图 12.22 所示）。

- 项目动态：实时更新信息，为公众提供最新的项目进展情况，使公众可以掌握项目动态。

- 百姓说话：以邮件和论坛的形式，加强公众参与，让百姓说话，监督重大项目，维护公众权益。

图 12.22　项目列表

7. 爱心护航（残障专用）

据新华网报道，目前我国残疾人数量已超过 8300 万，但人们在大街上却很少看到残疾人的身影。近期，中国青年报社会调查中心通过民意中国网和网易新闻中心，对 1251 名网友进行采访调查。调查显示，55.8% 的人感觉现在残障人士出行不便，其中 17.8% 的人认为"很不方便"。一名民意中国网网友表示，"现在大街上很少看到残疾人，并不是因为残疾人少，而是因为他们出行困难，只能被困在家中，不敢独自出门"。

如何才能让残障人士出行更方便？如何保障他们的出行安全？如何帮助他们参与社会活动？针对以上问题，提供一套高效科学的解决方案已经显得十分必要。"爱心护航"是为了解决残障人士出行困难而提出的一款集纸质版、桌面版、移动终端版于一体的基于位置的无障碍设施信息服务平台，提供公交查询、驾驶导航、周边医院、餐饮、银行和宾馆等无障碍设施信息查询和定位服务，满足残疾人的出行需求，为实现平安社会、和谐社会提供有力支持和安全保障。"爱心护航"提供如下服务。

（1）综合服务

● 地图定位：残障人士随时随地知道自己当前的位置，并在电子地图上显示出来。

● 无障碍设施信息查询：查询所在位置周边一定范围内的餐饮、宾馆、医院等无障碍设施的分布及详细信息，诸如进入口的坡道、门槛的陡缓程度、地面滑度、有没有无障碍洗手间等，并在地图上显示出来。

● 最佳出行路线查询：提供到达目标场所的最佳出行路线，及实时的道路交通情况。

● 爱心地图下载：提供爱心地图下载服务，可下载至移动终端实时查看无障碍设施信息分布情况，也可打印成纸质地图，随身携带。

● 无障碍上报：设置无障碍信息上报模块，当发现新的无障碍设施时，动动手指上报，方便更多的残障人士。

（2）视障特殊服务

针对视障人士的特殊情况，量身定制一款视障特殊服务，专门为视障人士提供语音导航贴身服务。视障人士通过携带具备"视障特殊服务"功能模块的移动终端，可随时随地获知当前所在位置及周边设施信息，确保出行安全。

● 实时定位：时刻清楚当前所在位置，并进行语音播报。

- 障碍物提示：终端上的超声波雷达传感器可以探知前方障碍物，根据雷达距离障碍物远近发出频率不同的蜂鸣声提示。
- 支持盲文输入：在终端上可以用盲文输入导航目的地的信息。
- 语音播报：用户查询的信息及导航路线，可通过语音播报出来。
- SOS 呼救：用户遇到紧急情况时可以一键拨通设定好的急救电话，确保视障人士出行安全。

（3）弱势群体监控服务

针对老人、儿童、智障人士等弱势群体，平台从他们的安全和利益角度出发，提供弱势群体监控服务，实现家长或监护人对其位置的查询和状态监测等，让关爱更轻松。

- 跟踪定位：可以实时查询老人、儿童等关爱目标的实时位置，并在电子地图上显示出来。
- 轨迹查询：可查询关爱目标历史行进轨迹，及时了解其活动。
- 区域报警：可在平台设置安全活动区域，当关爱目标进入或越出该区域时，平台会以短信的方式提醒监护人。
- SOS 呼救：用户遇到紧急情况时可以一键拨通设定好的急救电话，确保其安全。

8. 如厕助手

在一个陌生的地方突然出现内急，很多人的第一反应就是寻找超市、商场、肯德基、麦当劳或者向陌生路人寻求帮助。其实解决内急需求大可不必如此麻烦，智慧位置应用服务即将推出如厕助手，为用户提供相关的一条龙服务，诸如找厕所、求厕纸等。

如厕助手，其实质是一个简单的基于位置的服务，通过定位技术确定用户的大概位置，并通过调取公厕数据库，为用户推荐距离位置最近的厕所。其亮点功能主要包括：

- 迅速定位公厕：随时随地知道用户当前的位置，并根据用户所在位置搜索附近一定范围内的公厕，查询结果以列表形式由近及远自动排序呈现。
- 查看地图：以地图的形式显示用户所在的位置和附近所有公厕位置，可进行模拟实地查找，自动规划行走路线（如图 12.23 所示）。
- 详情纠错：提供包括公厕位置、有无厕纸、蹲位数量以及全景影像等信息的详细描述。如用户发现与实际情况不符，可对数据进行纠错更改。

● 厕所评级：用户可根据厕所的干净程度、拥挤程度评级，让更多人下次选择时可参考。

图 12.23 查询公厕列表与地图

● 发掘新厕所：设置新厕所上报模块，当发现新厕所，动动手指上报，与人方便，与己方便。

9. 全景集成应用

360° 全景影像，也称数字实景影像，是基于静态图像的虚拟现实技术。其原理是将相机环 360° 拍摄的一组照片拼接成一张全景图像，用户可以通过鼠标选择自己的视角，任意放大和缩小，如亲临现场般环视、俯瞰和仰视物体或场景（如图 12.24 所示）。与传统的 4D 产品不同，360° 全景影像是对客观世界的真实、直观表达，实现了"人视角"的地图浏览体验，能为用户提供更加真实准确、更富画面细节的地图服务。

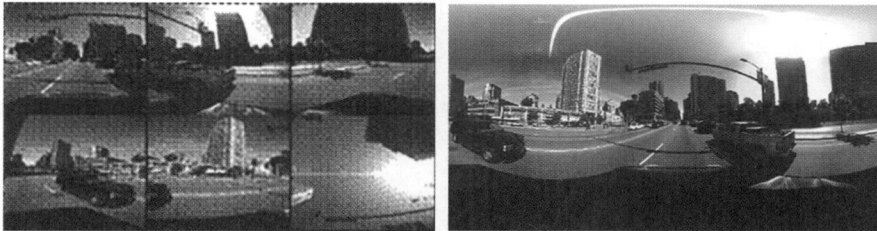

图 12.24 360° 全景

全景集成应用是以 360° 全景影像为主要载体，结合二三维地图，加入图片、视频、音频、文字等多种媒体，实现与各领域专业平台的对接，构建从桌面端到移动终端一体化的全景管理模式，打造面向公众应用的街景地图开放服务平台。全景集成应用提供的服务包括：

● 街道立面整治：对街道进行改造整治，是提升城市形象，改善人居环境的有效途径。实景影像为规划人员提供了一种便捷、快速地获取街道信息的工具，工作人员不需实地调查，即可掌握街道详细信息，为街道整治工作的开展节省了人力、物力和财力。

● 全景旅游：景点 360° 立体呈现，展现高清晰度的全景三维景区的优美环境，为观众创造一个身临其境的旅游体验。

● 古文物保护：结合声音、动画等多媒体技术，对历史文物及遗址进行 360° 全景展示，使观众不仅可以获得整体的认识，亦可深入其中一个细节进行浏览，加深对历史文物、遗址的了解和认识，增强古文物保护意识，提高古文物保护水平。

● 城市部件管理：对城区的公园、桥梁、广告牌匾等城市部件进行全景展示，将全市的市容市貌在电脑中真实化再现，打造实景可视化的数字城管应用环境。

● 城市安全监控：将静态实景影像与动态监控视频交互浏览，可快速定位监控区域，详细了解周边地理环境，实时监控区域环境安全。

10. 停车我帮你

近年来，随着城市汽车保有量的急剧增长，城市停车问题日益严重，"停车难、停车乱"的问题已成为城市交通的热点、难点。目前宁波市正在积极推进"智慧交通"建设。"停车我帮你"是在"智慧交通"建设成果的基础上，通过调用接口的方法搭建的一款基于射频识别技术的停车诱导系统，能够为驾驶者提供实时、准确、全面的车位信息，引导其通过合适的路径，到达合适的停车场，以减少寻找车位带来的交通量，提高停车场的利用率，解决城市静态交通问题。

"停车我帮你"提供以下服务：

● 迅速定位停车场：随时随地知道用户当前的位置，并根据用户所在位置搜索附近一定范围内的停车场，查询结果以列表和地图的形式呈现（如图 12.25 所示）。

● 停车场信息查询：查询停车场详细信息，如停车场的名称、位置、经营时间、资费标准、空车位数等。

● 停车路线查询：提供到达目标停车位的最佳行驶路线，及实时的道路交通情况。

图 12.25　停车场信息查询

● 预订停车位：用户可提前通过短信或网上预订停车位置。如果预订者到了预订时间却不开车到达，停车位置将只保留 10 分钟左右。如果预约者屡次失约，将进入诚信"黑名单"。

（四）地理信息催生新产业

1. GPS 电子商务

GPS 电子商务是在云位置的基础上，通过网站向客户（包括企事业和社会大众）提供全方位的 GPS 位置服务，致力于打造空间信息行业的 B2C 或 B2B 服务。

GPS 电子商务以各类中小型企业及社会大众为主要服务对象，深入细分市场，挖掘市场潜力。它可根据用户的需求提供 24 小时不间断的定位服务，用户可以随时随地查询船舶、车辆、人员、物品和宠物所在位置。用户可以凭有效用户名和服务密码，通过电脑和移动终端登陆服务平台实行自主定位，方便、快捷、准确地将定位目标信息（路线、位置、方向、时间等）反映在电子地图（包括二维矢量图、数字实景影像、2.5 维和三维数据等）上。

中小型企业，诸如规模在 200 人以下的物流公司、汽车租赁公司，平台采用 B2B 商务模式，根据企业需求，提供 GPS 位置服务，实现对物流、车辆的有效定位和监控。另外，平台可针对企业特点，为企业量身定制合适的位置服务。以汽车租赁公司为例，租赁行业普遍存在被骗、驶出规定区域等现象，平台可设定车辆活动范围，一旦车辆驶出规定区域就开启即时预警，使租赁公司有效掌控行车范围。

　　针对个人，以弱势群体（包括儿童、老人等）为主，平台采用 B2C 商务模式，从儿童、老人等的安全和利益角度出发，提供位置服务，实现对其位置的查询和状态监测等。弱势群体携带移动终端设备，家长或监护人便可以通过网络在平台上查询其所在位置，并设定活动范围，当出现"越界"情况时，平台会通过手机以短信的方式提醒监护人，确保弱势群体的安全。

　　目前，GPS 电子商务已实现了车辆的地理位置查询、历史轨迹播放、里程统计及车辆报警等资料管理、数据统计分析等功能，以及人员的监控定位、报警、历史轨迹查询等功能，为监管车辆和人员提供有效的信息控制查询，实现对车辆和人员管理的信息化、高效化、科学化运营和有效监控定位（如图 12.26 所示）。

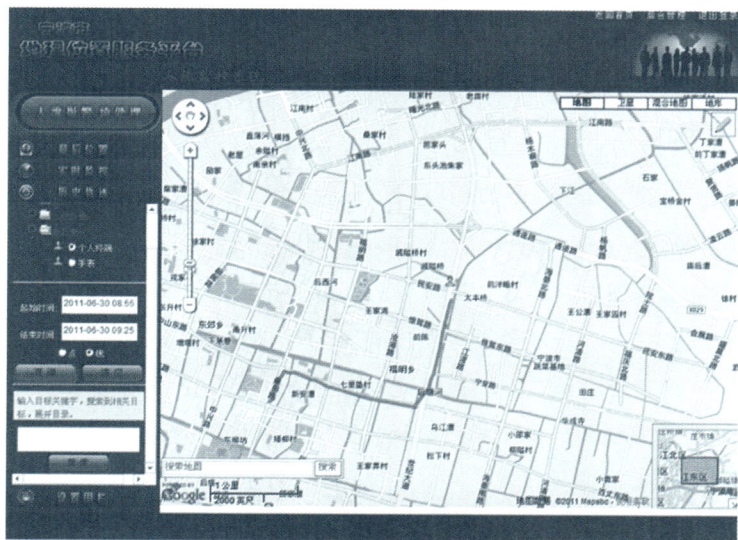

图 12.26　GPS 历史轨迹查询

2. 电子商务

　　基于宁波智慧位置"86nb 网"（宁波电子地图服务网）（如图 12.27 所示），结合强大的位置分析服务功能形成宁波特色，提供宁波市周边旅游胜景、文物古迹、历史遗址、标志性建筑及区域等信息，是服务宁波、宣传宁波、提升宁波城市形象的有效途径；并通过"智慧位置之窗"搭建线下产品服务渠道；通过建设爱心地图、旅游手绘图、土特产品购物网点分布图等一系列产品，线上线下有机互动，形成全新的 O2O 电子商务服务模式。

图 12.27　宁波"86nb"电子地图服务网

为普通公众提供的空间信息服务主要包括：

● 景点展示：主要以图片、文字和电子地图的形式，介绍和展示宁波著名景点，为社会大众提供景区的相关信息。包括宁波市旅游景点分布图，通过点击或查询具体的景点，可以提供景区服务热线、门票价格、附近餐饮美食、购物指南、天气情况等基本信息，同时提供精品线路推荐、预定门票、预定酒店等服务。

● 公交信息查询：根据不同条件（如起点—终点、车次查询、站点查询）查询公交线路，并以电子地图的形式直观地呈现出来。同时提供公交服务热线、热门线路、热门车站、最新更新线路等信息服务。

● 自驾游攻略：以电子地图的形式，为大众提供浙江省境内的高速公路路网示意图、宁波市交通旅游图。同时提供公路查询服务、热门线路查询服务、自驾常识（包括紧急情况处理、自救常识、户外技能等）。

● 交通信息发布：以电子地图的形式，结合 LBS 位置服务，为大众提供实时交通路口信息展示及位置点实时交通路况信息查询。平台提供的交通图中，道路根据实时的交通信息模拟数据，不断地变换红、绿、黄三种颜色，从而实时地反映出宁波的交通情况。

● 电子地图下载：提供各类电子地图下载服务，包括二维矢量图、2.5 维地图、三维地图、数字实景影像等数据，同时提供自驾游地图、公交指南地图、宁波历史地图集下载服务。

● 驴友俱乐部：用户通过注册会员，以论坛的形式在平台上与驴友分享心情和经验。驴友俱乐部包括征友同行（如旅游求助、出行征友等）、驴行札记（如旅游探险及各地见闻录、出行心得集等）、摄影贴图（如出游照片、风景贴图等）、地理之窗（如世界遗产、风景名胜、各地古遗、当代重要建筑、地理知识等）、都市风采（如城市介绍、风采展示、交通建设、都市化理论等）等板块。

● 室内全景展示：提供了标志性建筑物（如大型商场、古建筑、酒店等）的查询、定位、高亮显示等，同时以实景影像的方式展示建筑内部细节。

● 宁波市推出的"86nb 电子折扣券"消费服务：商家可以在电子地图、2.5 维地图等数据上进行免费标注，并根据用户需求，实现对商家优惠信息的分类显示，用户通过登录平台，获取所在位置一定范围内正在打折的商家信息；同时提供电子折扣券下载服务，用户通过下载折扣券即可参加商家提供的优惠活动，享受相应的服务。此外，为增加与用户的互动，"86nb 电子折扣券"还增加了点评服务，用户可以对商家的质量和服务进行点评。

3. 三维场景游戏

以实际场景为基础，创意开发不同类型的三维场景游戏，诸如寻宝游戏、探险游戏，在显要位置标注"以上场景均采用宁波市实际场景"，达到宣传和展示的效果，同时带动宁波地区游戏娱乐产业的发展。

4. 招商动漫

通过云娱乐与动漫软件实现数据互通互用，综合利用 CG 中心渲染技术，向动漫企业提供综合、渲染、资源三种服务模式，设计出精美高保真的动漫场景，解决动漫企业场景制作的经费和效率问题；同时通过实际场景的应用，结合宁波湾头地区、文化广场等区域的整体发展规划，打造了一批招商动漫宣传产品，全方位地宣传宁波的城市形象，展现城市优势资源和良好的投资环境，从而实现地理信息技术与动漫的完美结合，带动宁波地区动漫产业的发展。

第13章
iCity

措施建议

在智能城市时空信息基础设施建设过程中，要确立基础先行的理念，把时空信息基础设施放在优先发展地位，应始终坚持体现城市特色的创新发展思路，注重形成完善的政策体系，加强组织保障，注意宣传，提高认同度，扎实有序推进。应重点把握以下几点。

（一）正确认识测绘地理信息基础设施的地位和作用

数字城市是智能城市建设的基础，智能城市建设不是把数字城市推倒重来。数字城市到智能城市是 21 世纪的战略目标，是一个长期的过程。"数字城市"是城市信息化的初级阶段，"智能城市"是城市信息化的高级阶段。时空信息基础设施与网络基础设施、感知基础设施、云计算中心基础设施共同构成了智能城市的基础设施，而不仅仅是智能城市的一个应用系统。统一时空基准下的四维地理信息基础设施是智能城市实时信息流的载体以及智能信息服务的支撑平台。依托我国正在建设的数字城市基础地理信息设施，以"实时信息流"为核心，与其他基础设施同步建设，在数字城市的基础上实现泛在、实时、智能的信息服务。

（二）建立测绘地理信息基础设施建设运行机制

智能城市建设与运行涉及领域广、投资大，由行政力量、财政资金为主推动，短期内会有一定成效，但长此以往则收效甚微、难以为继。因此，测绘地理信息部门应采取"政府引导＋市场发展"的思路参与智能城市建设。一方面，积极推动以地方法规或政府文件的方式确立数字城市地理空间框架的权威性地位，通过政策和机制鼓励各部门、各领域大力推广应用数字城市成果，避免重复投资；另一方面，利用市场机制推动建设要素向城市集聚与流动，发挥涉及地理空间信息建设的政府投资的"杠杆式"引导作用，培育形成一批具有"自我造血"能力的建设主体。对于公益性、民生性项目等投资模式，鼓励财政性资金与社会资本合资开发建设运行；对于市场化、产业化的项目，由财政性专项资金出资，引导、吸引社会资本参与，推动地理信息产业发展等。

（三）加快制定智慧城市地理信息共享的相关管理条例

当前，在尚没有一部有关政府信息共享的法律的情况下，为切实推动智能城市地理信息共享进程，建议有关部门抓紧研究制定智慧城市地理信息共享的相关管理条例（以下简称"条例"）。"条例"应打破政府与社会之间的共享障碍，规范政府与社会地理信息资源共享的方法和程序，明确共享的组织领导和协商机制，促进信息资源的跨部门、跨行业、跨领域交换共享，促进业务协同。"条例"要对政府及社会地理信息资源的采集、存储、传输、交换、共享应用等进行规范。数据采集方面，应明确规定遵循"一数一源，一源多用"的原则，避免重复采集。明确智能城市地理信息资源目录体系与交换体系的建设内容。

（四）完善城市地理信息资源共建共享和互联互通机制

通过建立政府领导牵头的协调机构，制定管理措施和办法，从政策机制上统筹城市地理信息资源的管理与开发利用，促进地理信息公共平台的统一建设，为各类专业信息的交换、整合以及应用系统的搭建提供支撑；高起点、高效率地构建统一、权威、标准的城市地理信息公共平台，实现国家、省、市（县）的互联互通和整合集成。

（五）智能城市时空信息基础设施建设应进行广泛深入的舆论宣传引导

智能城市时空信息基础设施建设不但是政府和企业关注的事情，还需要全社会的广泛参与。应注重舆论宣传和引导，提高政府、企业、市民对智能城市建设理念的认同度和参与智能城市时空信息基础设施建设的协同度，充分发挥集体智能和力量。

（六）尊重市场经济规律

行政管理要符合信息时代测绘地理信息事业发展的规律，按照市场经济规律出牌，引导产业发展和加强市场监管两手都要硬，政府购买公共服务应成为发展方向，让劳动、知识、技术、管理和资本的活力竞相迸发。地理信息企业要进一步强化"按需测绘"的理念，更加深入地了解市场，大力推动地理信息服务与生活服务等的融合，不断创造出新的产品、服务和盈利模式，提供更加以人为本的地理信息服务。

（七）改革测绘地理信息管理

一个扁平的日益开放的世界需要与之相适应的行政管理模式和业务管理模式。有必要对现有测绘地理信息生产力布局、工艺流程、信息安全保密政策、测绘统一监管模式等进行改革，加快完善相应法规政策、技术标准和执法方式。要大力发展地理设计服务，掌握地球表层自然人文现象或事物的空间分布特性及其运行规律与机理，并提供规律性的解决之道，推动测绘地理信息部门从地图制造者向信息整合者转型，从数据生产优先向信息服务和知识发现优先升级。

（八）完善政策环境

智能城市建设涉及相关技术门类众多，专业性强，发展迅速。目前，我国智能城市建设尚缺乏国家层面的衔接，呈现出大规模的"智能城市"升级运动"虚热"现象，许多相关项目缺乏有序布局。在推进智能城市建设中，测绘地理信息部门需完善政策环境，促进分工协作的行业生态环境的形成。①加强规划计划衔接和部门联动，促进智能城市建设中优先实现地理空间智能化：一方面使测绘地理信息部门更加了解其他部门的需求，从而使测绘地理信息服务保障的针对性更强；另一方面提高政府、企业和公众对测绘地理信息助力智能城市建设的认知度、认同度和参与建设的协同度，强化"地理空间意识"。②做好测绘地理信息部门主导的智能城市建设试点，着力形成良好的业务分工协作关系。

（九）发挥测绘地理信息部门行业优势

测绘地理信息部门为数字城市向智能城市发展奠定了工作基础，在智能城市建设中应充分发挥行业优势，凸显测绘地理信息部门在时空数据资源获取、地理信息服务等高新技术方面的优势，贡献自身力量。①夯实地理信息资源基础，加快信息更新频率，提升信息资源质量，促进城市各部门间横向和测绘地理信息系统内部纵向的信息共享，打造更新及时、内容丰富、运行稳定、质量可靠、互联互通的城市地理信息时空云平台；②强化科技支撑和引领，集中力量解决测绘地理信息助力智能城市建设与应用的通用、共性关键技术，抢占制高点，集成运用物联网、云计算等新技术，完善智能城市建设中涉及测绘地理信息的关键技术体系；③深入推广应用数字城市成果，采取必要手段鼓励支持、有效引导城市各有关部门基于数字城市地理空间框架建设成果开发各类业务系统，促进其从"试着用、学着用"向"喜欢用、离不开"跨越。

（十）进一步强化公共服务

针对信息化建设政府带头的国情，要继续坚持"公共服务示范为引领、主要行业应用为驱动"的策略，进一步加快"数字城市、智能城市"、"地理国情普查和监测"、"天地图"三大平台建设，大力推进三大平台在各级党委政府和有关部门的应用，充分发挥三大平台在信息整合、空间分析、预测预报等方面的功能，使之成为管理决策的科学工具，信息化建设的基础平台，高效优质服务的重要支撑，推动测绘地理信息工作更加直接地服务经济社会发展。

（十一）加快技术攻关和创新

大数据时代技术进步日新月异，数据爆炸但知识贫乏。要着力强化云计算、海量数据管理、数据挖掘、信息安全等领域的关键技术攻关，尽快取得一批创新成果，加强地理信息云服务基础设施和地理信息云数据中心建设，注重地理信息技术与人文科学技术的融合，使测绘地理信息服务更加快速便捷和全面可靠。

参考文献

Andrzejak A, Kondo D, Sangho YI. Decision model for cloud computing under SLA constraints//Proc. of IEEE International Symposium on Modeling. Analysis&Simulation of Computer and Telecommunication Systems. Miami: IEEE Press, 2010:257–266.

Annoni A, Craglia M. Towards a Directive Establishing an Infrastructure for Spatial Information in Europe (INSPIRE)//Proceedings of GSDI-8 From Pharaohs. 2005.

Buxmann P, Hess T, Lehmann DWIS. Software as a Service. WIRTSCHAFTS-INFORMATIK, 2008, 50(6):500–503.

Calheiros RN, Ranjan R, Buyya R. Virtual machine provisioning based on analytical performance and QoS in cloud computing environments. 2011 International Conference on Parallel Processing (ICPP). IEEE, 2011:295–304.

Correia LM, Wünstel K. Smart Cities applications and requirements. White Paper, Net, 2011.

Desa UN. World urbanization prospects: the 2009 revision. Population Division of the Department of Economic and Social Affairs of the United Nations Secretariat, New York, 2010.

Di Geronimo L, Ferrucci F, Murolo A, et al. A parallel genetic algorithm based on Hadoop MapReduce for the automatic generation of JUnit test suites//2012 IEEE Fifth International Conference on Software Testing, Verification and Validation. IEEE, 2012: 785–793.

Ekanayake J, Li H, Zhang BJ, Fox GC. Twister: A runtime for iterative MapReduce. Proceedings of the 19th ACM International Symposium on High Performance Distributed Computing, 2010: 810–818.

Eltabakh MY, Tian Y, Zcan F, et al. CoHadoop: flexible data placement and

291

its exploitation in Hadoop. Proceedings of the VLDB Endowment, 2011, 4(9):575–585.

European Commission. Europe 2020: A Strategy for Smart, Sustainable and Inclusive Growth: Communication from the Commission. Publications Office of the European Union, 2010.

Fischer MJ, Su X, Yin Y. Assigning tasks for efficiency in Hadoop//Proceedings of the Twenty-Second Annual ACM Symposium on Parallelism in Algorithms and Architectures. ACM, 2010:30–39.

Ghemawat S, Gobioff H, Leung ST. The Google file system//ACM SIGOPS Operating Systems Review. ACM, 2003, 37(5):29–43.

Hayes B. Cloud computing. Communications of the ACM, 2008, 51(7):9–11.

Heipke C. Crowd sourcing geospatial data. ISPRS Journal of Photogrammetry and Remote Sensing, 2010, 65(6):550–557.

Isard M, Budiu M, Yu Y, et al. Dryad: distributed data-parallel programs from sequential building blocks//ACM SIGOPS Operating Systems Review. ACM, 2007, 41(3):59–72.

Isard M, Prabhakaran V, Currey J, et al. Quincy: fair scheduling for distributed computing clusters. Proceedings of ACM Symposium on Operating Systems Principles, 2009:261–276.

Key P. Wireless Philadelphia reboots to bring WiFi to the masses. Philadelphia Business Journal, 2009, 2.

Lee BY. iN2015: Singapore: an intelligent nation, a global city, powered by Infocomm. Opening Address, Official Opening Ceremony at the Infocomm Business Exchange, 2006:20.

Lee EA. Cyber physical systems: design challenges//IEEE International Symposium on Object Oriented Real-Time Distributed Computing, 2008:363–369.

Luo JZ, Jin JH, Song AB, et al. Cloud computing: architecture and key technologies. Journal of China Institute of Communications, 2011, 32(7):3–21.

Myhrberg S. Saving fuel and environment with intelligent speed adaptation//15th World Congress on Intelligent Transport Systems and ITS America's 2008 Annual Meeting, 2008.

Palmisano SJ. A smarter planet: the next leadership agenda. IBM, 2008, 6.

Prodan R, Ostermann S. A survey and taxonomy of infrastructure as a service and web hosting cloud providers//IEEE/ACM International Conference on Grid Computing. IEEE, 2009:17–25.

Rolia J, Cherkasova L, Arlitt M, et al. A capacity management service for resource pools//Proceedings of the 5th international workshop on Software and performance. ACM, 2005:229–237.

Rumelhart DE, Hinton GE, Williams RJ, et al. Learning internal representation by back-propagation errors. Nature, 1986, (323):533–536.

Wang M, Li Q, Hu Q, et al. Quality analysis of open street map data. ISPRS–International Archives of the Photogrammetry, Remote Sensing and Spatial Information Sciences, 2013, XL-2/W1:155–158.

Wang Y, Song A, Luo J. A Map-Reduce-Merge-based data cube construction method//2010 Ninth International Conference on Grid and Cloud Computing. IEEE, 2010:1–6.

Williamson RA, Williamson RA. The Landsat legacy: remote sensing policy and the development of commercial remote sensing. Photogrammetric Engineering&Remote Sensing, 1997, 63(7):877–885.

Xiao X, Ni LM. Internet QoS: a big picture. IEEE Network, 1999, 13(2):8–18.

Yang HC, Dasdan A, Hsiao RL, et al. Map-Reduce-Merge: simplified relational data processing on large clusters//ACM SIGMOD International Conference on Management of Data. ACM, 2007:1029–1040.

Yu Y, Isard M, Fetterly D, et al. DryadLINQ: a system for general-purpose distributed data-parallel computing using a high-level language//USENIX Symposium on Operating Systems Design and Implementation, San Diego, California, USA, 2010:1–14.

Zaharia M, Borthakur D, Sen Sarma J, et al. Delay scheduling: a simple technique for achieving locality and fairness in cluster scheduling//European Conference on Computer Systems, Proceedings of the, European Conference on Computer Systems, 2010:265–278.

Zaharia, Matei, Konwinski A, Joseph AD, et al. Improving MapReduce performance in heterogeneous environments. Symposium on Operating Systems Design and Implementation, 2008:29–42.

陈铭，王乾晨，张晓海，等. "智慧城市" 评价指标体系研究——以 "智慧南京" 建设为例. 城市发展研究，2011, 18(5): 84–89.

方创琳，姚士谋，刘盛和. 2010 中国城市群发展报告. 北京：科学出版社，2011.

胡永利，孙艳丰，尹宝才. 物联网信息感知与交互技术. 计算机学报，2012, (6): 1147–1163.

李德仁. 论广义空间信息网格和狭义空间信息网格. 遥感学报，2005, (5): 513–520.

钱志鸿，王义君. 物联网技术与应用研究. 电子学报，2012, (5): 1023–1029.

上海市人民政府. 上海推进云计算产业发展行动方案. 软件产业与工程，2010, (5).

苏理宏，李小文，黄裕霞. 遥感尺度问题研究进展. 地球科学进展，2001, (4): 544–548.

汪芳，张云勇，等. 物联网、云计算构建智慧城市信息系统. 移动通信，2011, (5): 49–53.

袁文蔚，郑磊. 中国智慧城市战略规划比较研究. 电子政务，2012, (4): 54–63.

张祖勋. 从数字摄影测量工作站（DPW）到数字摄影测量网格（DPGrid）. 武汉大学学报（信息科学版），2007, (7): 565–571.

郑湃，崔立真，王海洋，等. 云计算环境下面向数据密集型应用的数据布局策略与方法. 计算机学报，2010, 33(8): 1472–1480.

索　引
INDEX